湖北省"双水双绿"产业发展战略研究

曹凑贵　陈松文　编著

中国农业出版社

北　京

内 容 简 介

　　"双水双绿"是采用绿色品种和技术，充分利用平原湖区稻田和水资源优势实行稻田种养，使"绿色水稻"和"绿色水产"协同发展，做大做强水稻、水产"双水"产业，做优做特"双绿"产品，进而通过农业生产过程洁净水源、优化环境，实现产业兴旺、农民富庶、乡村美丽目标的产业模式。

　　本书是一部关于湖北省"双水双绿"产业发展背景、矛盾问题、建设思路、规划布局及战略举措的研究性专著。全书在分析新时期我国农业发展情况和农业绿色发展要求的基础上，立足于"双水双绿"理论体系和技术体系，研究了湖北省稻田种养产业发展的基础、条件、优势、问题及挑战，总结凝练了国内外稻田种养发展案例经验，提出了湖北省"双水双绿"产业发展的战略定位、战略目标、战略布局与行动计划，系统阐述了湖北省"双水双绿"产业体系建设内容与保障措施，描绘了湖北省"双水双绿"产业的发展前景。

Preface 序

　　湖北省位于长江中游，水资源丰富，气候优越，长江和汉江流经境内，形成了辽阔的江汉平原，沃野千里，土壤肥沃。湖北省的淡水产品产量连年全国第一，水稻产量亦长期位居前列，是名副其实的"鱼米之乡"。稻鱼和谐共生，是鱼米之乡的主要特征之一。然而，过去半个多世纪以来，出于对高产的追求，稻鱼分离，稻田种稻和池塘养鱼都走上了"高投入、高产量、高污染、低效益"的路径，农（渔）药、化肥、饲料的投入不断增加，对资源环境的可持续发展形成了极大的挑战。

　　2001年，湖北省潜江市农民率先开展稻田养殖小龙虾，被谓之"稻虾"模式，开启了水稻水产共作共生的稻田种养新历程。随后多种模式的稻田种养如雨后春笋，迅速涌现，其势如星火燎原，成为湖北省农业转型升级的一大特色，也为鱼米之乡提供了新前景。目前，湖北省稻田种养面积大，尤其是稻虾模式的规模走在全国前列，且仍在迅速发展中。这些发展，一方面为水稻、水产的增产提质，农民增收提供了新希望；另一方面，在其发展过程中也不可避免地出现一些问题。主要表现在理论和技术落后于生产实际，对稻田种养缺乏科学指导；由于追求规模和利益，优质品种和绿色生产技术未受到重视，发展不规范的问题突出，偏离绿色可持续要求的现象严重，出现了重虾轻稻、争地争水等现象，不合理的养殖也造成水资源浪费、生物多样性破坏、水体环境恶化、土壤退化、产品品质下降。为保障稻田种养健康可持续发展，我们提出了"双水双绿"的理念。即采用绿色技术和绿色品种，充分利用平原湖区稻田和水资源的优势实行稻田种养，使"绿色水稻"和"绿色水产"协同发展，做大做强水稻、水产"双水"产业，做优做特绿色稻米、绿色水产品"双绿"产品，通过农业生产过程洁净水源，优化环境，实现产业兴旺、农民富庶、乡村美丽的目标。

　　在当今农业向绿色发展转型的大趋势中，"双水双绿"模式受到民间、企业的普遍关注与政府的高度重视。然而要实现稻田种养的"双水双绿"目标，需要回答和解决诸如理论、技术、政策等一系列的问题，才能使"双水双绿"引领产业转型升级，做大做强水稻水产，推动湖北稻田种养行稳致远。为此，曹凑贵教授牵头组织了中国工程科技发展战略湖北研究院咨询研究项目"'双水双绿'发展战略研究",其目标是要建立"双水双绿"产业绿色发展的理论体系及支撑保障体系。曹凑贵教授长期从事稻田种养的研究,具有丰富的理论知识和实践经验。他牵头实施了湖北省粮食丰产科技工程项目,积累了湖北省水稻及相关产业发展研究的资料。项目组进行了大量调研,开展了试点研究,完成了湖北省"双水双绿"产业发展背景、思路、布局及战略举措研究,并在此基础上制定了湖北省"双水双绿"产业体系报告及发展规划。这些研究对湖北省水稻和水产产业的创新发展具有重要指导意义。即将付梓的《湖北省"双水双绿"产业发展战略研究》,就是这一系列成果的集中展示。

感谢曹凑贵教授及其项目组所付出的努力,在疫情肆虐的日子里不分昼夜地撰写书稿。相信本书的及时出版,会在湖北省"双水双绿"产业发展中发挥应有的作用。

张启发

2020年9月

Foreword 前 言

    稻田综合种养模式被农业农村部誉为"现代农业发展的成功典范",实现了"一水两用、一田双收、稳粮增收、一举多赢",有效提高了农田利用率和产出效益,拓展了发展空间,促进了转型升级。目前,稻田种养模式呈"井喷式"发展,在快速发展中,由于追求规模和利益,优质品种和绿色生产技术未受重视,偏离绿色可持续要求的现象严重,出现了诸如重养轻稻、争地争水现象,不合理的养殖也造成水资源浪费、生物多样性破坏、水环境恶化、土壤退化等问题。为促进稻田种养产业迈上新台阶,实现可持续发展,中国科学院院士张启发教授提出"双水双绿"理念,即充分利用平原湖区稻田和水资源的优势,采用绿色品种、绿色新技术实行稻田种养,使"绿色水稻"和"绿色水产"协同发展,做大做强水稻、水产"双水"产业,做优做特绿色稻米、绿色水产品"双绿"产品,通过农业生产过程洁净水源,优化环境,实现产业兴旺、农民富庶、乡村美丽的目标。"双水双绿"明确了稻田种养的发展方向,迅速受到政府部门的高度重视及产业界和学术界等的广泛关注,成为研究热点。

    湖北省委省政府十分重视湖北省"双水双绿"的发展,明确提出以习近平总书记关于做好"三农"工作的重要论述和视察湖北重要讲话精神为指导,深入推进农业供给侧结构性改革,立足资源优势,以市场为导向,以农民增收为核心,突出优质高效,坚持虾稻、稻渔产业发展和品牌培育两手抓,实现稳粮增收、提质增效、生态安全,促进农业高质量发展。2018年3月,时任湖北省副省长周先旺在监利春耕调研,提出推进绿色水稻、绿色水产"双水双绿"种养体系,实现绿色发展;2018年9月,湖北省人民政府出台《湖北省推广"虾稻共作 稻渔种养"模式三年行动方案》,2019年5月,制定《湖北省"虾稻共作 稻渔种养"产业发展规划(2019—2022年)》,提出到2020年,全省"虾稻共作、稻渔种养"模式发展到700万亩①,形成一套成熟的田间工程建设、生产经营管理和产业发展支撑体系,实现亩产千斤稻、亩增收两千元。

    为指导科学发展,中国工程科技发展战略湖北研究院设立咨询研究项目"'双水双绿'

---

① 亩为非法定计量单位,15亩=1公顷,下同。——编者注

1

发展战略研究"。2018年11月15～16日,"双水双绿"发展战略研究项目启动会在华中农业大学召开,项目负责人张启发教授作了《双水双绿与新时期的稻之道》专题报告;湖北省农业农村厅总农艺师肖长惜代表湖北省农业农村厅,希望项目围绕湖北省绿色水稻和绿色水产的协同发展做好技术研发和产业政策咨询工作,为"双水双绿"产业发展提供技术支撑,为湖北省"双水双绿"产业发展顶层设计做好决策咨询。本书立足湖北省"双水双绿"产业发展战略研究,是"'双水双绿'发展战略研究"成果之一。

本书是在长期稻田种养研究、湖北省粮食丰产科技工程项目实施的基础上,通过大量调研形成的湖北省"双水双绿"产业发展战略研究性专著。全书在分析新时期我国农业发展情况和农业绿色发展要求的基础上,立足于"双水双绿"理论体系和技术体系,研究了湖北省稻田种养产业发展的基础、条件、优势、问题及挑战,总结凝练了国内外稻田种养发展案例经验,提出了湖北省"双水双绿"产业发展战略定位、战略目标、战略布局与行动计划,系统阐述了湖北省"双水双绿"产业体系建设内容与保障措施,描绘了湖北省"双水双绿"产业的发展前景,以期为做大做强湖北省水稻、水产"双水"产业,推动绿色稻米、绿色水产品"双绿"产品产业化发展做好决策咨询。

本书的编写参考了大量研究成果、模式及技术资料、规程及技术标准,文中尽量标明出处,但部分来自网络,无法查出来源,恩请谅解,在此对相关成果提供者一并表示敬意和感谢;对在本书调研、撰写过程中提供文献翻译、年鉴数据录入、图形绘制美化等工作的帮助者致以谢意。在实地调研中,离不开广大农民的倾言相告,离不开高素质农民、种养大户、家庭农场主、农业合作社理事长的诚挚分享,离不开监利、潜江、安陆、蕲春、武穴、钟祥等县市农业领导和一线农技人员的真知灼见,在此也一并致以最崇高的敬意!

我们本着理论与实践相结合的原则,在注重科普性与实用性的同时,尽可能深入浅出地叙述相关发展背景,阐明发展举措,语言力求简明扼要、通俗易懂。但由于"双水双绿"产业发展涉及社会、经济、文化的方方面面,编者学术水平和生产经验有限,加之时间仓促,不妥之处在所难免,恩请读者批评指正。

曹凑贵　陈松文

2020年3月于华中农业大学狮子山

Contents 目 录

第一章
农业转型及绿色发展背景

以"高投入、高产出、高污染、低效益"为特征的农业发展方式使我国农业发展面临农业资源趋紧、农业面源污染加重、农业生态系统退化和农产品质量安全形势严峻等一系列问题，而这些问题成为影响我国农业可持续发展的突出矛盾。党的十九大报告提出实施乡村振兴战略，强调要坚持农业农村优先发展，按照"产业兴旺、生态宜居、乡风文明、治理有效、生活富裕"的总要求，建立健全城乡融合发展体制机制和政策体系，加快推进农业农村现代化，为我国农业发展指明了方向。

第一节　我国农业产业发展新形势

2020年中央1号文件《中共中央　国务院关于抓好"三农"领域重点工作确保如期实现全面小康的意见》于2月5日发布。这是21世纪以来，中央1号文件连续第17年聚焦"三农"工作。

一、供给侧结构性改革与农业高质量发展

2017年中央1号文件《中共中央　国务院关于深入推进农业供给侧结构性改革加快培育农业农村发展新动能的若干意见》指出：我国农业农村发展不断迈上新台阶，已进入新的历史阶段。农业的主要矛盾由总量不足转变为结构性矛盾，突出表现为阶段性供过于求和供给不足并存，矛盾的主要方面在供给侧。

1. 农业供给形势不断变化

2013年，中国农业发展呈现出农产品供求结构性矛盾突出的态势，农产品需求总量刚性增长、消费结构快速升级，农业对外依存度明显提高。2014年，保障粮食等重要农产品供给与资源环境承载能力的矛盾日益尖锐。2015年，必须应对在资源环境硬约束下保障农产品有效供给和质量安全的重大挑战。2016年，必须破解确保粮食等重要农产品有效供给的现实难题和必须应对提升我国农业竞争力的重大挑战。另外《全国农业现代化规划（2016—2020年）》指出，在居民消费结构升级的背景下，部分农产品供求结构性失衡的问题日益凸显；新形势下农业主要矛盾已经由总量不足转变为结构性矛盾。

2017年，中国农业发展已经进入了新的阶段，农业结构性矛盾突出表现在阶段性供过于求和供给不足并存，矛盾的主要方面在供给侧。农产品供求结构失衡、要素配置不合理等问题仍然很突出，增加产量与提升品质等矛盾亟待破解。粮食产业已经出现突出的库存高企、销售不畅、优质粮食供给不足、深加工转化滞后等结构性问题。

2018年，中国农业发展已经由高速增长阶段转变为高质量发展阶段，从目标导向看，百姓更加关注质量安全、生态安全；从问题导向看，农业供给矛盾比较突出、农业资源硬约束绷紧。《国家质量兴农战略规划（2018—2022年）》指出，我国农业发展取得巨大进步，推动农业进入高质量发展阶段；与此同时，推进农业高质量发展仍然面临农产品生产结构与市场不匹配，绿色优质特色产品还不能满足人民群众日益增长的需求等一系列问题和挑战。

2. 推进农业结构调整

2015年中共中央、国务院首次提出"加快转变农业发展方式，深入推进农业结构调整，粮经饲统筹协调发展"新思路，确定把转变农业发展方式（包括农业经营方式、生产方式、资源利用方式和管理方式）作为当前和今后一个时期加快推进农业现代化的根本途径；推动农业发展由数量增长为主向数量质量效益并重转变，由主要依靠物质要素投入向依靠科技创新和提高劳动者素质转变，由依赖资源消耗的粗放经营向可持续发展转变。

3. 实施农业供给侧结构性改革

面对农产品供给领域突出矛盾，2015年中央农村工作会议首次提出"农业供给侧结构性改革"的概念。2016年提出的实施"藏粮于地，藏粮于技"战略，进一步推进了农业供给侧结构性改革，加快转变农业发展方式，推动粮经饲统筹、农林牧渔结合、种养加一体、一二三产业融合发展，以提高农业质量和竞争力。《全国农业现代化规划（2016—2020年）》也确定把推进农业供给侧结构性改革，提高农业综合效益和竞争力，作为当前和今后一个时期中国农业政策改革和完善的主要方向（国发〔2016〕58号）。2017年国家继续坚持以农业供给侧结构性改革为主线，聚焦农业供给侧改革，提出了以确保国家粮食安全为基础、以市场需求变化为导向、以增加农民收入和保障有效供给为主要目标、以提高农业供给质量为主攻方向、以体制改革和机制创新为根本途径，推动四个方面的农业结构调整（即优化产品结构，把增加绿色优质农产品质量放在更加突出位置，扩大优质绿色农产品供给；优化经营结构，把促进规模经营与脱贫攻坚和带动一般农户增收结合起来；优化区域结构，构建与资源环境承载力相匹配的农业生产格局，建设好粮食生产功能区、重要农产品生产保护区、特色农产品优势区，推动粮经饲统筹发展；优化产业结构，做强一产、做优二产、做活三产、三产融合，提高农业全产业链收益），从而优化农业产业体系、生产体系、经营体系。

4. 坚持质量兴农绿色兴农

2018年中共中央、国务院提出坚持质量兴农、绿色兴农，以农业供给侧结构性改革为主线，加快构建现代农业产业体系、生产体系、经营体系，提高农业创新力、竞争力和全要素生产率，在夯实农业生产能力基础上提出实施质量兴农战略。为此，《乡村振兴战略规划（2018—2022年）》（国务院公报2018年第29号）聚焦农业转型升级问题，提出围绕生产力布局优化、农业结构调整、特色优势产业壮大、农产品质量安全保障、农业品牌培育提升和农业对外新格局构建等六大任务，启动了涵盖特色农产品优势区、特色农产品出口、动物保护能力、农业品牌、产业兴村强县和优质粮食等六个方面的质量兴农重大工程。为贯彻落实党中央、国务院关于实施质量兴农战略的决策部署，加快推进农业高质量发展，农业农村部、国家发展改革委等七部门联合制定了《国家质量兴农战略规划（2018—2022年）》（农发〔2019〕1号），提出以实施乡村振兴战略为总抓手，以推进农业供给侧结构性改革为主线，以优化农业农村要素配置、产业结构、空间布局、管理方式为关键点，着力优环境、促融合、管安全、强科技、育人才，大力推进农业绿色化、优质化、特色化、品牌化，加快推动农业发展质量变革、效率变革、动力变革，全面提升农业质量效益和竞争力的总体要求。

二、农业产业化与乡村振兴战略

1.农业产业发展面临系列挑战

自2012年起，中国农业发展就面临着农业生产成本不断上升，产业化水平低，比较效益偏低等系列问题（国发〔2012〕4号）。2015年国家经济发展进入新常态，在经济增速放缓的背景下，农民持续增收难度也逐渐加大。2016年《全国农业现代化规划（2016—2020年）》（国发〔2016〕58号）指出，国内外农产品市场正在走向深度融合，在农业产业发展的劳动力、土地等生产成本持续攀升基础上，进一步出现了主要农产品国内外市场价格倒挂、农产品价格提升空间较为有限、部分农产品进口逐年增多、传统优势农产品出口难度加大、非农渠道增收空间收窄等新问题新挑战，中国农业产业"大而不强、多而不优"的问题更加突出。在农业农村部、国家发展改革委等七部门联合制定的《国家质量兴农战略规划（2018—2022年）》文件中，进一步指出了我国一二三产业融合还是不够，农产品深加工发展还很滞后，产销市场衔接仍然不畅，部分农产品进口依存度偏高，农业国际竞争力仍然有待继续提高的农业产业发展所面临的系列挑战。

2.着力构建现代农业产业体系

现代农业产业体系是集食物保障、原料供给、资源开发、生态保护、经济发展、文化传承、市场服务等产业于一体的综合系统，是多层次、复合型的产业体系。"十二五"是全面建设小康社会的关键时期，是深化改革开放、加快转变经济发展方式的攻坚时期，是加快发展现代农业的重要机遇期。2012年，国务院印发了《全国现代农业发展规划（2011—2015年）》（国发〔2012〕4号），提出要着力完善现代农业产业体系，要以转变农业发展方式为发展主线，以保障主要农产品有效供给和促进农民持续较快增收为主要目标，以提高农业综合生产能力、抗风险能力和市场竞争能力为主攻方向的发展目标。

2016年，国务院印发了《全国农业现代化规划（2016—2020年）》（国发〔2016〕58号），进一步提出要构建粮经饲统筹、农林牧渔结合、种养加一体、一二三产业融合的现代农业产业体系，推进产业融合、区域统筹、主体协同，加快形成内部协调、与经济社会发展水平和资源环境承载力相适应的农业产业布局的发展目标。

3. 推进农村一二三产业融合

2015年在深化改革基础上，中共中央、国务院首次提出了"农村一二三产业融合发展"新概念；同时指出要用工业理念发展农业，以市场需求为导向，以完善利益联结机制为核心，以制度、技术和商业模式创新为动力，以新型城镇化为依托，推进农业供给侧结构性改革，着力构建农业与二三产业交叉融合的现代产业体系，即创新性地提出了涉及新型城镇化、农业结构调整、产业链延伸、多功能拓展、农业新业态开发和产业集聚发展等多种类型产业融合方式（国办发〔2015〕93号）。并且还出台了支持返乡下乡人员围绕农业全产业链推进农村产业融合的政策意见（国办发〔2016〕84号）。2017年农业农村部提出创建农村一二三产业融合发展先导区，推动产业竞争由产品竞争向产业链条竞争方向转变的意见（农办加〔2017〕20号）。

4. 实现乡村全面振兴发展

2017年党的十九大提出，实施乡村振兴战略，强调要建立健全城乡融合发展体制机制和政策体系，促进农村一二三产业融合发展。对此，《乡村振兴战略规划（2018—2022年）》针对产业融合进一步提出要以完善利益联结机制为核心，以制度、技术和商业模式创新为动力，从新功能新价值挖掘、新产业新业态培育和新载体新模式打造三个方面推进农村一二三产业交叉深度融合，围绕特色产业、食品加工、新型服务、数字乡村、劳动力转移和乡村创新创业等方面壮大乡村产业。产业振兴是乡村全面振兴的基础，针对乡村产业振兴，提出要立足资源优势打造具有乡村特色的农业全产业链，发展富民乡村产业，推进农村一二三产业融合发展，从而促进乡村全面振兴。

三、绿色生态与农业可持续发展

1. 农业可持续发展面临挑战

自2012年起，中国农业发展就面临着资源环境约束加剧的挑战，人多地少水缺矛盾加剧、农业资源要素流失加快，以致保障粮食等重要农产品供给与资源环境承载能力之间的矛盾日益尖锐，同时中国农业资源环境正在遭受着外源性污染和内源性污染的双重压力新挑战，从外部看，工业"三废"和城市生活垃圾等污染向农业农村扩散，农产品产地环境质量堪忧；从内部看，化肥、农药等农业投入品过量使用，畜禽粪便、农作物秸秆和农田残膜等农业废弃物不合理处置，导致农业面源污染日益严重，加剧了土壤和水体污染风险。更为严重的是，在农业粗放式发展方式下出现了耕地数量减少、耕地质量下降、地下水超采、投入品过量使用、农业面源污染问题加重、农产品质量安全风险增多等一系列新问题，以及农业主要依靠资源消耗的粗放经营方式没有发生根本改变，农业面源污染和生态退化的趋势尚未得到有效遏制，农村环境和生态问题仍然比较突出，其中长江经济带地区面临着水生生物生存环境日趋恶化、重要渔业资源全面衰退、农业面源污染治理难度加大等趋势，农业农村生态环境恶化形势十分严峻。

2.加快转变农业发展方式

早在2012年国务院就提出以转变农业发展方式为主线，加强农业资源保护和生态环境治理，树立绿色低碳发展理念，发展资源节约型、环境友好型农业，大力推进农业节能减排，以实现高产高效与资源生态永续利用协调兼顾。2015年中共中央、国务院提出要加快转变农业发展方式，深入推进农业结构调整，实现粮经饲统筹协调发展，确定把转变农业发展方式（包括经营方式、生产方式、资源利用方式和管理方式）作为当前一个时期加快推进农业现代化的根本途径；提出在发展方向上要由数量增长为主向数量质量效益并重转变、在发展动力上要由主要依靠物质要素投入向依靠科技创新与提高劳动者素质转变、在生产方式上要由依赖资源消耗的粗放经营向可持续发展转变，加快发展资源节约型、环境友好型和生态保育型农业，构建农业生产力与资源环境承载力相匹配的农业生产新格局。

3.打响农业面源污染防治攻坚战

2015年，面对日益严峻的农村农业面源污染问题，农业部首次提出"一控两减三基本"（一控指严格控制农业用水总量，两减指减少化肥和农药使用量，三基本指畜禽粪便、农作物秸秆、农膜基本资源化利用）工作目标，打响了农业面源污染防治攻坚战。同年，国务院提出了以资源环境承载能力为依据，优化农业生产力布局，加强农业环境突出问题治理，促进资源永续利用的基本原则，聚焦资源利用效率提高和农业面源污染治理，大力发展节水农业、实施化肥农药零增长行动和推进农业废弃物资源化利用三大举措。

4.推进农业绿色发展

2017年，中共中央、国务院出台了《关于创新体制机制推进农业绿色发展的意见》，首次提出"农业绿色发展"概念，旨在推动"让绿色发展成为中国农业发展方式"的战略选择。为深入贯彻落实党的十九大精神，坚定不移贯彻创新、协调、绿色、开放、共享的发展理念，落实创新驱动发展战略、乡村振兴战略和可持续发展战略，根据《关于创新体制机制推进农业绿色发展的意见》有关部署，2018年农业农村部印发了《农业绿色发展技术导则》（2018—2030年）》，提出要按照"要素投入精准环保、生产技术集约高效、产业模式生态循环、质量标准规范完备"的要求，以绿色投入品、节本增效技术、生态循环模式、绿色标准规范为主攻方向，重构以农业投入品安全无害、资源利用节约高效、生产过程环境友好、质量标准体系完善、检测预警全程到位为特征的农业绿色发展技术体系，推动农业科技创新由注重数量向数量质量效益并重转变、由注重生产功能向生产生态功能并重转变、由注重单要素生产率提高向注重全要素生产率提高转变。

四、新时期农业发展战略及方向

党的十八大以来，习近平总书记多次强调要在农业发展中，坚持以绿色生态农业为导向，正确处理生产发展与农业生态环境保护的关系，走生态环境可持续发展的农业现代化道路。但目前我国农业发展仍面临一系列突出问题，生态环境形势仍十分严峻。当前我国农业生产领域面临污染，农药、化肥的大量使用污染了耕地和水资源；秸秆焚烧严重污染了大气、土地、水源等，这不仅破坏了农业自然生态环境和农村的村容村貌，更是威胁到农产品的质量和安全。对此习近平总书记提出要打好农业面源污染治理攻坚战，把增加绿色优质农产品供给放在突出位置，按照绿水青山就是金山银山的理念，发展绿色生态农业。在这一理念的指导下，近年来我国农产品农药化肥使用量降低、农业生态系统修复取得进展、农产品合格率不断提升，生态农业、绿色农业等特色产业模式不断取得新的发展。

绿色发展是中国农业在新时代下的农业发展方式的战略选择。农业系统是社会－经济－自然复合生态系统，具有多功能性，是国家粮食安全和社会稳定的基石；是农民最重要的生计方式，关乎着乡村社区和农民自身可持续发展。无论什么农业方式及方向，必须尊重自然、社会、经济的需求及平衡关系（图1-1），从社会可接受性看，高产、优质、营养、安全，符合伦理道德及具有人文特征的产品是未来农业社会系统的重要功能方向；从经济合理性看，加快构建低投入、高效率和高效益的经济生产体系是农业经济系统的转型方向；从自然生态合理性来看，实现资源有效供给和环境生态安全，强化生态产品与生态服务供给，保障生态、安全与持续发展是必然方向。

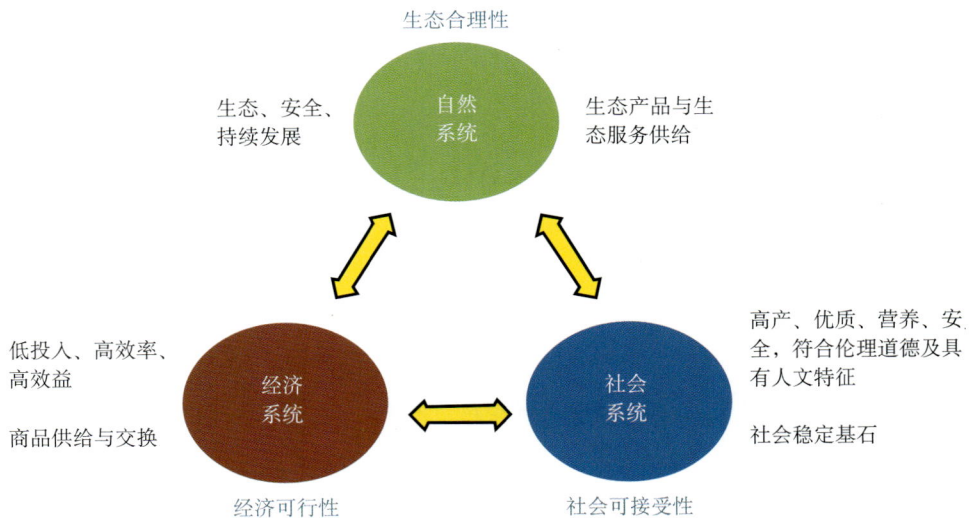

图1-1 农业系统是社会－经济－自然复合生态系统

第二节　水稻产业发展概况及趋势

　　水稻是全球约50%人口的主粮，近90%产于亚洲，并主要在亚洲等发展中国家消费。目前世界水稻种植面积约15 500万公顷，印度水稻种植面积最大，约为4 400万公顷；我国水稻种植面积为3 100万公顷，约占世界种植面积的20%，水稻总产量位居世界第一（周锡跃，2010）。水稻是中国的三大主粮之一，确保水稻等粮食作物产量一直是中国政府维护粮食安全的重要目标。中国政府一贯坚持"粮食自给"政策，将饭碗牢牢端在自己手中，采取一系列的产业支持政策，确保粮食安全。

一、我国粮食及水稻产业

　　民以食为天，食以稻为先，我国水稻播种面积占粮食作物播种面积的27.5%左右，水稻单产比粮食作物平均单产高35.7%，水稻产量占粮食总产量的37%以上。水稻是我国单产最高、产量最多的粮食作物，全国65%以上的人口以水稻为主食，生产的稻米85%以上作为口粮消费。

1.农业发展及粮食生产

　　21世纪以来，在国家连续强农惠农政策导向支持下，我国农业农村发展取得了巨大成就，农林牧渔业总产值从1999年的24 519.1亿元稳步上升到2018年的113 579.5亿元，农林牧渔业总产值占国内生产总值（GDP）的比重从1999年的27.07%逐渐下降到2018年的12.36%，种植业产值占农林牧渔业总产值的百分比基本稳定在50%上下，第一产业对GDP贡献率下降至4%左右，粮食产能从1999年的50 838.58万吨不断提升到2018年的65 789.22万吨（图1-2）。

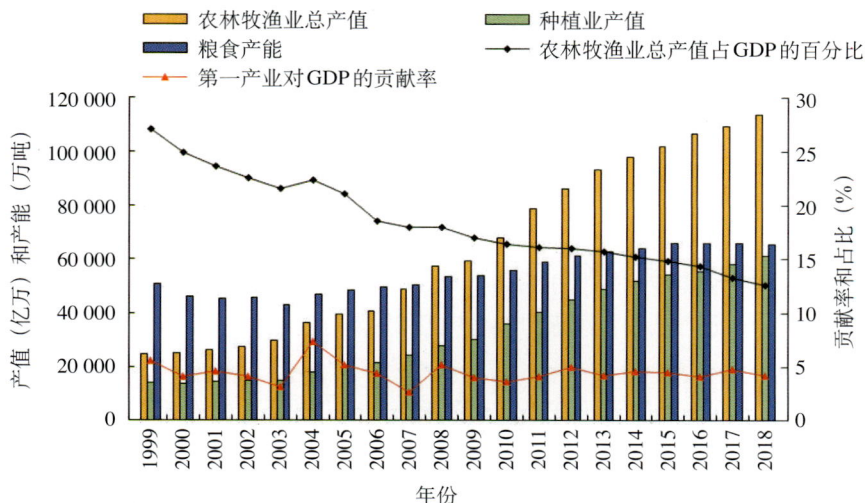

图1-2　1999—2018年我国农业发展情况
（数据来源：国家数据http://data.stats.gov.cn/）

7

从我国1999—2018年粮食生产发展情况看，自2003年起全国粮食产量稳步上升，至2015年后粮食产量保持在66 000万吨上下；从国家粮食结构上看，2015年后水稻产量基本稳定在21 200万吨，水稻产量在国家粮食产量中的占有率由1999年的39%下降到2018年的32%；小麦产量稳中有升，粮食占有率由1999年的22%下降到2018年的20%；玉米产量显著上升，2018年达到25 717.39万吨，比1999年的12 808.63万吨增加了一倍，同时粮食占有率从1999年的25%上升到2018年的39%，净增14个百分点；薯类和豆类作物产量总体平稳（图1-3）。

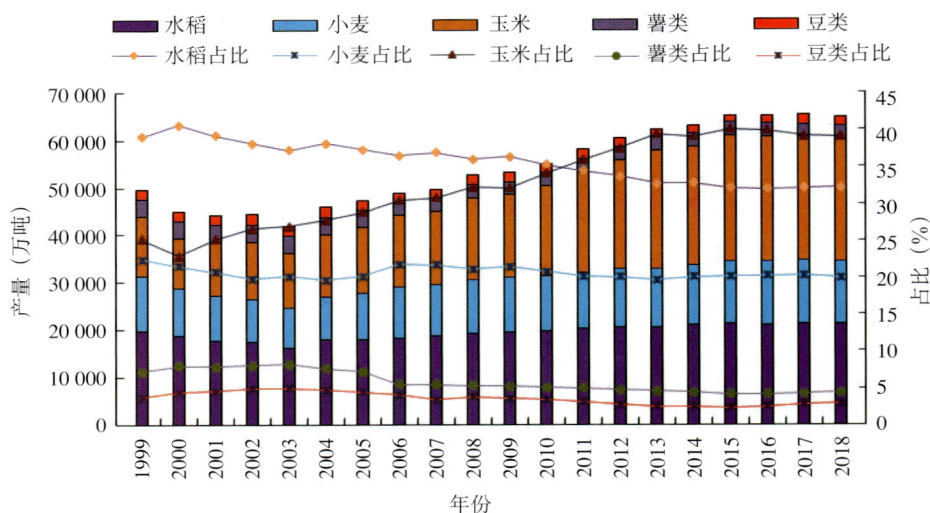

图1-3　1999—2018年我国粮食产量及供给结构变化
（数据来源：国家数据http://data.stats.gov.cn/）

2.1949年以来我国水稻的发展

1949年以来，我国水稻生产取得了长足发展。随着科技不断进步，水稻科技贡献份额逐年提升，为稳定提高全国水稻综合生产能力，促进农民增收、农业增效和保障国家粮食安全做出了突出贡献。我国的水稻发展经历了三次大的飞跃。

第一阶段（1949—1961年）：大力开展以治水、改土为中心的农田基本建设的同时，进行了单季稻改双季稻、籼稻改粳稻等耕作制度的改革，并推广了有关先进栽培技术，对提高水稻产量起到重要的作用。

第二阶段（1962—1979年）：继续选育普及矮秆优良品种，并采用了与之相配套的优化栽培技术，在改革生产条件的基础上，恢复和发展了双季稻生产。

第三阶段（1980年至今）：杂交水稻"三系"配套，并配制了一系列高产组合，大面积应用于生产；东北水稻的大面积种植，使我国水稻产量大幅度上升，与此同时，由过去只注重单一栽培技术的研究，发展为利用水稻作物器官之间的相关生长规律进行研究，创建了一些适合不同生态条件的综合配套高产高效栽培模式，对提高水稻单产起到重要的作用。

　　进入21世纪以来，我国水稻面积和产量总体呈增长态势。由于受1998年国家第三次种植业结构调整的影响，1999—2003年水稻面积和产量呈现下降趋势；2004年以来，随着前期积压的水稻库存减少，我国水稻播种面积和产量开始出现恢复性增长；自2015年以来，全国水稻产量稳定在21 200万吨上下，水稻播种面积稳定在30 700千公顷上下，水稻单产稳定在6 800千克/公顷上下；2018年我国水稻播种面积、产量和单产比2003年分别增加13.89%、32.04%和15.94%，分别达到30 189.45千公顷、21 212.9万吨、7 026.59千克/公顷（图1-4）。但近几年水稻单产、播种面积和产量增加率均呈现放缓趋势。

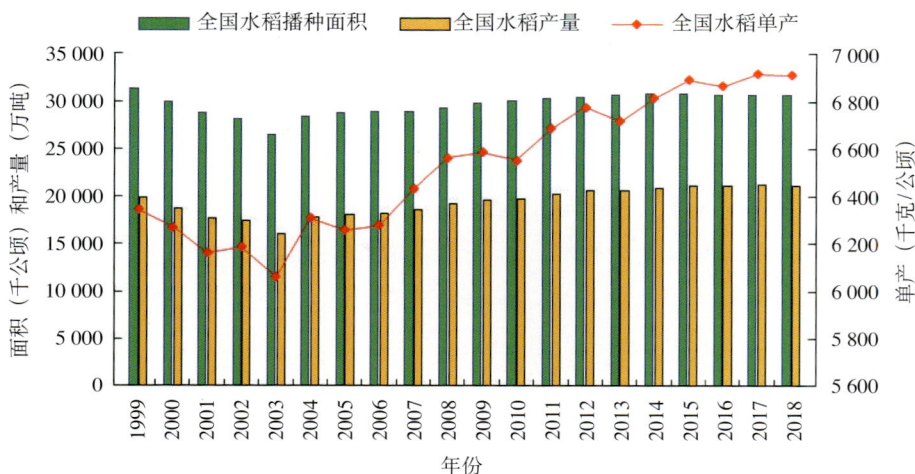

图1-4　1999—2018年我国水稻发展情况
（数据来源：国家数据 http://data.stats.gov.cn/）

3. 水稻供给及大米流通

　　从水稻供给总量上看（图1-5），2017年中国水稻生产供给在1 000万吨以上的省份有黑龙江、江苏、安徽、江西、湖北、湖南、广东、广西和四川，黑龙江以2 819.3万吨位列全国第一，水稻供给总量占全国的比重为13.26%，湖北以1 927.2万吨位列全国第四。从供给结构上看，全国水稻供给以中稻和一季晚稻为主，2017年总供给量为14 956.6万吨，占比70.33%；从主产水稻省份供给结构上看，黑龙江、江苏、四川等地全部供应中稻和一季晚稻，湖北和安徽两地中稻和一季晚稻供给量占本省水稻产量的比重均在85%以上，长江以南的江西、湖南是单双季稻混作区，早稻、中稻和一季晚稻、双季晚稻供给量均占本省水稻产量的30%上下，华南广东和广西以双季稻（早稻+双季晚稻）占据绝对地位。从水稻种植类型上看，粳稻主要分布在黑龙江、江苏等地；籼稻主要分布在湖北、湖南、江西、安徽、四川、重庆、广东、广西、福建等华中、西南和华南地区。

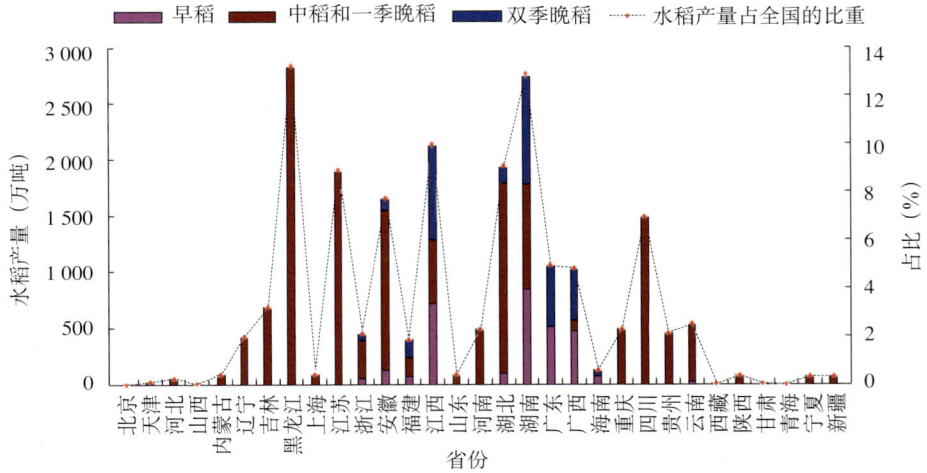

图1-5　2017年我国各省份不同类型水稻产量
（数据来源：国家数据http://data.stats.gov.cn/）

　　从我国大米供销流通看（图1-6），大米外销供给主要是两大区域：东北地区和华中地区。东北地区供给大米品类为粳稻，流向京津冀地区和长三角地区；华中地区供给大米品类为籼稻，流向长三角、珠三角、福建、云南、贵州、四川地区。湖北、湖南大米

图1-6　我国大米物流格局示意
（注：根据谷秀娟等著作《中国大米产业报告2015》内容绘制）

主要流向云南、贵州、四川、广东、广西、福建等地，江西大米主要流向广东、广西、福建、浙江等地，江苏、安徽大米主要流向广东、上海、福建等地；其中调入广东的大米主要来源于湖南和江西，福建的大米来源于安徽、江西，上海的大米来源于安徽和湖北，云南、贵州、四川的大米来源于湖北和湖南（谷秀娟等，2015）。

4.水稻供需平衡现状

　　从我国水稻供需平衡上看（图1-7），自2003年以后，国家粮食供给逐渐超过需求，且每年供需差量呈现逐渐增大趋势，至2017年呈现缩小趋势。国家水稻临时库存量自2011年之后逐年走高，至2017年达到15 500万吨，水稻库存消费比从2012年的5.67%跃升到2017年的80.79%（图1-8），按照联合国粮农组织（FAO）提出关于国家粮食安全的指标，国家库存消费比应至少保持在17%～18%，由此可见，近年来我国粮食供给比较充足。

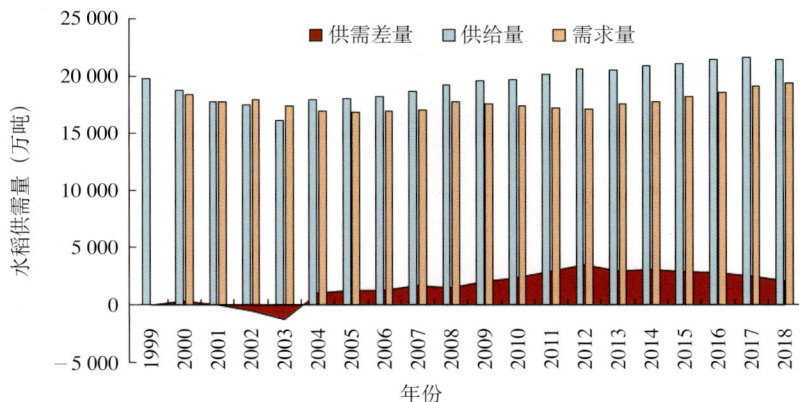

图1-7　1999—2018年我国水稻供需平衡变化
[数据来源：《中国统计年鉴》（2000—2019）]

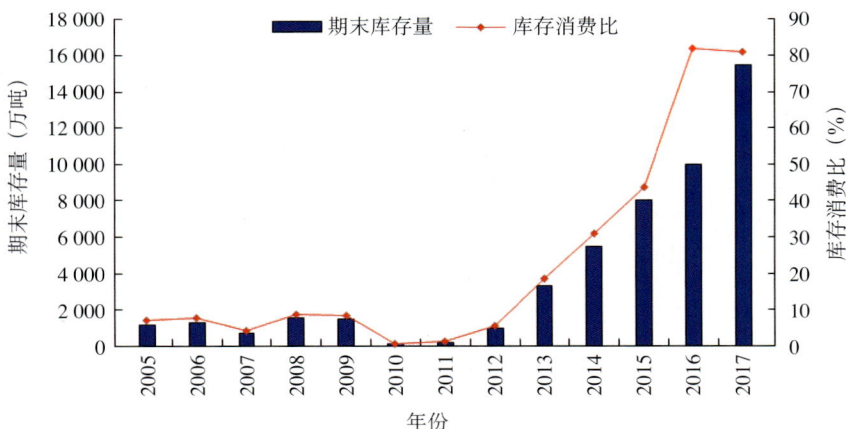

图1-8　我国水稻期末库存量变化

5.水稻消费及贸易现状

从水稻消费结构上看（图1-9），中国水稻消费有5种类型，即口粮消费、种子消费、工业消费、饲料消费以及稻谷损耗；从总体特征看，口粮消费在中国水稻消费中占据重要地位，从时间序列特征看，口粮消费总量从2003年的14 908万吨下降到2017年的10 957万吨，减少3 951万吨，口粮消费占比从2003年的87%下降到2017年的71%，下降16个百分点，表明口粮地位正在逐渐下降；种子消费占比得到显著提升，相比2003年和2011年的1%已经上升到2017年的9%，种子消费量也由2003年的139万吨跃升至2017年的1 340万吨，是2003年的9.46倍；工业消费和饲料消费总量和比重也均呈现逐渐增加的趋势。

图1-9　我国2003年、2011年和2017年水稻消费结构

从我国大米进出口贸易量看（图1-10），2011年之前，大米出口量高于进口量，但净进口量呈现逐年缩小趋势；由于受到国内外大米价差快速拉大的影响，越南和巴基斯坦等国家大米价格优势明显，自2012年起我国大米进口量显著攀升，严重冲击国内大米市

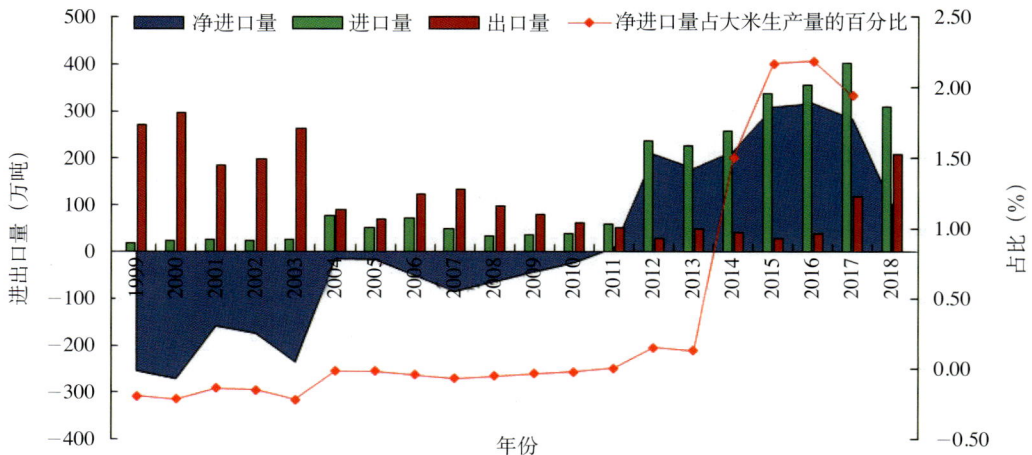

图1-10　1999—2018年我国大米进出口变化及净出口量占大米生产量的百分比
[数据来源：《中国农村统计年鉴》（2000—2019）]

场；大米出口量自2007年以来逐渐降低，至2012年持续在低谷徘徊，直至2017年在国家大力去库存的政策作用下才开始显著增加，使净进口量开始回落，2018年我国大米进口量为308万吨，出口量为208.9万吨，净进口99.1万吨。从大米进出口来源国看，我国大米主要进口国家是越南、泰国、巴基斯坦和柬埔寨，进口大米主要流向北京、广东和福建等地，以籼米为主；我国大米主要出口国家是埃及、科特迪瓦、土耳其、巴布亚新几内亚等国家，出口大米主要来源于辽宁、吉林、黑龙江、北京、天津等地，以粳米为主（谷秀娟等，2015）。

二、湖北省水稻产业发展概况

水稻是湖北第一大粮食作物，水稻产业是湖北农业的优势产业。湖北水稻常年种植面积和产量分别占湖北粮食作物的50%和70%，2018年水稻种植面积达239.1万公顷，产量1 965.62万吨（曹鹏，2019）。因此，水稻是湖北粮食产能的"稳压器"和"定海针"，推进水稻产业持续稳定健康发展对湖北建成农业强省、实现乡村振兴至关重要。

1.湖北水稻生产的发展

1999—2018年湖北水稻播种面积和产量总体保持稳中有升，且主要得益于水稻单产水平的提升。从湖北水稻播种面积变化来看（图1-11），自2003年以后播种面积整体呈现递增趋势，2013年以来播种面积稳定在2 100千公顷以上，2018年播种面积达到2 391千公顷，比2003年增加585.9千公顷，增幅32.46%；湖北水稻产量总体呈现缓慢增加趋势，2018年为1 965.62万吨，比2003年增加624.33万吨，增幅46.55%；湖北水稻单产不低，自2007年以来呈现稳步上升趋势，2018年单产为8 220.91千克/公顷，比2007年的7 091.12千克/公顷增加1 129.79千克/公顷，增幅15.93%，年均增长率1.35%。

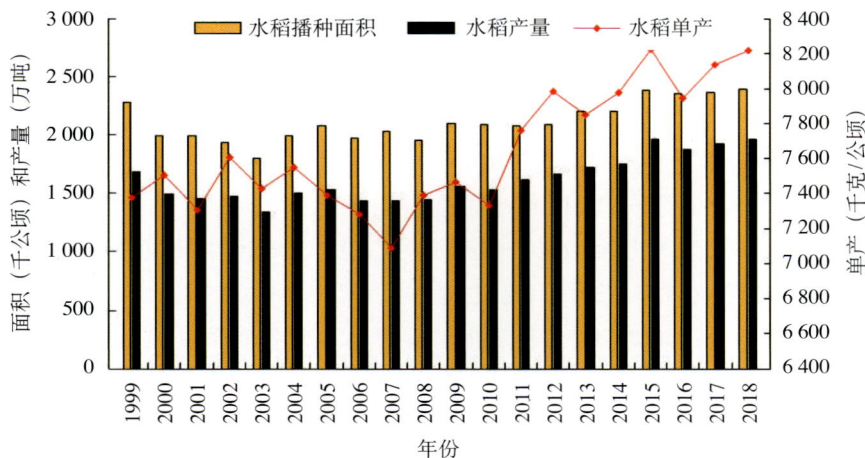

图1-11　1999—2018年湖北水稻生产发展情况
（数据来源：国家数据http://data.stats.gov.cn/）

13

从湖北水稻种植结构变化看（图1-12），1999—2003年，由于国家第三次种植业结构调整政策影响，中稻和一季晚稻播种面积和占比上升，早稻和双季晚稻播种面积和占比均呈现下降趋势；2003—2010年，水稻生产结构保持相对稳定；2011—2015年中稻和一季晚稻播种面积和占比出现小幅上升，2016年实施水稻种植结构调整后，中稻和一季晚稻播种面积及占比明显上升，早稻和双季晚稻播种面积和占比下降。截至2018年，湖北中稻和一季晚稻面积为2 034.3千公顷，占比85.08%，比1999年增加950.9千公顷，增幅87.77%，年均增长率3.37%；早稻面积为164.53千公顷，占比6.88%，比1999年减少375.89千公顷；双季晚稻面积为192.17千公顷，占比8.04%，比1999年减少468.99千公顷。

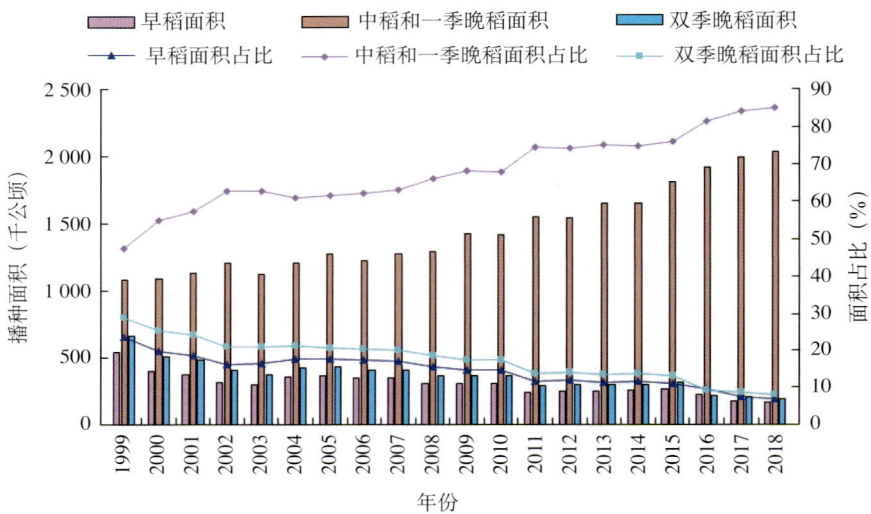

图1-12　1999—2018年湖北水稻种植结构变化

（数据来源：国家数据http://data.stats.gov.cn/）

2.水稻是湖北的优势产业

从1999—2017年湖北主要粮食作物播种面积及占比变化来看（图1-13），湖北主要粮食作物是水稻、小麦和玉米。水稻播种面积2012年以后稳定在2 100千公顷以上，常年水稻播种面积占比在50%上下，2017年水稻播种面积达到2 368.07千公顷，占比48.80%，比1999年的2 284.98千公顷增加80.09千公顷。小麦自2005年播种面积占比快速上升之后，近10年呈缓慢递减趋势，2017年小麦播种面积为1 153.22千公顷，占比23.76%，比1999年的1 074.43千公顷增加78.79千公顷。玉米近20年播种面积占比呈缓慢递增趋势，2017年玉米播种面积达到794千公顷，占比16.38%，比1999年的9.86%增加6.52个百分点；比1999年的460.82千公顷，增加333.18千公顷，增幅72.3%，年均增速2.91%。2015年以后湖北粮食作物播种面积及占比的上升归因于水稻、小麦和玉米三大作物面积和占比的同时增加。

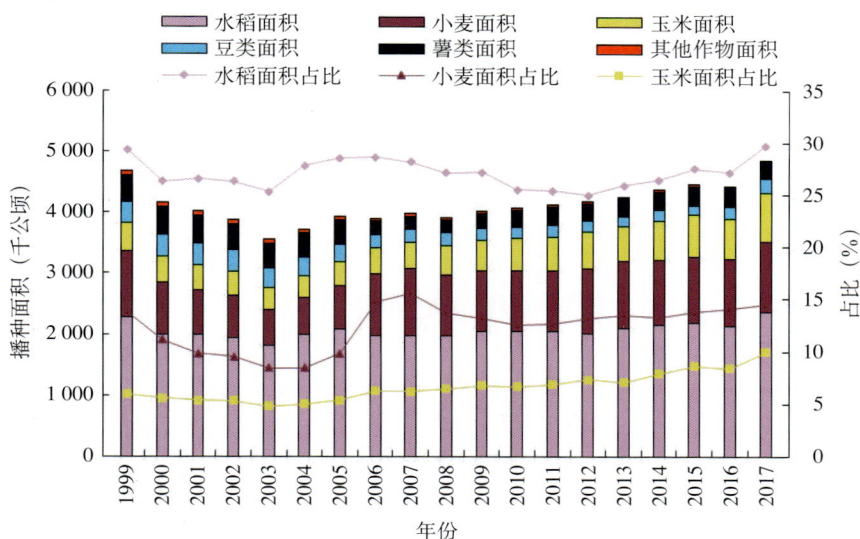

图1-13 1999—2017年湖北主要粮食作物播种面积及占比变化
（数据来源：国家数据http://data.stats.gov.cn/）

从1999—2017年湖北主要粮食作物产量及占比变化来看（图1-14），湖北主要粮食作物产量自2003年以后总体稳步上升，2012年以后稳定在2 500万吨以上，2017年达2 846.13万吨，其中水稻产量自2012年以来均在1 600万吨以上，水稻产量占比常年稳定在70%上下。近年来小麦产量占比稳定在15%上下，玉米产量占比稳中有升，稳定在11.5%上下。

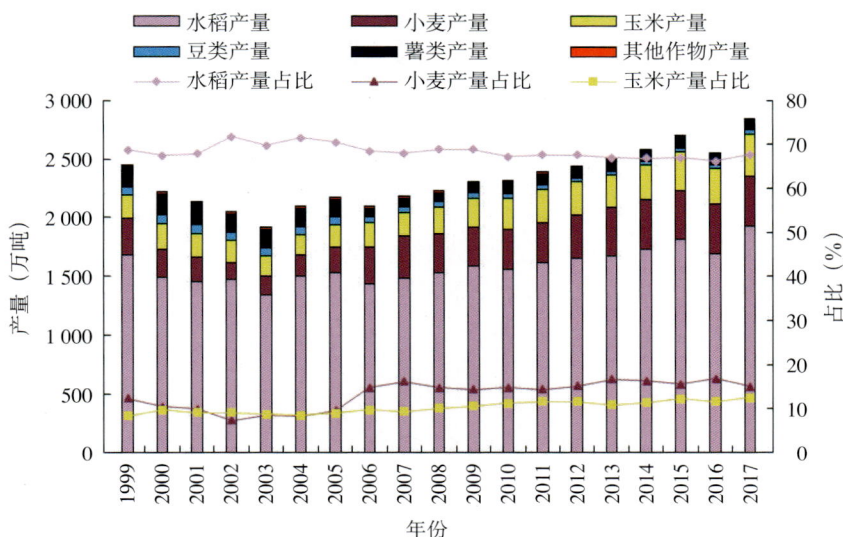

图1-14 1999—2017年湖北主要粮食作物产量及占比变化
（数据来源：国家数据http://data.stats.gov.cn/）

15

3. 湖北水稻在全国占有重要地位

就湖北水稻产业在全国的地位而言，湖北水稻播种面积占全国的比重常年稳定在7%上下，湖北水稻产量占全国的比重常年稳定在8%，湖北水稻单产与全国水稻单产水平差距呈现先缩小后增大趋势，2018年湖北水稻单产为8 220.91千克/公顷，比全国的7 026.59千克/公顷高出1 194.32千克/公顷，约高17%（图1-15）。

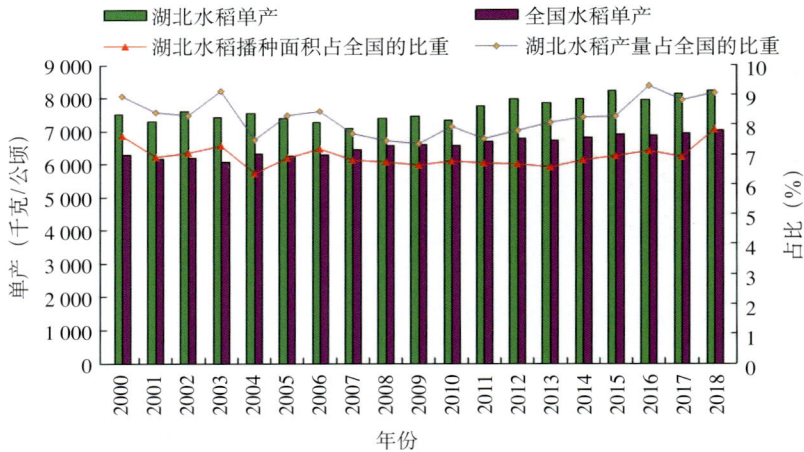

图1-15　2000—2018年湖北水稻在全国的地位变化

（数据来源：国家数据http://data.stats.gov.cn/）

近20年我国各省份水稻播种面积和产量格局有较大变化。从播种面积看，黑龙江、江苏、安徽、湖北、湖南等水稻主产区面积明显增加，尤其是黑龙江水稻播种面积从2003年的1 290.9千公顷增长至2017年的3 948.9千公顷，面积占比从4.87%上升到12.84%，播种面积由曾经的全国第九跃居至现在的全国第二，仅次于湖南；湖北2017年播种面积比2013年增加563.5千公顷，占比提升约1个百分点，由曾经全国第八跃居全国第五；湖南播种面积由2003年的3 410千公顷上升至2017年的4 238.7千公顷，占比提升约1个百分点，稳居全国第一；相反，浙江、福建、广东、广西、海南、重庆、四川、贵州、云南等地面积和占比均呈现一定程度下降（表1-1）。

各省份水稻产量整体变化趋势同播种面积类似（表1-1）。黑龙江、江苏、安徽、湖北、湖南等水稻主产区水稻产量明显增加，黑龙江水稻产量从2003年的842.8万吨增长至2017年的2 819.3万吨，净增234.83%，对国家水稻产量贡献从5.25%上升到12.95%，由曾经的全国第九跃居至现在的全国第一；湖北2017年水稻产量比2013年增加585.9万吨，占比提升约0.5个百分点，由曾经全国第五跃居全国第四，次于黑龙江、湖南和江西；湖南水稻产量由2003年的2 070.2万吨上升至2017年的2 740.4万吨，占比降低0.3个百分点，由全国第一退居第二；相反，浙江、福建、广东、广西、海南、重庆、四川、贵州、云南等地水稻产量总体呈现下降趋势。

表1-1 不同时期各省份水稻面积、产量及占比

省份	2003年				2011年				2017年			
	面积(千公顷)	面积占比(%)	产量(万吨)	产量占比(%)	面积(千公顷)	面积占比(%)	产量(万吨)	产量占比(%)	面积(千公顷)	面积占比(%)	产量(万吨)	产量占比(%)
湖北	1 805.1	6.81	1 341.3	8.35	2 036.2	6.77	1 616.9	8.04	2 368.6	7.70	1 927.2	8.86
湖南	3 410.0	12.86	2 070.2	12.89	4 066.3	13.53	2 575.4	12.81	4 238.7	13.79	2 740.4	12.59
江西	2 685.3	10.13	1 360.5	8.47	3 317.7	11.04	1 950.1	9.70	3 504.7	11.40	2 621.1	12.04
安徽	1 972.4	7.44	963.7	6.00	2 230.8	7.42	1 387.1	6.90	2 605.1	8.47	1 647.5	7.57
江苏	1 840.9	6.94	1 404.6	8.74	2 248.6	7.48	1 864.2	9.27	2 237.7	7.28	1 892.6	8.70
浙江	979.4	3.69	646.9	4.03	894.8	2.98	649.0	3.23	620.7	2.02	444.9	2.04
福建	962.6	3.63	523.4	3.26	845.3	2.81	514.1	2.56	628.6	2.04	393.2	1.81
广东	2 130.6	8.04	1 170.5	7.29	1 940.6	6.46	1 096.9	5.46	1 805.4	5.87	1 046.3	4.81
广西	2 356.3	8.89	1 202.7	7.49	2 078.5	6.91	1 084.1	5.39	1 801.7	5.86	1 019.8	4.69
四川	2 040.3	7.70	1 471.9	9.16	2 007.9	6.68	1 527.1	7.60	1 874.9	6.10	1 473.7	6.77
云南	1 043.1	3.94	635.9	3.96	1 073.5	3.57	668.7	3.33	870.6	2.83	529.2	2.43
黑龙江	1 290.9	4.87	842.8	5.25	2 945.6	9.80	2 062.1	10.26	3 948.9	12.84	2 819.3	12.95
其他	3 991.0	15.06	2 431.1	15.13	4 371.8	14.54	3 104.5	15.45	4 242	13.80	3 207.2	14.74

三、水稻产业发展面临的问题

当前，"粮食滞销、粮库爆满、持粮观望、卖粮心痛"等问题在水稻主产区成为热门话题，掉价的粮食让种粮大户忧心忡忡，严重影响了其种粮积极性。究其原因，主要是粮食中部分品种相对过剩、粮食进口价与国内生产成本价差距加大、国家和社会收储压力加大等，因此，必须加快农业方式转变、优化种植结构、提升水稻品质，增加种粮效益。

1.水稻生产比较效益低

2003—2015年，水稻最低收购价由每50千克60.1元上升到138元，提高了1.30倍。随着国家去库存力度持续加大，2015年起，国家开始调低水稻最低收购价，至今最低收购价已至"天花板"。受国家托市政策和成本刚性增长，国内大米价格已经全面超过进口大米价格，继续通过价格和补贴政策保障农民收益将一步拉大国内外米价差距，将进一步刺激大米的进口，反而可能会冲击国内大米市场，价格和补贴政策遭遇"天花板"。2015年我国水稻、小麦等大宗粮食作物丰收，产量增多，种植大户中稻产量普遍增产5%～10%，导致粮食品种出现相对"饱和"，粮食"供大于求"，引起水稻等粮食价格下降。

自2003年以来，随着农药、化肥等农资产品价格指数和用量的增长，土地和劳动力成本的上升，水稻亩均生产总成本不断上升（图1-16）。2013年后粮食成本居高不下，截至2017年，水稻亩均总成本为1 210.2元，比2003年的419.20元增加了791.1元，增幅188.72%，生产成本不断抬高"地板"。同时在水稻单产和最低收购价不断上升的双重作用下，水稻亩均总效益也不断上升，至2013年趋于平稳，2017年水稻亩均总效益为1 342.7元，比2003年的485.66元增长857.04元，增幅176.47%。在价格"天花板"和成本"地板"的双重挤压下，水稻亩均净利润呈现阶段性变化特征，2003—2004年由66.6元上升至216.85元，2005—2009年保持在160元上下，2009—2011年由153.44元快速上升到298.69元，2011年之后水稻亩均净利润出现"断崖式"下跌，2015年处于最低谷期，亩均净利润仅为65.90元，近2～3年，水稻亩均净利润有小幅增长，但仍处于低谷期。

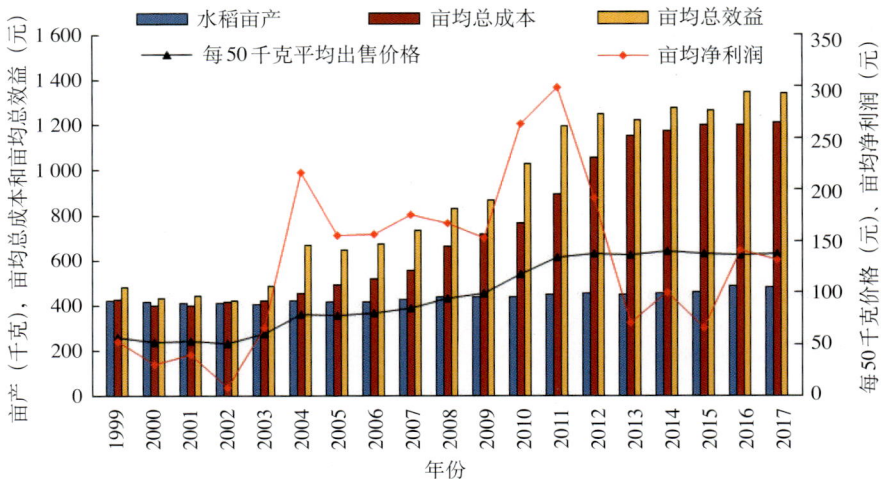

图1-16　1999—2017年我国水稻生产投入与产出效益变化
（数据来源：国家粮食交易中心）

2. 种植水稻资源环境压力大

第二次全国土地调查报告指出，2009年我国耕地数量共有20.307 7亿亩，其中基本农田面积15.608 1亿亩，占比76.86%；耕地相比1996年第一次全国土地调查报告增加2.038亿亩，但从人均耕地面积看，全国人均耕地0.101公顷（1.52亩），较1996年第一次调查时的人均耕地0.106公顷（1.59亩）有所下降，不到世界人均水平的一半（国土资源部等，2013）。从耕地后备资源角度看，2016年耕地后备资源拥有量8 029.15万亩，相比2000年减少了近3 000万亩（国土资源部，2016）。随着城镇化、工业化继续推进，我国后备耕地资源将进一步减少，开发难度进一步增加，意味着保证粮食安全的耕地资源压力将进一步增大。

我国常年农业用水量占用水总量的70%，而水稻年生产用水量占农业用水量的70%，是农业用水的第一大户。《2018年中国水资源公报》指出2018年中国水资源总量27 462.5亿米³，与多年平均值基本持平；全国用水总量6 015.5亿米³，其中农业用水

3 693.1亿米^3，占用水总量的61.4%，比2000年用水总量增加517.5亿米^3，农业用水增加229.36亿米^3，而我国2018年农田灌溉水有效利用系数仅为0.554（水利部，2019），与发达国家灌溉水有效利用系数约为0.80相比，差距很大。

联合国相关机构预测，到2050年，全球CO_2排放量将增至700亿吨，全球平均气温将上升1.5～4.5℃。而根据国际水稻研究所研究，水稻生长期间的平均夜间最低温度每升高1℃，水稻产量就会下降10%（彭少兵，2004）。在全球温度上升的大背景下，保障水稻的正常供应将面临更大压力。同时由于水稻生产重视化肥、农药、种子等经常性资本投入，而忽略农机购买、水利设施建设、土壤改良等长期性资本投入，农用物资利用效率不高，致使资源消耗大而环境污染加剧，保障水稻质量安全也将面临更大的压力。

3. 大米优质品牌少

优质稻产业发展面临诸多难题，如缺乏优质稻品种、没有公众认可的优质稻标准，还有优质生产风险问题、优质不优价等问题，导致专门打造优质稻品牌的主体积极性下降。调研发现，农民种植的优质稻与国家审定的优质稻之间存在着一定程度的标准不一致问题；农民所理解的优质稻是"价高就优质""加工企业说优质就优质"，部分情况下与国家的优质标准并不统一。

粮食企业比较多，但规模偏小，知名大米品牌非常少，竞争力不强。据有关统计数据表明，2014年全国大米加工企业有9 349个，年处理水稻能力3.1亿吨，实际出米量8 693万吨，产能利用率仅为44.5%，企业加工产能严重过剩，加工产品同质化，深加工和综合利用不足等问题使得恶性竞争加剧；2008年以来，在最低收购价格政策托市，生产成本刚性增长，国外低价大米冲击之下，国内水稻市场经常出现阶段性的"稻"价走势强于"米"价走势，在"稻强米弱"的挤压下，企业的效益空间不断压缩，致使企业亏损停工甚至倒闭（程式华，2019）。

四、水稻产业的发展趋势

在政府推动、消费拉动和市场行动下，水稻生产方式将向绿色持续化方向发生转变。从国家粮食安全战略上看，将由掠夺式经营向藏粮于地、藏粮于技转变；从产业发展道路上看，在保证一定产量前提下，将由过去追求高产逐渐向降低成本转变，由追求单产逐渐向追求品质化发展，进一步满足市场多元消费需求；从生产管理方式上看，将由粗放型管理向全程机械化、轻简化、信息化和标准化转变；从农业发展方式上看，将由高投入、高排放和高污染的资源破坏型向环境友好、资源节约和低碳高产转变；从生产经营方式上看，由小农户分散经营向适度规模化组织化方向发展。

1. 优质安全

随着居民收入水平不断提升，人均口粮消费将逐渐降低，将更加注重大米的绿色优质安全等属性，促进水稻由"增产"向"提质"转变。在生活中，人们更注重大米的蒸煮食味品质；在大米加工过程中，加工商更注重大米的加工品质；在销售过程中，销售商更注重大米的外观品质；在全民生活水平不断提高的今天，越来越多的人开始关注大米的营养品质。依托稻田种养体系，绿色水稻生产可在目前国内一、二、三级优质大米的基础上，瞄准安全、美味、营养3个目标。安全型优质大米，基本实现不打农药，利用农家有机肥和养殖场排泄物代替化肥，生产绿色、有机大米；美味型优质大米，蛋白质含量6%～7%，直链淀粉含量13%～22%；营养型优质稻米，通过作物育种增加大米中微量元素（铁、锌等）含量和维生素A含量等。

2. 绿色生态

20世纪60年代以来，水稻单产和总产大幅增加，这主要得益于品种改良和栽培技术的发展。然而，长期通过大肥、大水、大量农药投入来提高水稻产量对环境造成了严重影响，如土壤酸化、水体富营养化、生物多样性降低等。近10年水稻单位面积化肥用量增长超过10%，氮肥利用率平均只有35%，有机肥用量不足，施肥的增产效应下降；近10年水稻生产农药用量呈逐年递增趋势，单位面积农药费用增长超过50%。这些新问题和新挑战的出现将倒逼中国水稻发展方式转型，需要在品种培育策略和栽培措施创新等方面做出根本性改变。

3. 节减高效

农户是水稻生产决策和技术应用的主体，保证稻农增收始终是水稻产业三大基本任务之一。适度规模经营、降低生产投入、供给优质水稻是未来新型稻农增收的3条主要途径。随着我国农村劳动力供给日益紧张，农民老龄化趋势加快，同时在农资刚性成本价格不断上涨的情况下，农民迫切需要绿色水稻品种和绿色水稻生产技术，这将推动水稻节减高效的进一步发展。

第三节　水产产业发展概况及趋势

水产养殖业是我国大农业的重要组成部分。在长期坚持"以养为主"的发展方针下，我国水产养殖业取得了长足的发展，实现了利用占全球6.7%的淡水净流量生产出了全球43.5%的淡水养殖量；2017年我国水产养殖产量达4 906万吨，占世界水产养殖产量的60%以上，占全国水产品总产量的76%（陈家勇，2019），水产养殖总产量长期位居世界首位，为保障我国优质食物蛋白供给能力、增加农民收入和促进农业产业结构调整做出了重大贡献。湖北是我国淡水养殖主产区之一，养殖面积和产量长期位居全国首位，2017年淡水养殖面积797.58千公顷，淡水水产养殖产量达436.13万吨，淡水水产品产值达888.1亿元，面积和产量均位居全国第一，产值位居第二，在全国水产养殖业中具有举足轻重的地位。

一、湖北省水产产业发展成就与经验

湖北素有"千湖之省""鱼米之乡"的美誉，省内湖库池塘星罗棋布，水域面积位居全国第一，多达167万公顷。湖北拥有内陆池塘、水库、山塘和大水面等宜养水体面积共计约81万公顷，丰富的宜养水体资源为湖北水产养殖业发展奠定了良好的自然资源基础，也成为促使该省淡水养殖总量连续20余年位居全国首位的重要因素。2017年湖北渔业经济产值为1 089.08亿元，占农林牧渔业总产值的17.78%，比2000年的11.63%增长6.15个百分点。湖北渔业在大农业中的地位不断上升，成为次于农业和牧业的第三大产业。

1. 湖北省水产产业稳步发展

21世纪以来，湖北水产养殖面积在2006年出现下降后逐步回升，2012年后养殖面积稳定在680千公顷，2017年增长至797.58千公顷（图1-17）。水产养殖产量稳中有升，近年来均在400万吨以上。水产养殖单产水平总体呈现上升趋势，2016年达到最高值，为6 464.77千克/公顷，比1999年的3 327.48千克/公顷增加94.28%，2016年后有所回落。水产业总产值在2003年之后呈现逐年增加趋势，年均增长率为16.21%，2007年进入快速增长期，年均增长率为13.11%，2012年后进入新的增长阶段，年均增长率达到11.70%，截至2017年水产业总产值达到1 089.08亿元，比1999年的127.8亿元增加961.28亿元，增加了近7.52倍。

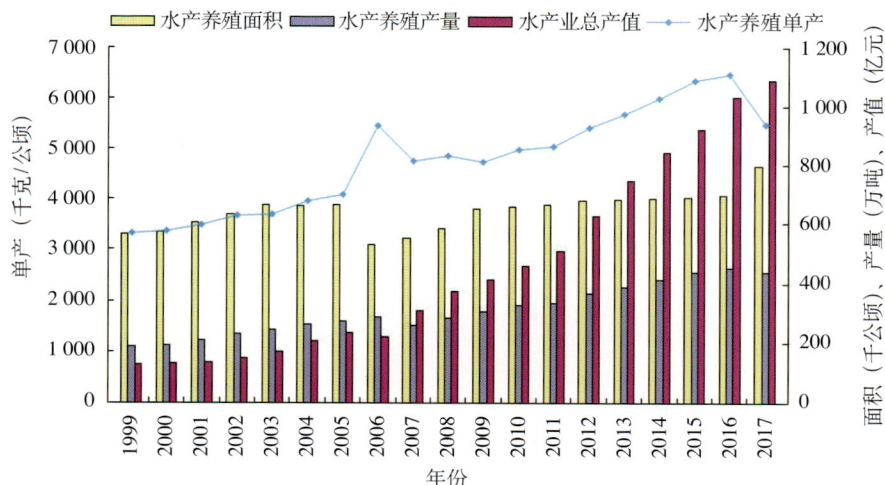

图1-17　1999—2017年湖北水产发展情况
[数据来源：《中国渔业统计年鉴》（2000—2018）]

2. 水产品结构优化

湖北水产养殖品种主要分为鱼类和虾蟹类，鱼类包括四大家鱼、鲤、鲫、鳊鲂、黄鳝、白鱼、鲴等，虾蟹类包括克氏原螯虾和河蟹等，四大家鱼占比降低，高档鱼类、虾蟹类的占比升高。虽然鱼类和虾蟹类产量近20年均呈现总体上升趋势，但是水产品供给结构却发生明显变化，鱼类淡水产品占比由1999年的94.06%下降到2017年的79.40%；虾蟹类淡水产品占比由1999年的2.91%上升到2017年的18.67%，并逐渐打造形成了小龙虾、河蟹和鳅鳝三大百亿元产业（图1-18）。

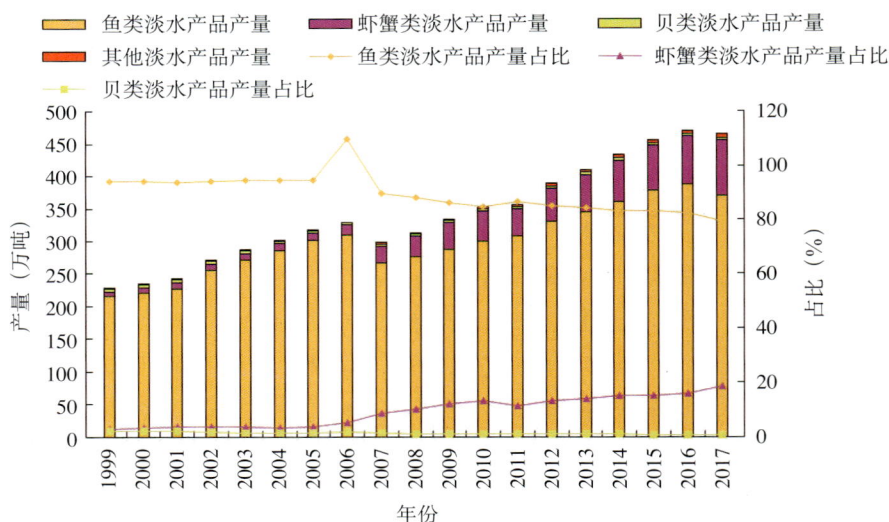

图1-18　1999—2017年湖北水产品结构变化
（数据来源：国家数据http://data.stats.gov.cn/）

3.淡水养殖类型多样化

湖北水产养殖包括精养池塘养殖、湖泊养殖、水库养殖、塘堰养殖、河沟养殖、稻田水产养殖等。近20年来，湖北淡水养殖总面积呈现增加趋势，至2017年已经达到1 132.47千公顷，比2000年增加了129.36%（图1-19）。其间共经历2000—2002年、2007—2009年、2014—2017年3个递增阶段，2000—2002年淡水养殖面积增长是因为池塘面积的快速增加，2007—2009年的增长是因为池塘面积和稻田养殖面积的双增加，2014—2017年的增长主要是因为稻田养殖面积的快速递增，特别是以稻田养虾为代表的稻田养殖在近10年内得到快速发展，成为全国的一面旗帜。

图1-19　2000—2017年湖北淡水养殖不同类型面积变化
[数据来源：《湖北农村统计年鉴》（2001—2018）]

4.淡水养殖方式生态化

为践行绿色发展理念，推进水产养殖业可持续发展，湖北现已确立"健康养殖、生态渔业、绿色发展"的水产行业发展理念；针对水产养殖业，明确提出了"拆围还湖、水库限养"的管控要求，制订了全省江河湖库渔业于 2020 年前全面退出人工养殖、发展增殖渔业的行动措施。

近年来，湖北淡水养殖方式以池塘精养、湖泊养殖和水库养殖为主正在向以池塘精养、稻田养殖为主转型。在"拆围还湖、水库限养"政策背景下，湖泊养殖面积呈现逐年下降的趋势，2017 年仅为 136.66 千公顷，比最高时期的 2007 年减少 71.45 千公顷，降幅 34.33%，2017 年湖泊养殖面积占湖北淡水养殖面积的比重跌至 12.07%。水库养殖面积变化不大，基本稳定在 100 万亩左右，但水库养殖面积占比从 2000 年的 20.44% 降为 2017 年的 10.82%，降低 9.62 个百分点。池塘养殖面积的增长是长期的过程，近两年池塘面积快速上升，从 2015 年的 390.61 千公顷上升至 2017 年的 531.17 千公顷，面积占比由 2000 年的 37.19% 上升至 2017 年的 46.90%。稻田养殖面积在 2006 年之后得到快速发展，面积由 2006 年的 34 千公顷上升到 2017 年的 334.89 千公顷，面积占比由 2006 年的 5.13% 上升到 2017 年的 29.57%（图 1-20）。

图 1-20　2000—2017 年湖北淡水养殖不同类型面积占比变化
[数据来源：《湖北农村统计年鉴》（2001—2018）]

二、湖北省水产产业在全国的地位

湖北是全国淡水产品第一大省，在养殖资源、加工企业、科研实力、政策扶持等方面都有较大优势。然而，值得关注的是，湖北水产养殖业在占据较大规模优势的同时，也面临着"大"而不"强"的发展困局。《中国渔业统计年鉴》显示，2016 年湖北淡水养殖产量和养殖面积虽然均居全国首位，但其淡水养殖业产值和增加值却位于江苏之后，仅列全国第二位；其单位养殖面积所产生的养殖业增加值约合14.1万元/公顷，远低于江苏的20.1万元/公顷。鉴于此，如何在资源与环境刚性约束日益突出的条件下，巩固其全国第一淡水养殖大省的地位、解决好"大"而不"强"的问题，实现湖北从水产大省到水产强省的跨越，已成为该省水产养殖业亟待解决的重大课题。

1. 湖北水产占全国的比重

近20年来，湖北淡水产品总产量占全国的比重常年稳定在15%上下，主要淡水产品中鱼类产量占全国的比重呈现递减趋势，近年稳定在14.5%上下，虾蟹类产量占全国的比重呈现明显上升趋势，从最低谷2004年的7.93%上升到2017年的27.09%。尽管湖北淡水产品总产量占全国的比重基本稳定，但湖北渔业产值占全国的比重却呈现上升趋势，由1999年的5.05%上升到2017年的9.41%，说明淡水虾蟹产业的发展推动了湖北渔业产业转型升级（图1-21）。

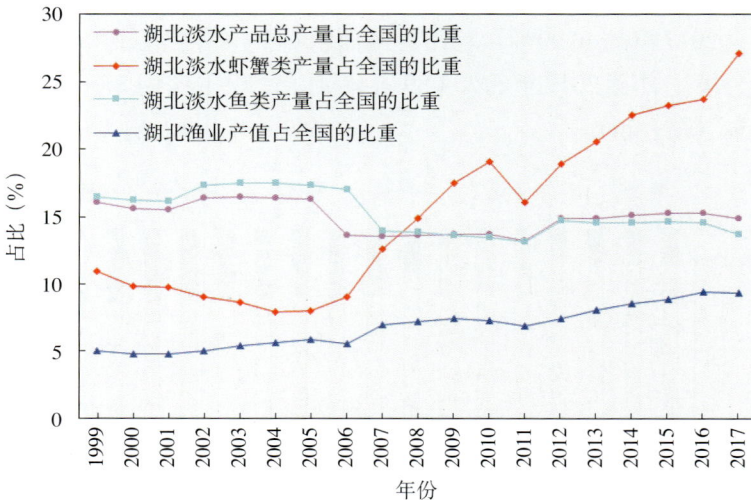

图1-21　1999—2017年湖北渔业在全国的地位变化
（数据来源：国家数据http://data.stats.gov.cn/）

2. 全国水产格局及湖北在全国的地位

就2017年全国淡水养殖面积而言（图1-22），湖北以797.58千公顷位列全国第一，占比14.87%，黑龙江、江苏、安徽、江西、湖北、湖南、广东等地淡水养殖面积相对较大，均在250千公顷以上。就2017年全国淡水养殖产量而言，湖北以436.13万吨位列全国第一，占比15.13%，江苏、江西、安徽、湖南和广东等地水产品产量均在200万吨以上。就2017年全国淡水养殖水产品产值而言，江苏以1019.1亿元位列全国第一，占比20.40%，其次是湖北，产值888.1亿元，广东以551.7亿元位列第三。但有资料显示，就各省份渔业经济总产值而言，山东、江苏、广东等沿海地区经济总产值高于湖北等内陆地区。

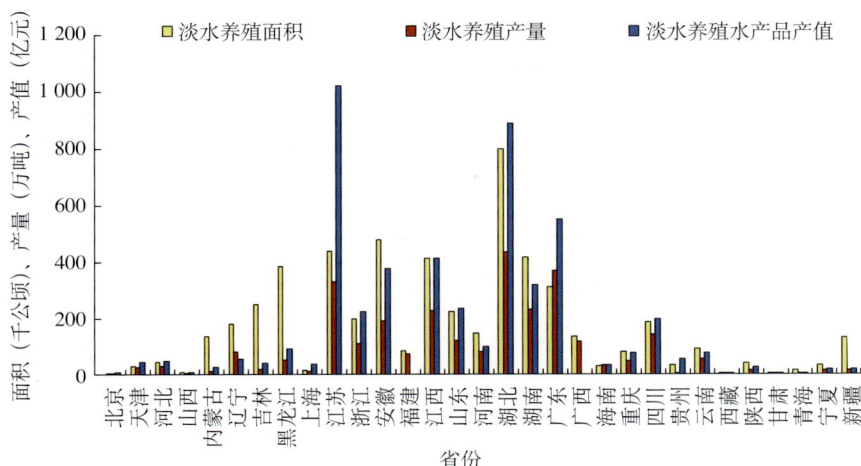

图1-22　2017年我国各省份淡水养殖业发展情况

[数据来源：《中国渔业统计年鉴》(2018)]

三、湖北省水产产业面临的问题

当前，湖北淡水渔业发展仍然面临诸多问题，如基础设施落后、鱼种品质下降；水域污染加重、各类鱼病日渐增多、渔民养殖技术不高等造成的养殖风险加大；水产品加工水平和运输手段落后、经营效果差、增收难；以及湖北养殖单元"小而散"，产业的规模化、组织化、品牌化程度较低，优质水产品供给不足、产业大而不强等，因此湖北渔业可持续发展面临严峻挑战。

1.资源环境压力大

长期以来，以"高密度、高投饵率、高换水率"为特征的传统粗放养殖方式已经引发了一系列问题，水资源消耗巨大，环境污染严重，养殖病害频发（宋超等，2012）。湖北传统的水产养殖方式基本上都是开放型的，水源充足，多来自长江、湖泊、水库，水质水量基本上能满足水产养殖业的需求，但是，近些年由于水利工程建设、工业化进程，以及日趋突出的农业面源污染等问题，养殖水源紧缺，水量不足，水质急剧下降，水体富营养化加剧，生态湿地急剧减少，加上工农业污染，给水产养殖业带来了重大影响。仅湖北就有将近合计47万公顷的水库、山塘和大水面等原有宜养水体丧失水产养殖功能（张辉等，2019）。此外，由于水产养殖也有饲料、药物等投入，一定程度上也加剧了水产养殖水环境的恶化，极大地削弱了养殖水体的生产能力，制约了养殖产业的健康发展。

2.成本高、效益低、增收难

渔业水域开发有限，且随着渔业生产资料上涨，塘租、劳动力、渔资投入品成本不断上升。饲料投入在水产养殖业投入品中占有很大比重，一般情况下，占有60%～70%的养殖成本。目前，鱼饲料价格已达到3 500～4 000元/吨，养殖饵料系数多为1.8～2.0甚至更高。由于饲料价格连续上涨，而大宗淡水鱼价格基本上没有任何变动，导致养殖经济效益低下，给养殖户带来了极大的压力；病害严重导致渔药滥用，渔药成本也加大，用药最多者一年每亩超过1 000多元，除去养殖成本，一年纯利润所剩无几。再者，鱼的品质、加工增值及价格严重影响渔业收入，和淡水产值第一大省江苏比较，除鳊鲂外，湖北所有的大宗淡水鱼价格均低于江苏。2017年，湖北淡水养殖面积和产量均居全国第一，但产值位列第二；江苏水产品单位产量产值31.06元/千克，位居全国第一，湖北以20.36元/千克位列第三。相对于江苏水产强省，湖北二三产业有待继续发展，提升水产单位产量产值水平。

3.产品质量及安全隐患严重

随着水产养殖规模化集约化程度不断提高，水体环境日益恶化，鱼类病害问题频发，一方面导致巨大经济损失，另一方面病害严重导致渔药滥用、耐药性产生与水产品质量安全无保障。例如为防治鱼类病害，渔民在养殖中使用抗生素，用药不规范、不科学，导致水产品药物残留问题突出，成为社会关注的焦点。不仅如此，目前在市场上流通的水产养殖用药98%以上是从畜禽药或人用药借用而来，水产专用药物问题特别突出。尽管目前水产养殖的规模化程度较高，如仙桃市组建了30多家专业社和家庭农场，洪湖市40多家水产专业合作社组成了合作联社，但仍有相当部分养殖户处于分散经营、各自为政的现状，标准化生产普及率不高，渔资投入监管无法全方位覆盖，给水产品质量安全和公共卫生带来严重隐患，日益成为社会关注的敏感问题。

四、水产产业的发展趋势

随着我国人口增长、城市化进程加快、人均收入不断增加，居民消费结构不断升级，肉蛋奶及水产品需求不断增加。而水产养殖相比于畜禽养殖对自然资源利用效率高；同时由于水产品为冷血动物，不需消耗能量维持体温，故而饲料利用效率高，有相当一部分养殖种类不需要投放饵料。在资源日益趋紧而营养蛋白需求快速上升背景下，未来我国水产养殖业应该会进入快速发展期，基本趋势是养殖种类不断增加，营养层次不断提高，集约化水平不断提升。

1.产品多样化

我国水产品供给已经由总量短缺转变为结构性过剩，同时伴有地域性和季节性的供求不平衡。水产品市场趋于结构性饱和，大众化养殖种类的价格趋于稳定（董双林，2011）。随着居民日益追求水产品消费口感和风味，在未来可能进一步追求涉及 ω-3 不饱和脂肪酸等的营养品质，这进一步推动水产养殖从追求数量向质量转变，而与大宗淡水鱼相比，特色淡水鱼具有营养价值高、产品附加值高、品质优良等特点（代云云等，2019），这将在养殖品种上促进由大宗水产品向名特优水产品的转型，以满足消费者特色多样化的需求，因此养殖"名、特、优、新"以及海水养殖产品成为我国水产养殖的重要方向。根据市场调整结构和产量，大宗淡水鱼的养殖可适当与其他品种轮作，既可降低病害流行，还可避免产量过度提高，影响市场价格。另外，可因地制宜，发展鱼虾混养、鱼藕共生、鱼菜共生、稻田养鱼模式，提高饲料效率，降低养殖成本。同时，与品牌和标识结合，通过企业化运作达到上市前品质提升。

2. 模式生态化

水产养殖生产方式正在发生较大变化，已经形成了围栏、网箱、工厂化、筏式、底播、吊笼等多种方式，为水产品生产品质的提高奠定了坚实基础。但是，病害多发频发、药物超量滥用等引起的水产品质量安全问题已成为制约我国水产养殖业持续健康发展的重要瓶颈之一。为此，近年来农业部门加快推进水产健康养殖示范创建活动，开展健康养殖示范场、示范县创建工作，并取得了明显成效。截至 2017 年底，农业部水产健康养殖示范场累计达到 6 129 家，示范规模范围不断扩大，对整个产业发展起到了良好的示范带动作用。从产业可持续发展的角度看，质量安全是水产品产业持续发展的关键所在，而健康养殖则是重要的保障。随着国家政策扶持力度的不断加大和居民消费安全意识的不断提高，加上养殖技术的不断进步，水产健康养殖已经成为国家渔业发展的重点支持方向之一，也是产业发展的需要和趋势。

3. 养殖绿色化

集约化养殖具有高碳排放特点。据测算我国当前池塘、工厂化和网箱养殖的单位产品耗电量分别为0.37千瓦时/千克、8.66千瓦时/千克和3.16千瓦时/千克（1千瓦时电 = 0.997千克CO_2）（董双林，2011）。近年来研究表明，藻类、滤食性贝类、滤食性鱼类以及草食性鱼类等养殖生物具有显著的碳汇功能。据估算2014年淡水滤食性鱼类等养殖从内陆水域移出约1.6×10^6吨C，放养滤食性鱼类和草食性鱼类已成为淡水水域减轻富营养化的有效途径之一（"中国水产养殖业可持续发展战略研究"课题综合组，2016）。

在资源约束趋紧、环境污染加剧、气候不断变化及消费者对生态环境和食品安全期待度日益提升的当下，绿色渔业、生态渔业、碳汇渔业、循环渔业将是未来发展趋势。过去依靠面积扩张和资源驱动的渔业发展方式将会向科技驱动型转变，并通过先进科学技术和科技装备提高饲料、水和土地资源利用率和循环使用水平，提升单位面积产量，减少污染排放，改善生态环境。实施水产养殖绿色发展，推动渔业转型升级，"建设环境友好型水产养殖业"和"建设资源养护型捕捞业"的新体系；实现高效绿色低碳、环境生态友好、资源有效养护、产品质量优质、生态安全的可持续发展目标，解决水产养殖发展与生态环境保护协同共进的矛盾，推进我国从水产养殖大国向水产养殖强国转变。

第四节　稻田种养发展形势及趋势

稻田种养是以水田稻作为基础，在水田中放养鱼、虾、蟹、鸭等，充分利用稻田光、热、水及生物资源，使水稻与放养动物互惠互利生长而形成的复合种养生态农业模式。稻田种养复合系统与当地的文化、经济和生态环境相结合，在保护当地生物多样性和维持农业可持续发展方面起着重要作用。

一、稻田种养的发展及意义

世界各国都有稻田种养产业，中国的稻田养鱼历史悠久。稻田种养是在传统的稻田养鱼模式基础上逐步发展起来的生态循环农业模式，是农业绿色发展的有效途径。

1. 稻田种养发展历程

稻田种养结合是我国传统生态农业模式的典范。纵观近2 000年我国稻田种养的生产历史，从整体发展过程、技术发展水平及演化上可将其分为饭稻羹鱼阶段、稻田养鱼阶段、种养结合阶段、综合种养阶段等4个阶段（曹凑贵和蔡明历，2017）。

（1）饭稻羹鱼阶段。在传统小农自给自足的社会经济背景下，山区先民为解决吃鱼难等问题加之"饭稻羹鱼"文化，将鱼苗放在稻田暂养，形成了稻田养鱼，典型代表有浙江青田稻鱼共生系统和贵州侗乡稻鱼鸭系统。这种传统的种养模式在中国历史上受到了极大的重视，尤其是在丘陵和低洼地区发展盛行，为山丘地区的粮食安全保障和贫困减轻做出了巨大贡献。

（2）稻田养鱼阶段。1949年以后，我国十分重视稻田养殖的发展。1954年第四届全国水产工作会议正式提出"鼓励渔农发展和提高稻田养鱼"的号召后，稻田养鱼面积一度增长突破1 000万亩，后因时代背景下"以粮为纲"的政策影响，加之化肥农药的大量应用，稻田生态环境发生变化，稻田养鱼面积逐渐萎缩；其间创新了系列稻田寄养技术，如两季连养法、稻田夏养法（早稻收割后养至晚季插秧前）、稻田冬养法（冬季养鱼）等多种养殖方法。

（3）种养结合阶段。改革开放后，随着粮食生产逐渐实现自给，人们对水产品的需求快速增长，加之"稻鱼共生"理论体系的建立，以及农村经营制度的改革，稻田种养逐渐迈向标准化、技术化生产和小农化经营，稻田养鱼面积止跌回升，至21世纪初突破2 000万亩；其间，中国生态农业迅速发展，大力推行农林牧渔复合生态工程、桑基鱼塘生态工程、稻田养殖生态工程，全国各地涌现了许多新的技术和模式。

（4）综合种养阶段。进入21世纪，由于经济的快速发展以及人民生活水平的提高，传统的稻田养殖难以适应新时期的农业发展要求。特别是生态环境问题、"三农"问题和食品安全问题日益突出，深入推进农业供给侧结构性改革并实现农业发展转型升级，促使稻田养殖向生态化、规模化、标准化、专业化、产业化发展。

进入新时代，稻田种养更重视绿色生态，社会主要矛盾发生根本转变，资源短缺和环境退化问题日益突出，人们更加注重食品安全，精神文化消费需求日益增强，加之脱贫攻坚计划的实施与乡村振兴战略的提出，稻田种养迈向生态化发展阶段，新一轮稻田综合种养突出"水稻稳产"中心目标，倡导绿色水稻与绿色水产协同发展，通过绿色优质品种、绿色新技术，实施清洁生产。

2. 稻田种养发展概况

改革开放以来，我国稻田种养特别是稻田养鱼迅速恢复并获得长足发展。1983年在四川省成都市召开了全国第一次稻田养鱼经验交流会以后，全国稻田养殖面积为44.067万公顷，到1989年稻田养殖面积发展到88.67万公顷，增加一倍多。1990年农业部在重庆市召开了第二次全国稻田养鱼经验交流会，把我国稻田养鱼生产推向了新水平。至1993年，全国稻田养殖面积发展到98.33万公顷。根据《中国渔业统计年鉴》，2000年全国稻田养成鱼面积为1 532 381公顷，比1985年的648 660公顷增加136.23%（图1-23）。

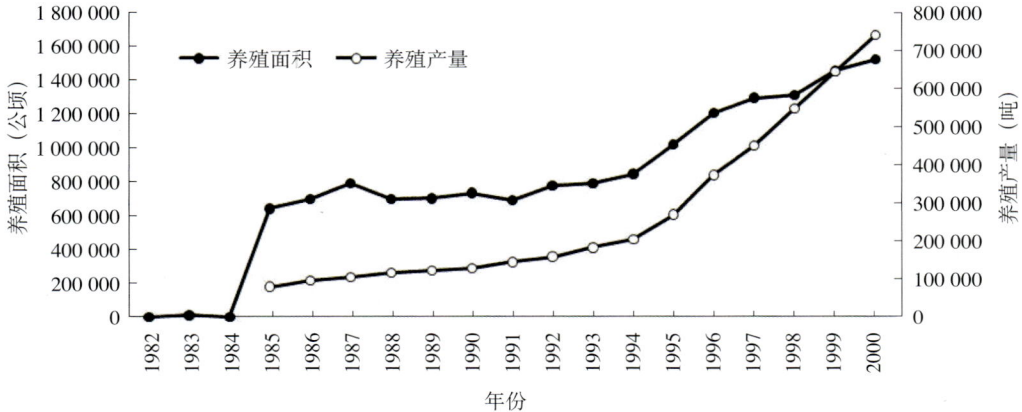

图1-23 我国稻田种养面积及其水产品产量增长情况
[数据来源：《中国渔业统计年鉴》（1983—2001）]

21世纪以来，我国稻田养殖产量占淡水养殖产量的比重一直保持在5%左右，但养殖面积、产量和单产水平增加明显。自2005年开始，农业部先后在13个省（份）建立了19个稻田综合种养示范点，示范面积100多万亩，辐射带动近1 000万亩。从示范效果看，水稻亩产稳定在500千克以上，稻田增效接近100%。2012年，农业部在全国范围内开展了新一轮稻田综合种养技术示范，各地根据自身的自然条件，结合劳动力、资金和技术储备等生产要素，探索出具有地方特色的稻田养殖模式，开创出稻蟹共生、稻鳖共生、稻鱼鸭共生、稻鳅共生等新模式。2015年，全国稻田养鱼面积达到150.16万公顷，产量为155.82万吨，与2010年相比，分别增加13.24%和25.38%。目前，稻田综合种养正逐步成为具有"稳粮、促渔、增效、提质、生态"等多方面功能的现代农业发展新模式，并掀起了新一轮稻田综合种养发展的热潮。

3.综合效益及意义

稻田种养模式充分利用生物共生原理，种植和养殖相互促进，具有"不与人争粮，不与粮争地""一水两用、一田双收"的优势，在保证水稻不减产的前提下，能显著增加稻田综合效益。它顺应了时代要求，既为农业发展、农民增收、三产融合、供给侧结构性改革打开了新的空间，也为解决当前突出的"三农"问题找到了一条有效途径，具有明显的生态、经济和社会效益。

（1）经济效益。稻田养殖后不再需要耘田、拔草，减少了化肥、农药施用，可节省成本，不仅不影响水稻的生长，还能促进水稻增产，增加水产品产出，使稻田养殖的总收入和净收入都得到提高。据统计，全国单一种植水稻的亩均纯收益不足200元，稻田综合种养的经济效益明显提升。据对2017年全国稻田综合种养测产和产值分析表明，稻田综合种养比单种水稻亩均效益增加90.0%以上，亩均增加产值524.76元，采用新模式的亩均增加产值在1 000元以上，带动农民增收300亿元以上。

（2）生态效益。相关研究表明稻田种养具有控草、控虫、控病等效应，能改善土壤肥力，促进水稻植株生长，改善稻田水体环境，从而减少化肥和农药用量。根据示范点测产验收结果，19个测产点中，最低的点减少化肥用量21.0%，最高的减少用量80.0%；农药用量最低减少30.0%，最高减少50.7%。同时，稻田种养能够保持稻田湿地生态特性，涵养水源，保护生物多样性，并对生态修复作用明显，有利于稻草转化利用，改变焚烧秸秆的现象，保护环境。采用稻田综合种养模式的稻田其温室气体排放也大大减少，甲烷排放降低7.3%～27.2%，二氧化碳排放降低5.9%～12.5%。

（3）社会效益。稻田种养具有"两型"（资源节约型、环境友好型）、"两高"（高产、高效）、"两优"（优秀文化、优质产品）等特色；既保障了"米袋子"又丰富了"菜篮子"，既解决了"谁来种地"又解决了"如何种好地"的问题，既鼓起了老百姓的"钱夹子"又确保了消费者"舌尖上的安全"，既拓展了种养业发展空间又传承了历史文化。①粮食安全，开展稻田综合种养可以解决稻田撂荒闲置和"非粮化""非农化"等突出的农村问题，大大调动农民种稻积极性，促进粮食稳产增产；②食品安全，在养殖过程中，化肥、农药的施用量和使用次数都大大减少，提高了稻米和水产品的品质，为市场提供了安全可靠的绿色食品；③社会稳定，稻田种养已成为地方经济增长的新亮点，可为无业人员提供就业机会。发展稻田种养有益于改善农村的环境卫生，保障人民的身体健康。水稻田危害人畜的蚊幼虫密度很大，库蚊和按蚊等是传播疟疾、乙型脑炎、丝虫病的主要媒介。稻田养殖动物后，基本上消除了蚊幼虫，减少了蚊虫危害。

二、稻田种养的主要模式及分布

在新技术的发展下，稻田养殖品种得到改良和更新，新品种使得稻田养殖业取得高产高效，这些品种包括埃及胡子鲇、罗氏沼虾、淡水青虾、河蟹、牛蛙、甲鱼、泥鳅，甚至鸭子和食用菌等，使稻田生态种养异常活跃。

1. 主要稻田种养模式

随着农村经济的发展和科技的进步，稻田种养模式不断完善和升级，模式类型越来越丰富，由最传统的稻鱼发展为稻鳖、稻鳅、稻鳝、稻虾、稻蟹、稻龟、稻蛙、稻鸭、稻虾蟹、稻鱼蛙、稻鸭鱼等。农业农村部初步总结归纳成稻—蟹、稻—虾、稻—龟鳖、稻—鱼、稻—贝、稻—蛙及综合类等7大类24种典型模式（表1-2）。

表1-2　中国稻渔综合种养模式类型

类别	具体模式
稻—蟹	稻+中华绒螯蟹（共作）
稻—虾	稻+小龙虾（共作）
	稻+小龙虾（轮作）
	稻+南美白对虾（共作）
	稻+日本沼虾（轮作）
稻—龟鳖	稻+中华鳖（共作）
	稻+中华鳖（轮作）
	稻+乌龟（共作）
	稻+日本鳖（共作）
	稻+黄沙鳖（共作）
稻—鱼	稻+鲤（共作）
	稻+鲫（共作）
	稻+田鱼（土著鱼）（共作）
	稻+禾花鱼（土著鱼）（共作）
	稻+大鳞副泥鳅
	稻+黄鳝（共作）
	稻+黄颡鱼（共作）
	稻+草鱼（共作）
	稻+鲢鳙（共作）
稻—贝	稻+田螺（共作）
	稻+珍珠蚌（共作）
稻—蛙	稻+蛙
综合类	稻+鳖+蛙
	稻+虾+蟹（罗氏沼虾+中华绒螯蟹）

资料来源：《中国稻渔综合种养产业发展报告（2018）》。

2.种养面积产量分布

据统计，2017年全国稻田种养面积为1 682.689千公顷，除北京、海南、西藏和青海等省份外，其余省份均开展稻田种养。全国稻田种养主要省份为湖北、湖南、江西、四川、安徽、浙江、贵州、江苏、辽宁等地，湖北、四川和湖南3省位列稻田种养面积前3名（图1-24）。

2017年，全国稻田种养水产品产量为194.75万吨，其中湖北、四川和浙江3省位列稻田种养水产品产量前3名（图1-24）；全国稻田种养水产品单产1 157.37千克/公顷，超过全国平均水平的省份是浙江、上海、江西、江苏、湖北和安徽，浙江以3 919.03千克/公顷位列第一，上海、江西紧随其后。

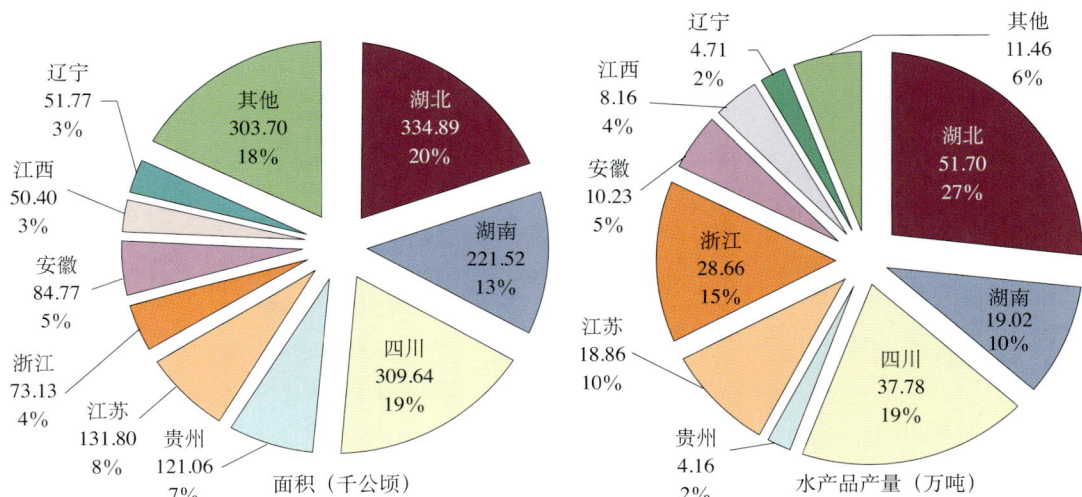

图1-24 2017年我国各省份稻田种养面积和水产品产量情况
[数据来源：《中国渔业统计年鉴》（2018）]

3.主要模式类型分布

我国稻田种养模式类型分为稻蟹模式、稻鳖模式、稻虾模式、稻鳅模式和稻鱼模式等五大类，2018年稻虾模式推广面积最大，为1 511.16万亩，占49.67%；稻鱼模式面积1 280.85万亩，占42.10%；稻鳖模式面积占1%；稻鳅模式面积占1.57%；稻蟹模式面积占4.97%；其他模式面积占0.69%（图1-25）。

其中，①稻蟹模式主要分布于辽宁、江苏等地。代表性模式有辽宁盘锦稻蟹模式；②稻鳖模式主要分布于浙江、湖北、安徽等地，代表性模式有浙江德清稻鳖共作及轮作模式；③稻虾模式主要分布于湖北、湖南、江苏、安徽和江西等地（图1-26），代表性模式有湖北潜江稻虾共作模式；④稻鳅模式主要分布于四川、云南、重庆、湖北、浙江、

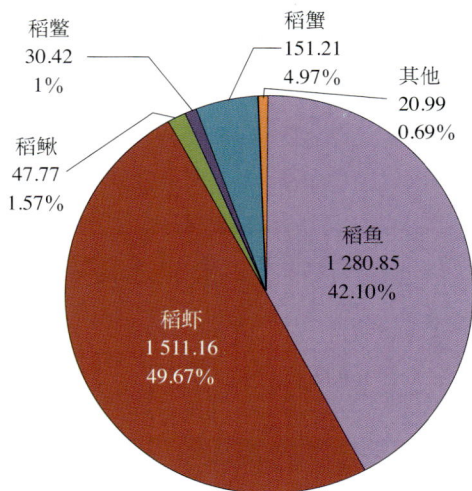

图1-25 我国稻田种养类型面积（万亩）及占比
（数据来源：《2019中国稻渔产业发展报告》）

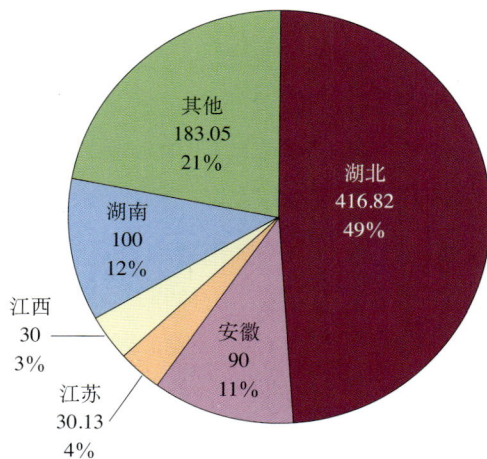

图1-26 2017年我国稻虾面积分布（万亩）
（数据来源：《中国小龙虾产业发展报告（2018）》）

湖南等地，代表性模式有湖北天门稻鳅共育模式、云南哈尼梯田稻鳅共作模式；⑤稻鱼模式主要分布于四川、湖南、贵州、福建、江西、广西、云南等华南双季稻和华中单双季稻地区，代表性模式有江西万载平原地区稻鱼共作模式（隆斌庆等，2017；胡亮亮，2015）。

三、稻田种养存在的问题

1. 产业发展思路不清

当前，我国稻田种养进入快速发展时期。国家和多地出台相关政策促进了当地稻田种养发展，但有部分地区产业发展规划未形成，或不根据当地资源环境现状和当地社会经济条件进行科学合理规划，在没有开展前期科研探索下，简单复制外地模式，盲目无序开发。部分地区农户在市场比较效益驱动下，不按技术工程参数而过度开挖环沟，重养轻稻，背离"稳粮增效、以渔促稻、粮渔双赢"的发展原则；部分地区环沟虽然形成产业发展规模，但因二三产业发展缓慢而使经营效益不高；部分地区二三产业发展分散，没有形成产业集聚效应，严重影响地区稻田种养高质量和可持续发展。

2. 生产经营风险较高

近年来，稻田种养呈现快速井喷式发展，但生产经营呈现一系列风险。第一，稻田种养涉及水稻种植和水产养殖，新增经营主体绝大多数受教育程度低，从业人员专业素质不高，没有相关知识基础，其技术来源主要是农资渔资服务商，种养技术体系不系统，面临较高技术风险；第二，由于持续性资金供应不足，部分地区水电路公共基础设施不健全或者年久失修，造成水源不足影响生产，而且时常受到道路泥泞无法作业、暴雨淹田无法排涝等气象灾害影响，面临较高自然风险；第三，部分地区由于劳动力短缺，而与稻田种养生产相配套的农机又跟不上，加之当地社会化服务能力有限，特别是对于大规模经营农户，面临较高管理风险；第四，稻田种养以小农户经营为主体，合作社、家庭农场和公司等主体不多，规模化组织化程度低，制约了标准化生产、产业化运营、社会化服务和品牌化发展，难以在生产和销售方面形成合力，市场博弈能力差，在绝大多数地区二三产业未完全发展起来的情况下，产品集中上市季节性供需矛盾突出，市场价格持续走低，时常出现增产不增收、提质不增效情况，面临较高市场风险；第五，稻田种养短期内迅速发展，部分地区出现"一地难求"从而抬升稻田租金，同时在市场优质优价机制未建立且产销信息不畅、局部地区水产品需求有限情况下，农户采取大量投肥投饲投药换取高产出的做法不但没有卖出好价钱，同时增加投入成本，导致生产效益持续下降，面临较高经营风险；第六，高投入低效率生产方式加剧资源过度消耗，产地生态环境恶化，产品质量难以保障，面临较高生态风险和质量风险。

3. 基础理论研究支撑不强

适合稻田种养模式的水稻品种和水产良种繁育严重滞后，水产苗种供应及质量问题日益凸显，品种育繁推一体化机制有待加快建立；现有的稻田种养技术基本是建立在对实践经验的总结之上，理论研究尚未跟上，绿色管理技术体系还未及时建立，制约了技术模式规范稳定发展。

4.产业化发展严重滞后

现有的稻田种养往往是单个农户或者涉农企业进行种养，虽然已有一些产业支柱和节日活动，但产前、产中、产后的有效衔接和融合度不高，产销衔接不紧，规模效应难以显现，增产不增收、提质不增效问题还很突出，部分地区产业链短、精深加工不足，物流餐饮发展缓慢，全产业链亟待建立。

四、稻田种养的发展趋势

稻田种养对农业结构的战略性调整具有重大意义，引起了各级党和政府的高度重视，全国许多地方把发展稻田种养作为农村经济发展新的增长点来抓。全国不少地方开发稻田种养热情之高、行动之快、范围之广、规模之大、标准之高都是空前的，目前稻田综合种养正在引领现代农业的发展。

1.模式升级

随着农村经济的发展和科技的进步，稻田种养模式不断完善和升级。一方面是满足生态循环的需要，保证生物多样性，使稻田种养的物种越来越丰富，不仅养殖动物还有特种植物、菌类，如湖北潜江的"四水农业"，田里种水稻，田埂栽水果，田沟养水产、种水生蔬菜；另一方面是满足市场的需要，在稻田引入高档经济鱼类、动物和菌类，如龟、鳖、羊肚菌等，使种植模式越来越丰富，由单品种种养向多品种混种混养发展，由种养常规品种向种养名特优新品种发展，从而提高了产品的市场适应能力，而且提出了水田半旱式耕作技术和自然免耕理论，使稻田养殖向立体农业、生态农业和综合农业的方向发展。

2.技术更新

传统的稻田养殖为平板式养殖，人放天养，自产自销。近年来，稻田养殖的技术含量得到不断提高，根据种稻和养殖的要求，人们在稻田中开挖鱼沟，将挖出的田泥堆在沟的两侧形成垄，在垄上种稻，沟内养鱼。具体表现：①种养品种的生物技术改造；②种养条件的规模化、标准化改造；③田间设施的专业化、标准化建设；④生产技术规程的工艺及产品标准化。四川推广规范化稻田养殖，用条石、火砖等硬质材料嵌护；结合农田水利建设，做到田、林、路综合治理，水渠排灌设施配套，实现了立体开发、综合利用稻田生态系统，最大限度地提升了稻田的地力和载养力。江苏大力推行宽沟式稻渔工程，实行渠、田、林、路综合治理，桥、涵、闸、房统一配套。

3.产业化发展

随着我国农村土地流转政策不断明确，农业产业化步伐加快，稻田种养规模经营成为可能，稻田综合种养的稳粮增效功能再次得到了各地重视。各地纷纷结合实际，探索新模式和新技术，并涌现出一大批以特种经济品种为主导，以标准化生产、规模化开发、产业化经营为特征的千亩、万亩连片的稻田综合种养典型，其主要特征是产业化发展。

（1）政府搭建平台，政策驱动。稻田种养涉及多部门，必须得到政府多部门、产业多方面、技术多学科的多元协调和合作。一方面是政策支持，主管部门高度重视，并纳入重要议事日程，分管领导亲自抓，渔、牧、农各业，以及国土、财政、税务、环保等部门积极参与，制定出台有效政策措施，促进稻田种养健康持续发展。另一方面是资金支持，如招商引资、基地建设、平台建设等。

（2）龙头企业引领，延长产业链。随着体制的改革和创新，稻田养殖产前、产中、产后的一系列服务都得到了全面发展，出现了以"龙头企业＋合作社＋农户"的模式，形成了从生产到流通再到市场的产业化经营体系。主要体现在：一是产区相关产业建设步伐加快，二是水产运销队伍不断壮大，三是稻田生态养殖促进了水产专业协会、合作社的形成和发展。

（3）经营主体专业化生产。随着生产经营机制的创新，各种形式的经济实体，包括从事稻田养殖的渔业公司、协会、推广机构，在苗种生产、渔业物资供应、技术指导、病害防治、产品运销等方面的专业化程度会越来越高，将推进稻田种养专业化、集约化、规模化发展。

（4）标准、品牌规范发展。近年来，随着人们对绿色、有机食品需求的不断增长，以及稻田养殖技术的日益完善，各地出现了一批稻田养殖大户，养殖规模从几百亩到几千亩，并注册了自己的品牌，以绿色、有机优质农产品取信于消费者，培养自己忠实的客户。

4. 区域化发展

稻田种养综合效益良好，广受关注，使其不断向全国范围扩展。目前全国的稻田种养有4个方面的拓展。一是从热量丰富的中低纬度向高纬度拓展，以往稻田种养主要局限在西南、中南和华东等地，现在扩展到东北、华北、西北各个地区；二是从地形地貌上的转移，以往主要在丘陵山区，现在转向平原、城郊；三是养殖规模上的扩大，以往以农民自食为主，养殖分散，粗放经营，现在由自然经济向商品经济发展，生产相对集中，同时经过多年的发展，稻田养殖在全国初步形成了区域化布局、专业化生产、规模化开发、产业化经营；四是地区上的转移，不仅在贫困地区发展稻田养殖，进行脱贫致富，还在发达地区开展稻田养殖。从总体情况来看，应该是全域推荐、区域化发展。

5. "双水双绿"发展

为促进稻田种养产业迈上新台阶，实现可持续发展，扩大并充分释放潜在效益，中国科学院院士张启发教授提出"双水双绿"理念，即充分利用平原湖区稻田和水资源的优势，采用绿色品种、绿色新技术实行稻田种养，使"绿色水稻"和"绿色水产"协同发展，做大做强水稻、水产"双水"产业，做优做特绿色稻米、绿色水产品等"双绿"产品，通过农业生产过程洁净水源，优化环境，实现产业兴旺、农民富庶、乡村美丽的目标。"双水双绿"为新形势下稻田种养的发展指明了方向，迅速受到产业、科技、政府等的关注，成为研究热点。

第二章
湖北省稻田种养发展现状

稻田种养生态农业模式被农业农村部誉为"现代农业发展的成功典范，现代农业的一次革命"，有效提升了农业综合效益，拓展了农业和渔业发展空间，促进了农业转型升级。湖北作为全国稻田种养的典型示范区，始终把稻田种养作为推进水稻和水产结构转型的重要抓手，特别是以稻虾种养为核心的研究和应用走在全国前列，不断引领全国稻田种养高质量发展。

第一节　湖北省稻田种养概况

近年来，湖北稻田种养呈现"井喷式"发展，在面积规模和产量上迅速成为全国稻田种养第一省份，稻田种养产业已经成为湖北农业转型升级发展中一张靓丽的名片，实现了"一水两用、一田双收、稳粮增效、一举多赢"。

一、湖北省稻田种养的发展历程

湖北不仅是全国重要的商品粮生产基地，也是最大的淡水产品生产基地，其独特的地理位置为稻田种养模式发展提供了优越条件。加上华中农业大学、中国科学院水生生物研究所等科研院所的科技创新驱动，湖北的稻田种养在我国稻田种养发展中始终起着引领作用。改革开放以来，湖北稻田种养稳步发展，先后经历了技术探索、快速发展、转型升级3个发展阶段。

1. 技术探索阶段

稻田养鱼在我国历史悠久，早期主要在山区及贫穷落后地区采用，1949年以后虽然迅速发展，但在比较富裕的平原湖区稻田养鱼面积并不大。主要原因：一方面是国家粮食安全的需要，稻田水稻效益良好；另一方面是平原湖区水产捕捞与养殖发达，经济效益好，稻田养鱼的效益并未显现。

改革开放后，多种经营方式快速发展，稻田养鱼技术得到平原湖区农民的重视。为了扩大稻田养鱼的经济效益，挖掘综合潜力，人们针对湖区冷浸田、低产田养鱼进行了探索，1984年国家经委把稻田养鱼列入新技术开发项目，在湖北、湖南、广东、广西、四川等18个省份广泛推广（朱泽闻，2016）。1981年中国科学院水生生物研究所副所长倪达书研究员提出了稻鱼共生理论并向中央致信建议推广稻田养鱼，得到了当时国家水产总局的重视（郑振宇，2019）；1988年，倪达书和汪建国在《水生生物学报》撰文综述了我国当时稻田养鱼研究和应用的进展，并编撰出版了《稻田养鱼的理论与实践》，将其多年针对我国传统稻田养鱼所开展的各方面研究、生态农业发展理念进行更为全面的总结（殷战，2017）。倪达书主导的稻田养鱼研究工作的系列文章主要针对在湖北、湖南的早稻、中稻、一季晚稻田中养殖草鱼开展的生态农业试验，包括育种技术、稻田必要的改造方式，研究考察了田间杂草除草效果、稻谷增产效果、草鱼种在养殖过程中的食草量和排粪量、草鱼对浮游动物的控制、鱼种的收获和总体经济效益的测算，对湖北及全国稻田养鱼推广应用起到了指导作用。

2. 快速发展阶段

21世纪初，随着经济的增长、市场经济的发展以及资源问题的出现，单一的农业生产结构已经不适应社会的发展要求，湖北进一步加大农业结构调整力度，并积极探索提高稻田生产效益。2002年湖北省农业厅从外省引进稻鸭共育技术，结合华中农业大学农业生态团队进行试验示范；2003年8月农业部种植业管理司组织观摩湖北稻鸭共育模式发展后，认为稻鸭共育技术是一条集社会效益、经济效益和生态效益于一体的成熟农业优新技术；2004年，湖北省农业厅制定了《湖北省"稻鸭共育"技术示范推广方案》，选定江汉平原和鄂东南两大地区共9个县市重点开展示范推广；由于政府大力推动，农业部门大力推广稻鸭共育模式，2006—2009年稻田种养面积快速上升。根据统计，2010年湖北稻鸭共育模式示范推广面积已经达到120.47千公顷。

2001年，积玉口镇农民率先探索出稻虾综合种养的"稻虾连作"潜江模式，现已在长江流域普遍推广，不仅开启了小龙虾养殖的新时代，也成就了潜江"中国小龙虾之乡"的美誉。21世纪以来，湖北在稻虾连作模式的基础上，着力研究推广稻田综合种养技术，涌现出稻虾共作、稻鳖虾鱼共作、稻鳅共育等一批生态高效新模式，开辟了一条稳粮增效的新途径，为促进农民增收、推进农业产业化、推动农业转型升级和提质增效发挥了重要作用。2006年，湖北省委1号文件将稻虾连作模式写进其中，推动稻虾模式从潜江市走向全省，特别是在2012年之后稻虾模式推广逐年快速上升，10多年时间，湖北稻田种养面积发展到300多万亩。

3. 转型升级阶段

2012年全国进入新一轮稻田综合种养发展浪潮，湖北开展稻虾连作、稻鳖虾共作模式的试验示范；2013年潜江市在稻虾连作模式的研究基础上提出了稻虾共作模式，并形成《潜江市"稻虾共作"模式技术规程》，推动新一轮稻虾模式在湖北的推广发展；2014年湖北省农业厅在湖北潜江召开全省稻田综合种养现场推进会；2015年，时任省委书记李鸿忠提出培育"稻虾"和"虾稻"要求，湖北稻田种养发展进入发展快车道，在政府高度重视和小龙虾市场需求拉动下，湖北以稻虾共作模式为主导引领湖北稻田种养快速发展，在这期间，湖北也相继涌现出了稻鳖虾鱼共作、稻鳅共育、香稻嘉鱼等一批生态高效新模式（统称稻渔共作模式），湖北稻田种养呈现区域化布局、产业化经营、规模化开发、专业化服务、标准化生产的新趋势（程建平，2019）。2016年8月，全国稻田综合种养现场观摩交流会在湖北潜江召开，来自17个省、自治区、直辖市的100多名代表到场参会，会上总结和交流了各地种养结合的好模式、好典型，为今后调整农业产业结构、转变耕作种植模式提供了更多的科学依据和技术支撑。2017年，湖北水产养殖实行供给侧结构性改革，在全国水产绿色健康养殖的大背景下，湖北稻田种养进入绿色化、品质化、品牌化发展的新阶段。

二、湖北省稻田种养的发展成就

1. 规模不断扩大

21世纪以来，湖北稻田种养发展面积和产量呈现"阶梯式"增长趋势。2001—2005年，种养面积基本稳定在25千公顷上下；2006—2009年，稻田种养面积进入第一个增长阶梯区间，2006年由于稻鸭共育模式在湖北大面积推广，至2009年稻田种养面积达到161.33千公顷，产量达到1 843.1万吨，比2002年的28.53千公顷、3.2万吨分别增长132.8千公顷、1 839.9万吨；2010—2012年种养面积基本稳定在160千公顷上下，2012年后在全国新一轮稻田综合种养发展浪潮下，2013年至今湖北稻田种养迎来第二增长阶梯区间，2013年湖北在稻虾连作模式基础上开发出稻虾共作模式，之后以稻虾共作模式为主导引领湖北稻田种养面积规模快速上升，特别是2015年之后呈现"井喷式"增长，至2018年面积已经达到392.67千公顷、产量达到69.07万吨，比2002年分别增长364.14千公顷、65.87万吨，年均增长率分别为79.77%和128.7%（图2-1）。2018年湖北小龙虾总产量达到81.24万吨，占全国小龙虾总产量的49.58%，相比湖南、江西、安徽、江苏等小龙虾主产区具有绝对优势；湖北有15个县市入选2018年全国小龙虾养殖前30名县市，其中湖北监利、洪湖和潜江位居小龙虾产量大县前3名。

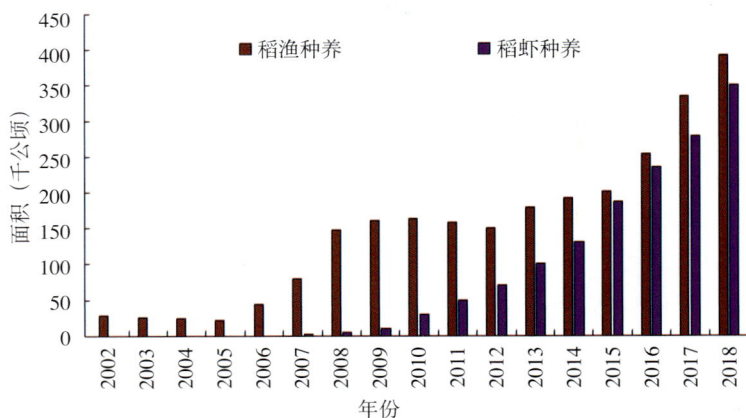

图2-1 湖北稻田综合种养及稻田养虾发展面积变化
[数据来源：《湖北农村统计年鉴》（2003—2019）]

2．区域优势明显

（1）稻田种养面积分布。从湖北稻田种养在地级市中的分布看（图2-2），荆州、荆门、黄冈和潜江等种养面积较大，共占湖北种养面积的77%，荆州稻田种养面积最大，达139 011公顷，占比42%。从2017年湖北县域稻田种养发展面积空间分布来看（图2-3），湖北稻田种养主要分布在江汉平原和鄂东沿江平原。2017年，全省有14个县市稻田种养面积超过10万亩，其中前3名监利、洪湖、潜江分别达到90万亩、62万亩、46万亩。

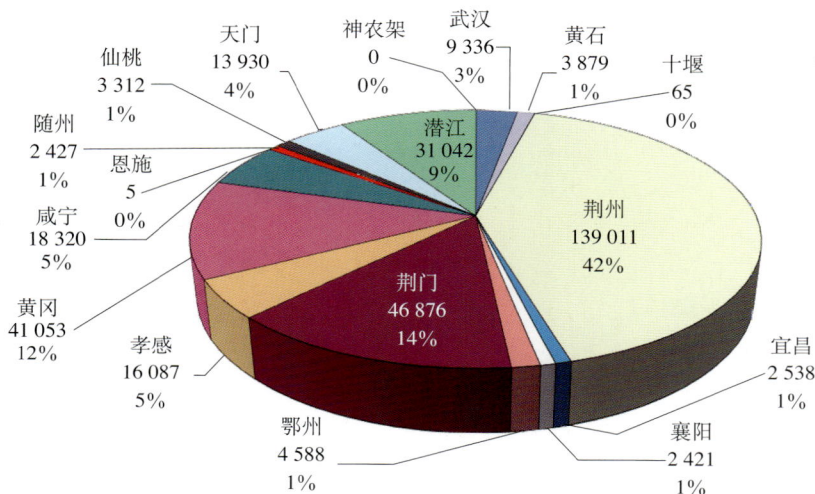

图2-2　湖北稻田种养发展面积区域分布（2017年）（公顷）
[数据来源：《湖北农村统计年鉴》（2018）]

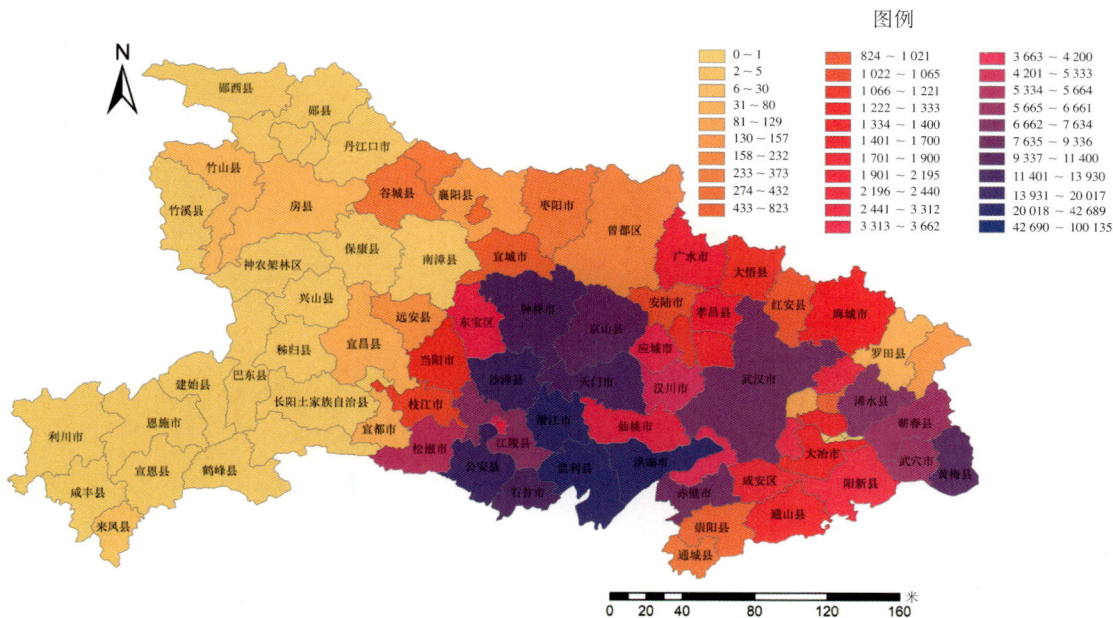

图2-3　湖北县域稻田种养面积区域分布（2017年）（公顷）
[数据来源：《湖北农村统计年鉴》（2018）]

（2）稻田种养产量分布。从湖北县域稻田种养水产品产量空间分布看（图2-4），稻田种养水产品产量分布主要集中在江汉平原和鄂东沿江平原。监利、洪湖、公安、潜江、黄梅、沙洋、钟祥和浠水等地是湖北水产品产量大县（市、区）。以稻虾模式中小龙虾产量为例，2017年湖北各县（市、区）中产量过万吨的县（市、区）有21个，其中居前3位的监利、洪湖、潜江，产量分别达到10.2万吨、8.54万吨和7.5万吨。

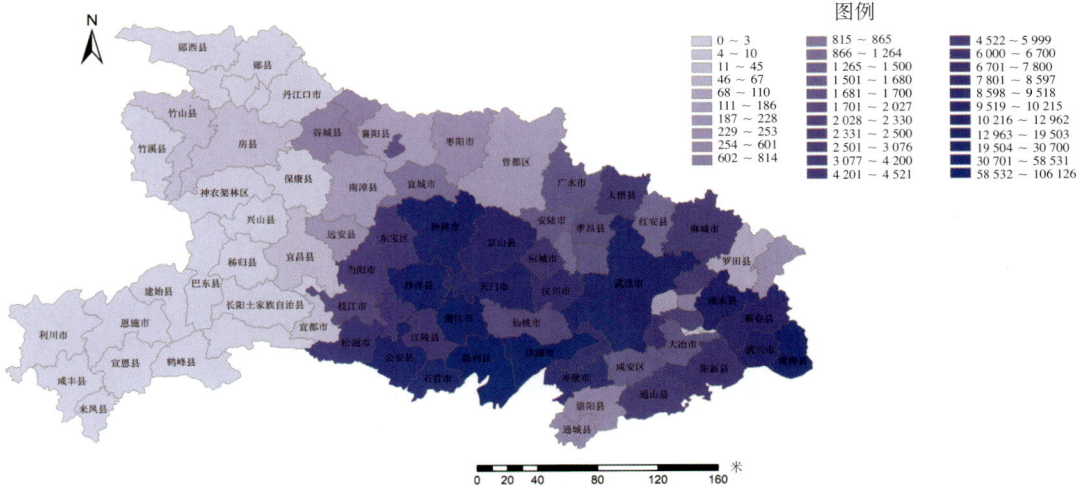

图2-4　湖北县域稻田种养水产品产量区域分布（2017年）（吨）
[数据来源：《湖北农村统计年鉴》（2018）]

（3）稻田种养单产分布。从2017年湖北县域稻田种养水产品单产空间分布看（图2-5），湖北稻田种养水产品单产水平地域差异小、分散程度高，谷城、当阳、枝江、沙洋、潜江、大悟、麻城、阳新和黄梅等地单产水平相对较高。

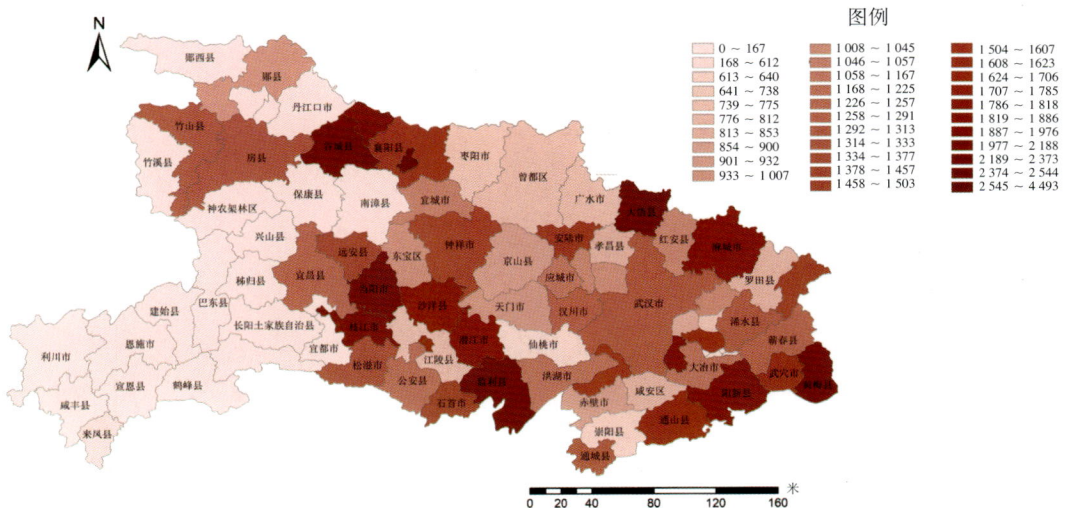

图2-5　湖北县域稻田种养水产品单产区域分布（2017年）（千克/公顷）
[数据来源：《湖北农村统计年鉴》（2018）]

3.产业逐步完善

2006年起，湖北将稻虾连作模式写进省委1号文件，着手开始培育小龙虾产业，当时潜江市基本形成了以稻田小龙虾苗种繁育为代表的小龙虾良种繁育、以稻虾连作模式为代表的小龙虾健康养殖、以"潜江莱克"和"华山水产"为代表的小龙虾加工出口产业集群、以"潜江五七小李子油焖大虾"为代表的小龙虾餐饮服务业等小龙虾初级产业链。2008年华山水产与武汉大学联手成立甲壳素研究中心，开展产学研合作，利用小龙虾虾壳成功实现规模化制备甲壳素及氨基酸葡萄糖盐酸盐等衍生品，解决了规模化加工生产所产生的大量虾头虾壳难处理问题，推动了湖北小龙虾加工产业向精深加工业发展。

自2009年起，潜江市按照"政府引导、民间组织、市场运作"的方式，组建一批规范化的中介组织，相继成立了潜江市水产品产销协会、潜江市龙虾养殖协会等17家水产品服务中介组织；2010年，湖北省小龙虾产业协会成立；2016年，全国唯一以小龙虾为专业的培训学校——潜江龙虾职业学院成立；2018年，湖北省虾稻产业协会成立，促进湖北小龙虾产业由零散经营转向组织经营，从无序发展转向有序发展，从同质化转向差异化，推动了小龙虾产业经营服务创新发展。至此，湖北稻田种养基本形成了以"稻虾"产业为核心、以潜江小龙虾为标杆的集科研示范、良种选育、苗种繁育、健康养殖、加工出口、餐饮服务、冷链物流、交易仓储、精深加工、节庆文化和休闲旅游等于一体的产业化格局，产业链条十分完整。

截至2017年，湖北有稻虾共作专业合作社1 556家，种养大户10 000多家，千亩标准化连片示范基地200多个，小龙虾加工企业50家，养殖、加工、流通、餐饮等综合产值达851.82亿元，初步形成了小龙虾全产业链。

4.区域特色形成

长江中下游平原属于亚热带季风气候，年降水量1 000毫米以上，年平均气温16～18℃；河网稠密，湖泊众多，是我国地表水资源最丰富的地区，拥有丰富的鱼、虾、蟹等水产物种资源，同时拥有大量低湖田、冷浸田和冬闲田，为稻田种养发展奠定了资源基础。湖北水和渔业资源丰富，稻虾模式将水稻和小龙虾有机结合，成为湖北农业转型的一大特色。

湖北稻田种养模式以稻田养虾占绝对优势，兼有稻田养鳖、稻田养鳅模式，不同于四川以稻田养鱼为主导，也不同于湖南以稻田养鱼和稻田养虾为主导。我国稻虾模式主要集中在湖南、江西、安徽、湖北、江苏等长江中下游省份，5省份的小龙虾养殖产量合计为109.5万吨，占全国总产量的96.91%，湖北小龙虾产量最多，为63.2万吨，占全国的55.91%（表2-1）。长江中下游各省份稻虾模式也主要发源于湖北，形成了以宽沟式为特色的稻虾共作模式。湖北稻田种养面积大、水平高，稻虾模式的研究和应用走在全国前列。

表2-1 2017年长江中下游各省份稻虾模式情况

地区	稻虾种养面积（千公顷）	小龙虾产量（万吨）	模式
湖北	363	63.2	宽沟、稻虾共作模式
安徽	99	13.8	湖北模式
江苏	92	11.5	窄沟、稻虾连作模式
湖南	80	13.6	湖北模式
江西	39	7.4	湖北模式

数据来源：《中国小龙虾产业发展报告（2018）》。

三、湖北省稻田种养的综合效益

1. 经济效益

据测算，湖北2018年全省稻虾共生模式小龙虾平均亩产约120千克，亩均效益约3 000元，较水稻单作提高2 500元左右，按湖北2018年稻虾发展模式应用面积累计使农民增收142.75亿元；稻鳅共育模式泥鳅平均亩产约110千克，亩均效益约2 500元，较水稻单作提高2 000元左右，累计增收8 920万元；稻鳖共生模式中华鳖平均亩产约71千克，亩均效益5 000元以上，较水稻单作提高4 500元以上，累计增收3.294亿元（表2-2）。同时，稻田种养文化教育等功能的拓展开发，将进一步促进农业观光产业发展，拓展农民增收空间。

表2-2 湖北稻田种养主要模式比较

模式	水产品亩产（千克）	亩均效益（元）	相比一季中稻亩均增加（元）	2018年累计为农民增收（亿元）	化肥和农药减量幅度（%）
稻虾模式	120	3 000	2 500	142.75	30
稻鳅模式	110	2 500	2 000	0.892	40
稻鳖模式	71	5 000	4 500	3.294	40

数据来源：《中国稻渔综合种养产业发展报告（2019）》。

2. 生态效益

稻田种养既能够降低化肥和农药的使用量，又能降低渔药和饲料的使用量。据测算，与同等条件下水稻单作对比，稻虾模式能够实现单位面积化肥和农药使用量平均减少30%以上；稻鳅模式减少40%以上；稻鳖模式减少40%以上。

稻田种养主要涉及农田水利工程的建设。输水管道的疏通和稻田四周环沟的建设，为稻田动物提供了良好的生境。夏季稻田晒田期间四周环沟为稻田水生动物提供暂时避难所，冬春季稻田覆水环境为候鸟及青蛙等提供繁殖栖息环境，利于保持稻田较高的生物多样性。

稻田种养使用的肥料由化肥转向复合有机肥，农药由高毒化学型试剂转向低毒生物型试剂，秸秆利用方式由直接焚烧转向浸泡还田，使得稻田生态环境明显改善。另外，水草的种植也促进了稻虾田的水体循环等。

3. 社会效益

（1）稳粮增效，保障国家粮食安全。稻田种养虽然开挖环沟侵占了一部分水稻种植面积，但一方面湖北稻田种养的开发主要在沿江沿湖的低湖冷浸田，发展稻田种养能够改善水稻种植环境，提高低湖冷浸田的水稻产量；另一方面由于实现了一田双收，激发了农民的生产积极性，解决了稻田抛荒问题和"非粮化""非农化"问题，同时还带动湖北一部分棉田等田地种植结构调整，使水稻播种面积增加，湖北水稻生产保持稳定，粮食安全得到保障。

（2）保障食品供给，保证食品安全。稻田种养不同模式的化肥用量比一季水稻呈现一定程度的减少，由于水产活动改善土壤供肥能力，速效氮磷肥投入减少，加之水产排泄物以及水稻秸秆还田使得有机养分投入增多。相关研究表明，衡量稻米品质的食味值与稻米氮含量呈负相关（张启莉等，2012），而稻米氮含量与氮肥施用量呈正相关（李雪侨，2007；宁慧峰，2011），因此，稻田种养生产的稻米食味品质得到改善。同时根据有关研究发现，稻虾共作模式能够显著降低稻米垩白粒率和垩白度，改善稻米外观品质；稻田环境中天然饵料多，饲料投喂量减少，使淡水产品品质得到了提升，因此稻田种养为市场提供了绿色稻米和绿色水产品，契合国内国际消费者的市场需求。湖北稻田种养的水稻平均亩产为500千克，按2018年湖北稻田种养发展面积589万亩计算，当年就为社会提供294.5万吨的优质稻谷，68.52万吨的小龙虾，4 906吨的泥鳅和5 197.2吨的中华鳖。

（3）增加就业，脱贫致富。稻田种养拓展稻田功能空间，提升土地生产率，缓解了人地矛盾；同时稻田种养结合了水稻种植和水产养殖，属于典型劳动密集型产业，能够增加农村地区就业机会。稻虾产业发展中仅小龙虾全产业链就带动了约60万人就业，使农民自身得到了充分发展；稻田农产品的多样化生产供给能够补充增加家庭经济，特别是稻虾种养模式中的水稻和小龙虾季节性收入维持了稳定的资金链，增强了农业生产经营系统的连续性与稳定性，降低了农业因资金链断裂而面临的经营风险，维护了农民的生计，实现了产业脱贫。

第二节　湖北省稻田种养的主要模式

2012年在全国新一轮稻田种养发展大背景下，湖北在全省范围内开展有关稻虾连作、稻鳖虾等模式试验示范，在政府关心、科研院校支持以及农民自主创新下，涌现出了稻鳖虾鱼共作、稻鳅共育、香稻嘉鱼等一批新模式，促进了湖北稻田种养蓬勃发展。

一、湖北省稻田种养类型及分布

21世纪以来，湖北稻田种养2002—2004年以稻田养蟹、稻田养鳅和稻田养鳝等为主，2005—2012年以稻田养鸭、稻田养蟹和稻田养鳅为主，2012年之后逐渐以稻田养虾、稻田养鳖和稻田养鳅为主（图2-6）。

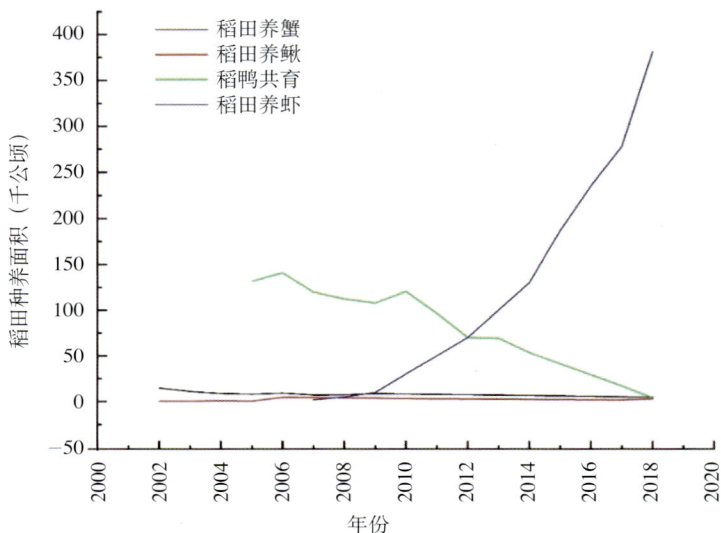

图2-6 21世纪以来湖北稻田种养类型面积变化

当前阶段湖北稻田种养模式主要有3种：稻田养虾、稻鳅共育和稻鳖共生模式。此外，湖北稻田种养具有代表性的模式还有荆州地区稻蟹共生模式、潜江地区稻蛙共生模式以及荆州石首鸭—蛙—稻模式等。2018年湖北稻虾模式面积380.67千公顷，小龙虾产量为68.52万吨，面积和产量占全省稻田种养的比重分别为96.82%和99.20%；稻鳖模式面积4 880公顷，占比1.24%；稻鳅模式面积2 973.33公顷，占比0.756%，其他诸如稻蛙、稻鸭、稻鱼等及复合模式面积4 646.67公顷，占比1.184%（图2-7）。

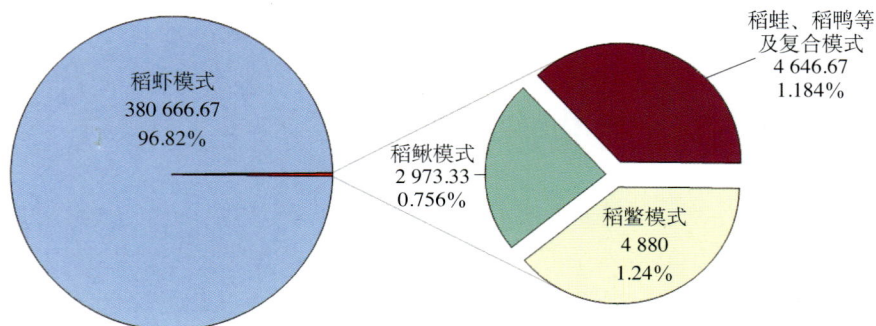

图2-7 湖北2018年稻田种养模式类型面积（公顷）及占比
（数据来源：《中国稻渔综合种养产业发展报告（2019）》）

二、稻鳖模式

1.稻鳖模式的产生及发展

湖北稻田养鳖模式具体起源于何地暂无法考究，相对较早的地区是湖北宜城、京山和赤壁等地。2010年湖北宜城郭家台忠诚甲鱼专业合作社理事长郭忠诚首次将中华鳖引进稻田中进行仿生态鳖养殖，开展稻鳖共生试验并取得成功；2012年湖北省水产技术推广中心在潜江、鄂州、洪湖、荆门、宜城、赤壁等地开展稻鳖虾模式试验示范；2013年湖北京山钱场镇盛老憨家庭农场以水田为基础、以种植水稻为核心，在不减少粮食产量的前提下，以规模化、产业化、标准化为特征，在稻田中养殖龟、鳖、鱼、小龙虾等水产品，将稻田种稻和养殖结合起来，实现了有机水稻和有机水产品的双丰收；2013年湖北赤壁沧湖开发区原种场在相关项目支持下成功示范推广了稻鳖共生模式；2014年钟祥联发水产养殖专业合作社理事长李明华立足于钟祥香稻嘉鱼文化成功试验再现了明代弘治年间的"香稻嘉鱼"生态种养模式；2015年安陆市棠棣镇蒋梅村碧涛水产专业养殖合作社成功示范推广稻鳖共生模式等，推动了稻田养鳖模式在湖北的壮大发展。

稻鳖模式主要分布在汉江中上游、大洪山、大别山余脉等地，涉及宜城、安陆、钟祥、京山、云梦、孝昌等鄂中低山丘陵区和鄂北岗地，2018年全省总面积为7.32万亩，其中荆门养殖面积最大，占湖北总面积的57.1%；养殖面积最大县市是钟祥，达3.15万亩，占全省面积的43.0%。2018年稻田养鳖全省总产量为5 201吨，7个主产市产量占全省产量的95%左右。

2.稻鳖模式的适应性

从生态适应性角度看，中华鳖是喜温的暖狭温性变温动物，对水温的耐受范围是20～35℃，最适水温为27～33℃，生态幅狭窄，易受到低温限制，在10月底至翌年4月初，水温低于15℃后冬眠，所以稻田养鳖地区必须满足单季中稻稻田5月平均气温达到20℃以上（丁伟华，2014）。

从模式技术特性角度看，稻田养鳖模式中华鳖的繁殖和养殖技术性强，且属于高投资、高技术、高风险、高收益、低投资回报率类型农业，不适合承受农业风险性较低的小农户开展，比较适合公司、合作社、家庭农场等资金实力相对雄厚、市场开拓能力相对较强、技术专业化程度较高的新型经营主体经营。

从产业发展基础角度看，中华鳖虽然营养价值高，但其生长周期长（一般2～3年及以上），况且稻田养鳖周期更长，致使甲鱼消费市场一般是面向中高端消费者，如果本地或周边没有通过加工、餐饮和品牌创新培育出来的较大市场需求，稻田养鳖模式不适合大规模推广经营。

3.稻鳖共生模式概述

稻鳖共生模式稻田不宜过大，一般5～10亩，多采用宽沟式，沟面设置一定的坡度，通常养殖沟占稻田面积的10%，田内可设通行沟及饵料台，以利于鳖活动、觅食，同时注意防逃。德清县稻鳖共生模式是每年4月在鳖池里放养幼鳖，幼鳖规格每只250～300克，放养密度每公顷7 500～9 000只，至10月养成商品鳖起捕，商品鳖体重一般单只能达到500～600克。5月中下旬至6月上旬插种晚稻，10月底或11月初收割，稻鳖共生期约为5个月。晚稻收割后可以继续种植大麦、小麦和油菜，翌年5月底作物收获后可再实施稻鳖共生模式。

三、稻鳅模式

1. 稻鳅模式的产生及发展

湖北稻田养鳅模式在21世纪初就已经存在，但当时湖北的发展面积仅几百亩，且分散于各地，2006—2008年是稻田养鳅模式的发展高峰时期，曾一度扩展到4 000多亩，后一直呈缓慢下降的趋势；2012年，湖北天门基于稻田种养差异化品牌发展战略考虑，在泥鳅种苗难关突破之后，短时间内获得快速发展，最大面积曾达到4.8万亩，也构建起以天门四海公司为龙头开展泥鳅种苗繁育供应，华丰专业合作社、绿宝源专业合作社和桥湖养殖专业合作社等开展稻鳅共育模式，天门四海公司负责泥鳅成品回收，天门庄品健集团和天海龙集团负责稻鳅共育稻谷收购等于一体的产业链（图2-8）；2013年，天门市被全国水产技术推广总站列入全国稻田综合种养示范区，主推稻鳅共育模式；2016年天门市举行了首届全国泥鳅繁养技术高峰论坛，但由于在小龙虾强劲市场需求拉动力作用下，2016年之后天门市稻田养鳅模式呈现缓慢发展状态。

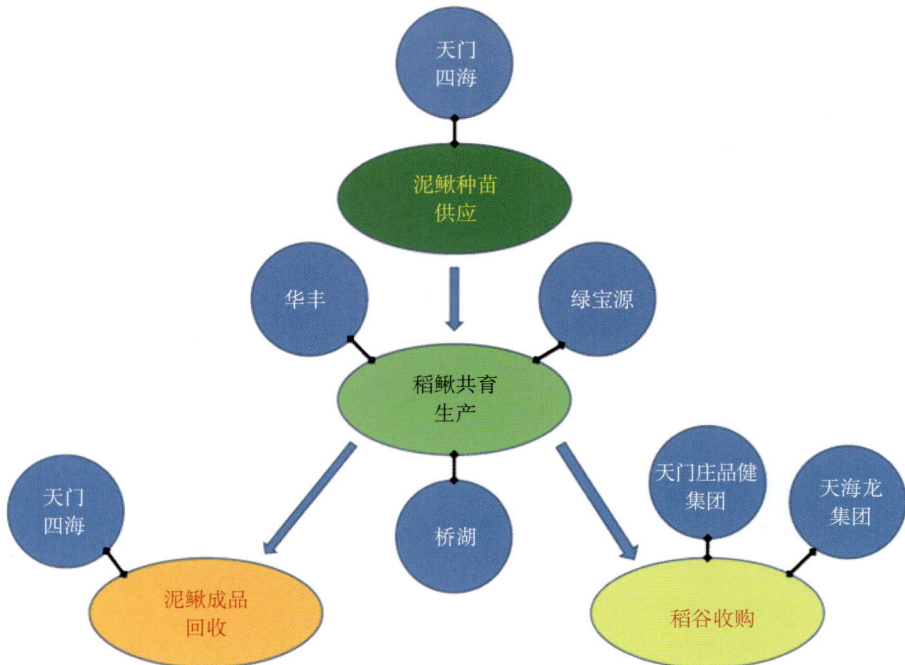

图2-8 湖北天门稻鳅共育产业联合体关系结构示意

稻鳅共育模式集中在荆州、黄冈、孝感等江汉平原北部与鄂中北、鄂东北低山丘陵区，2018年湖北全省总面积为4.46万亩，荆州、黄冈和孝感面积分别为11 205亩、10 800亩和9 495亩，占全省的70%。养殖面积居前3名的大悟县、天门市、黄梅县分别为7 350亩、6 690亩和4 995亩。2018年湖北全省稻鳅共育模式总产量为4 895吨，其中孝感、咸宁、荆州、黄冈产量分别为1 755吨、790吨、743吨、690吨，4市产量占全省产量的81.27%。

2. 稻鳅模式的适应性

从生态适应性角度看，稻鳅共育模式选择的泥鳅品种多为大鳞副泥鳅。大鳞副泥鳅属于变温动物，其适宜水温10～30℃，最适水温24～27℃。夏季高于32℃，冬季低于5℃就会冬眠。栖息于静水或缓流水下有机质丰富的软泥表层，极少出现在水体中上层，泥鳅仔鱼发育和最适温度分别是23～29℃和25～27℃，所以稻田养鳅模式广泛适合在长江中游地区推广。

从模式技术特性角度看，稻田养鳅模式泥鳅养殖技术难度中等，养殖成本中等，市场价格中等，劳动力需求也没有稻田养虾大，属于中等投资、中等技术风险、中等收益类型模式，适合小农或新型经营主体经营。

从产业发展基础角度看，泥鳅素有"水中之参"之称，营养价值高，市场价格一般30～40元/千克，稻田仿野生养殖也大多不超过60元/千克，市场需求比较稳定，但是泥鳅产业难点在种苗繁育，如果当地具备并建立了稳定的规模化工厂化泥鳅种苗供应体系，可以考虑走差异化、品牌化发展道路，推广稻田养鳅模式。

3. 稻鳅共育模式概述

稻鳅共育有外购泥鳅苗种和稻田原位秋季繁殖鳅苗2种模式。外购泥鳅苗种通常在4～5月投放，至当年8～9月起捕商品泥鳅；稻田原位秋季繁殖鳅苗可在当年8月从原稻田养殖的商品泥鳅中选留，繁殖鳅苗越冬后继续养殖至下年8月起捕商品泥鳅。稻田原位秋季繁殖鳅苗模式操作简便，省去了苗种购买费用，仅增加了催产药品费和孵化用具费，养殖商品泥鳅经济效益优势明显。养鳅稻田不宜过大，一般1～3亩，多采用沟坑式，设置回形沟，沟壁要陡，同时注意防逃、防鸟。

四、稻虾模式

1. 稻虾模式的产生及发展

湖北稻田养虾模式发源于湖北潜江。2001年潜江市积玉口镇农民刘主权率先在冬春季将小龙虾引进低洼稻田，成功实现稻田小龙虾寄养；2004年在潜江市农技推广等有关部门支持帮助下，成功研发出稻虾连作模式，促进了稻虾连作模式在潜江市的第一次大面积推广；2006年湖北省委1号文件将稻虾连作模式写进其中，促进了早期稻虾连作模式在湖北各地的发展。同时早期阶段湖北各地也进行了稻田养虾的相关探索，诸如黄冈蕲春八里湖稻虾第一人吴贵如、黄冈武穴余川稻虾第一人柯金定、荆州监利稻虾第一人徐幼堂等均推动了当地稻虾养殖的发展，也形成了以蕲春八里湖、武穴余川等为代表的稻虾连作模式，以鄂州万亩湖地区为代表的小龙虾生态种养虾稻共生模式，以监利洪湖周边地区为代表的稻虾连作、虾蟹混养模式。2012年在全国新一轮稻田综合种养发展的大背景下，湖北省水产技术推广中心在潜江、仙桃和洪湖开展稻虾连作模式试验示范区，2013年潜江在稻虾连作模式的基础上开发出稻虾共作模式，并制定《潜江龙虾"虾稻共作"技术规程》，实现了由原先"一稻一虾"向现在"一稻两虾"的转变，解决了中稻种植和小龙虾养殖的茬口矛盾，实现了稻田小龙虾苗种繁育和成虾养殖，保证了水稻正常生长，提升了小龙虾产量，增加了稻田效益。潜江立足于成熟的稻虾技术规程体系，大力采取返租倒包等多种开发模式促进潜江稻虾种养的新一轮发展，2014年湖北省农业厅在潜江召开全省稻田综合种养推进现场会，促进了以稻虾共作模式为重点的稻田种养在全省的大面积快速推广。

湖北稻田种养以稻田养虾为典型代表，广泛分布在除鄂东北、鄂西北、鄂西南山区之外的广大农业生产区，集中分布在江汉平原区和鄂东沿江平原地区。2018年稻田养虾面积达571万亩，荆州、荆门、黄冈和潜江分别为230万亩、70万亩、68万亩和54万亩，占全省比重为73.91%。2018年全省稻田小龙虾产量达68.5万吨，比2017年增加28.62%，连续6年保持两位数增长。

2. 稻虾模式的适应性

从生态适应性角度看，小龙虾的最适水温为25~30℃，水温低至12℃后停止生长，低至10℃停止进食，其种苗孵化具有积温效应，所以稻田养虾模式广泛适合在长江中下游地区推广。

从模式技术特性角度看，稻田养虾模式小龙虾养殖技术难度相对于其他水产品小，且属于劳动密集型模式，因为目前稻田养虾收虾主要依靠人工且持续时间近100天，稻虾模式单元面积初期投资成本低且回报利润率较高，相对稻鳖、稻鳅模式属于投资低、风险低、产生收益快的农业，比较适合小农家庭经营。

从产业发展基础角度看，目前稻田养小龙虾基本能够实现以稻田自繁自养为主，小龙虾种苗供应不是制约因素，因为稻田养虾模式相对于其他模式水产品产量高，农户大规模发展面临的主要是市场问题，所以发展稻田养虾模式要考虑当地及周边地区线上线下产业市场需求。

3. 稻虾共作模式概述

稻虾绿色生态种养模式，即在稻田中养殖两季小龙虾并种植一季中稻，在水稻种植期间小龙虾与水稻在稻田中同生共长，为了保证稻虾共同生长，在田间挖掘养殖沟，沟田相通，以保证沟田水体交换、小龙虾进出。该模式在每年的8月下旬至9月初，中稻收割前投放亲虾，或9~10月中稻收割后投放幼虾，翌年4月中旬至5月下旬收获成虾，同时补投幼虾。翌年5月底至6月初整田、插秧，8~9月收获亲虾或商品虾。

五、区域稻虾模式特点

1. 鄂东南稻虾

鄂东南地区稻虾模式具体分为3种模式，稻虾共作、稻虾连作和稻田小龙虾寄养3种模式，以黄冈为例，稻虾共作模式面积30万～40万亩，稻虾连作模式面积14万～15万亩，稻田小龙虾寄养模式面积10余万亩，以稻虾共作模式为主。鄂东南地区地形多属于丘陵畈地，3种稻虾模式单块稻虾田规模多为10～20亩，沟宽2～4米，沟深1.2～1.5米，沟占比约15%。当地稻虾共作模式特征是种一季晚稻养两季小龙虾，水稻亩产700千克，小龙虾亩产150千克，具体操作技术同江汉平原地区类似，代表性地区有蕲春县北部地区。

稻虾连作模式特征是种一季晚稻养一季小龙虾，亩产小龙虾70～75千克。具体操作技术：选用晶两优华占等品种作为晚稻，采用育秧移栽方式种植，7月20日前栽插完毕，或者6月中下旬直播，这种模式延长收虾时间，能够育大虾卖成虾，一年收两季虾（3～4月和6～7月），3月放苗，5月视情况补苗，一定程度上避开小龙虾市场"五月魔咒"的影响，代表性地区如蕲春县八里湖地区和武穴市花桥镇等地。

稻田小龙虾寄养繁苗模式特征是种一季中稻繁一季虾苗，水稻收获前后投放亲虾，利用水稻收割后的冬闲田作为亲虾产卵孵化场所，春季主攻小龙虾繁苗。具体操作技术：选用晶两优华占等品种，一般于5月底至6月初直播，9月底至10月初收获，11月小龙虾出苗，翌年3月12日开始出售虾苗，多分布在土质黏重、营养物质丰富地区（沙质地、高塝地不适合开展育苗，且水源要充足，否则易出现铁壳虾、红壳虾等），代表性地区如浠水县清泉镇棱角塘村。

3种模式各有特色，稻虾共作属于高效益高风险模式，小龙虾产量虽高，但受市场价格影响较大，易出现增产不增收的问题，且技术性相当强；稻虾连作属于低效益低风险模式，技术操作相对简单，农民普遍易接受；稻田小龙虾寄养繁苗模式属于高效益中风险模式，是在稻虾共作工程结构不变情况下通过茬口种养安排与管理调控变化演变出来的一种新兴模式，技术操作难度中等，亩产效益相对较高，但只适合地区大面积推广初期阶段。

2. 鄂中北稻虾

鄂中北地区地形多属于缓坡岗地，以稻虾共作为主，不同县市稻虾田环沟差别与操作方式差别都很大。以襄阳市襄州区龙王镇稻虾共作为例，就田间工程建设看，稻虾共作模式多分布于低洼地、缓坡地和旱水田交织地，以30～50亩为一个单元连片集中平整改造，沟宽3～4米，沟深1.5米；就技术管理而言，4月投放虾苗并投料，5月下旬至6月上旬收获成虾，选用生育期115天的品种，5月育秧，6月中旬整田机插水稻，7～8月补投亲虾，8月下旬至9月捕捞第二季虾苗，10月收获水稻，灌水肥水；就技术水平看，亩产水稻目标600千克，小龙虾成虾亩产100千克，亩均纯收入5 000元，减肥50%，减药50%。

以襄阳市襄城区卧龙岗镇为例，依地势与地形分布，田块面积3～4亩，5月下旬至6月上旬栽插水稻（品种：荃两优丝苗），春季4月和秋季8月收两季虾，亩产小龙虾35千克。产量水平低的原因：①浅沟窄沟矮埂致使田中水源深度浅，夏季高温易出现红壳虾、铁壳虾，品相差；②水源水质偏瘦，冬春季节肥水管理未到位，青苔发生严重，虾子长不大；③杂鱼难以清除干净；④天敌白鹤等。潜在风险：①山洪暴发，水稻被淹，趋水的小龙虾随山洪快速顺水迁徙，造成大量损失；②由于山洪致使虾沟水位迅速上涨，小龙虾回田取食移栽秧苗，导致水稻产量下降（图2-9）。

图2-9　襄城区卧龙岗镇稻虾田

以襄阳市宜城市小河镇为例，其地形属于典型缓坡岗地冲积畈地。当地稻虾共作模式基本操作：3～4月投放虾苗或7月投放种虾，4～5月或8～9月收虾，6月20日人工手插秧，9月下旬至10月初收割水稻。开展稻虾共作模式的净稻田水稻亩产量约500千克，相比水稻单作亩产减少150～200千克（图2-10）。

图2-10　宜城市小河镇稻虾田

3. 江汉平原稻虾

以江汉平原具有代表性的潜江和监利为例。

潜江稻虾种养模式类型有两种：稻虾连作模式和稻虾共作模式，以稻虾共作模式为主（图2-11）。稻虾连作模式更加适合大虾养殖和优质稻栽培，稻虾共作模式侧重虾苗繁育，也能生产大虾。

图2-11 潜江市稻虾田

潜江稻虾连作模式技术特征是"一季稻、一季虾"。技术要点：田间开挖窄沟（宽0.5～1米）、小沟（深0.5～0.8米）；每年8～9月中稻收割前投放亲虾或者9～10月中稻收割后投放虾苗至沟中，翌年4月中旬至6月上旬收获成虾，5月底至6月初整田、插秧，6～10月以水稻生产为主，如此循环轮替进行。经济效益：一般每亩可产小龙虾75～100千克、水稻500千克，亩均纯利润2 000元。

潜江稻虾共作模式技术特征是"一季稻、两季虾"。技术要点：围埂筑坝，在稻田四周开挖宽沟（宽3～5米）、深沟（深1.2～1.5米）（开挖环沟可增强抗旱涝能力，同时解决了插秧时幼虾寄居问题），或者在稻田一侧开挖生态虾塘或与稻田周边塘堰贯通形成稻田－塘堰复合结构体；中稻收割前后（8～10月）灌深水放种虾，冬季繁苗，冬春季生长，翌年4～5月收获成虾和虾苗，留幼虾回环形宽沟，5月底至6月初整田、插秧，水稻移栽分蘖晒田后灌深水促小龙虾幼苗回田继续生长（如果虾苗较少，5月底补投适量幼虾），8～9月再收一次商品虾，留种虾开始下一轮循环。经济效益：一般每亩可产小龙虾150～200千克、水稻500千克，亩均纯利润3 000元。

监利稻虾种养模式类型是稻虾连作模式（图2-12），田块单元多为20～50亩。技术特征是"一季稻、一季虾"。技术要点：围埂筑坝，在稻田四周开挖宽沟（宽3～5米）、深沟（深1.2～1.5米），中稻收割前后（8～10月）灌深水放种虾，冬季繁苗，冬春季生

图2-12　监利县稻虾田

长，翌年4～5月收获成虾和虾苗，留幼虾回环形宽沟继续生长做种虾，5月底至6月初整田、插秧，老塘视情况补投种虾或虾苗。经济效益：一般亩产水稻500～600千克，亩产小龙虾100～150千克，亩均纯利润3 000元。监利稻虾种养模式主要有两种侧重方向，一种是侧重虾苗繁育的稻虾种养模式，多分布在监利南部朱河、汴河、棋盘等低洼河湖稻田以及监利西部与监利北部较早发展稻虾的地区池塘，这些地区一般3～4月以捕小（虾苗）为主出售虾苗，同时降低种苗密度，5月以捕捞大虾获得高价（其中绝大多数是捕捞库虾），5月中稻种植后，8～9月以捕捞中等虾为主或者不收虾而将其作为种虾，这种模式中虾苗产量占比70%，大虾产量占比30%。以小龙虾育苗为主的稻虾共作模式技术关键在于水稻的"早"，在选择中稻品种与播种时期上，保证安全齐穗期避开夏季高温对抽穗扬花受精的影响，选择生育期相对较短的水稻品种实现早收割从而早上水，促进小龙虾种虾早出洞早孵化，促进幼苗早生长，降低翌年早春季节因倒春寒使虾苗生长慢的风险，从而实现春季虾苗早上市及后期小龙虾生长，进而使成虾早上市，抢占早期小龙虾市场而获取较高养殖收益。另一种是侧重成虾养殖或者水稻优质栽培的稻虾种养模式，广泛分布在监利北部、监利西部和监利中部等地。

第三节　湖北省稻田种养产业的发展情况

近年来，湖北坚持规模化开发、产业化经营、标准化生产、品牌化运作思路培育稻田种养产业，以稻虾种养产业为核心，涌现出了"华山模式""福娃模式"等一批四化同步新样板，带动了全省稻田种养产业化发展，同时，2019年制定的《湖北省"虾稻共作　稻渔种养"产业发展规划（2019—2020年）》，推动了湖北稻田种养产业发展。

一、产业化发展情况

1.产业化水平及规模

21世纪以来湖北稻田种养发展较快，特别是2013年以来，以稻虾共作为代表的模式推动了湖北稻田种养"井喷式"发展。2018年，湖北稻田种养面积589.75万亩，占全国的19.38%，水产品产量69.07万吨，占全国的29.60%，双双位列全国第一。其中稻田养虾面积571万亩，占全国的49.96%，稻田养虾模式小龙虾产量达68.52万吨，占全国的57.75%。2018年湖北稻虾产业中的小龙虾全产业链总产值达到1 000.99亿元，首次突破1 000亿元大关，占全国小龙虾总产值的25.28%，其中一产324.96亿元，二产186.89亿元，三产489.14亿元。

2.对水稻产业的贡献

水稻是湖北第一大粮食作物，常年种植面积和总产量分别约占粮食作物的50%和70%。2016年湖北制定《湖北省水稻产业提升计划（2016—2020年）》，旨在推动湖北水稻稳产提质增效发展。稻田种养作为湖北"水稻+"周年绿色高效模式的重要组成部分，从2012年局部探索试验示范到2014年进入快速井喷式发展，截至2018年达到589.75万亩，比2005年增加557.61万亩，增加17.35倍；稻田种养面积占湖北水稻播种面积的比重从2005年的1.03%提升到2018年的16.44%，净增15.41个百分点，已经成为继稻麦、稻油模式的湖北第三大种植模式；年产优质水稻324.36万吨（按亩产550千克估算），占2018年湖北水稻产量的16.50%，推动了湖北水稻供给侧结构性改革。

3.对水产产业的贡献

湖北作为全国重要水产品供应基地，水产养殖面积和产量常年位居全国第一。2019年湖北出台了《关于加快推动水产养殖业绿色发展的意见》，强调加快形成水产养殖业绿色发展、健康发展的空间布局和生产方式，不断满足人民对优质水产品和优美水域生态环境的需求，推动湖北由水产大省向水产强省转变。稻田种养是湖北水产供给侧结构性改革的主要模式和拓展湖北渔业发展新空间的重要举措，2018年稻田种养在湖北水产养殖面积中的比重已经达到74.03%，比2005年的3.21%净增70.82个百分点，2018年湖北稻田种养水产品产量为69.07万吨，占湖北水产品总产量的15.07%，其中主要水产品小龙虾供给约68.52万吨（按稻虾模式小龙虾亩产120千克，2018年稻虾模式面积571万亩估算），约占湖北小龙虾总产量的84.34%（注：湖北2018年小龙虾总产量为81.24万吨）。

4.产业化发展的成效

从产业基地建设角度看，截至2018年湖北建成千亩以上示范基地200多个、万亩以上示范区12个，拥有监利福娃、潜江华山、湖北莱克等8个万亩国家级稻渔综合种养示范区，其中监利福娃3万亩稻虾基地是全国最大的稻虾基地，同时莱克集团自建了5万亩小龙虾生态繁养基地；从推广模式角度看，涌现出稻虾共作、稻鳖虾鱼共作、稻鳅共作、香稻嘉鱼等一批生态高效新模式；从经营模式角度看，形成了莱克模式、华山模式、福娃模式等，完善构建"公司+合作社+农户+基地"网格化经营模式，健全利益主体联结机制，实现小农户与现代农业有机衔接；从加工角度看，拥有规模以上小龙虾加工厂近20家，年加工量达20万吨，产值达186.89亿元，精深加工方面湖北潜江建成甲壳素深加工产业集群，其中华山水产实现年处理10万吨废弃虾壳，生产甲壳素4 000吨，甲壳素衍生制品销售收入近30亿元；从品牌文化角度看，已经形成了以潜江龙虾、荆州闸口小龙虾为代表的公共品牌，拥有潜江龙虾、监利辣卤小龙虾等一批餐饮菜肴，举办了潜江龙虾节、监利龙虾节等一批特色文化节庆。

二、产业化政策与措施

1. 政策导向

自2003年以来，湖北省委1号文件连续17年聚焦"三农"，2006年首次将"稻虾连作"写进省委1号文件，开启21世纪以来稻田综合种养壮大发展的步伐；2016年，制定《湖北省小龙虾产业发展规划（2016—2020年）》，提出打造六条产业链、建设六大中心、实施六大工程，确保未来5年湖北小龙虾产量、产值翻一番，电子商务交易额突破100亿元；《湖北省水稻产业提升计划（2016—2020年）》提出要着力推进水稻产业转型升级，提升水稻综合生产和竞争能力，促进水稻产业可持续发展。2017年湖北省水产局出台《关于加快推进稻渔综合种养发展的意见》，同年12月张启发提出"双水双绿"农业发展新理念，《中共湖北省委办公厅　省政府办公厅关于创新体制机制推进农业绿色发展的实施意见》中提出以江汉平原为重点推广"双水双绿"模式，鼓励新型经营主体率先开展"双水双绿"等农业绿色生产、加工与流通体系，促进一二三产业融合发展。2018年出台《湖北省推广"稻虾共作　稻渔种养"模式三年行动方案》，2019年制定《湖北省"稻虾共作　稻渔种养"产业发展规划（2019—2022年）》，提出在沿江沿湖地区打造700万亩稻渔综合种养区，这标志着湖北稻田种养产业迈向高质量发展的新征程。

2. 资金支持

2013—2015年湖北省政府专门拿出1亿元支持省级小龙虾良种选育中心建设。2015年安排1 000万元专项资金奖励潜江、公安、监利等10个全省稻田综合种养先进县（市、区），树立典型，促进发展；2016年继续落实中央现代农业生产发展专项资金9 000万元，支持9个发展稻田综合种养的县（市、区），每个县（市、区）分拨1 000万元，大力支持示范基地建设、政策性保险、产学研平台、社会化服务与职业农民培训等方面，同时湖北省政府每年拿出1 000万元，用于奖励发展突出的10个县（市、区），每个县（市、区）100万元；2019年湖北提出拿出2.5亿元专项资金支持虾稻共作、稻渔种养示范区和品牌建设，促进湖北稻田种养高质量发展。

3. 行动计划

《全国渔业发展第十二个五年规划（2011—2015年）》提出发展稻田综合种养，推动了全国新一轮稻田综合种养发展。湖北省水产技术推广中心在全国水产技术推广总站支持下，在潜江、仙桃、洪湖示范推广稻虾连作模式，在宜城、京山、赤壁示范推广稻鳖共育模式，取得良好效果；2014 年 8 月湖北省农业厅在潜江召开了全省稻田综合种养推进现场会，随后湖北省水产局制定了《湖北省稻田综合种养绩效管理考核暂行办法》；2016 年 9 月全国稻田综合种养现场观摩交流会在湖北潜江召开，全省超过 16 个县（市、区）政府成立了稻田综合种养推进工作领导小组并召开现场推进会，超过 30 个县（市、区）印发文件明确稻田综合种养支持政策，40 多个县（市、区）前往稻田综合种养发展先进地区学习和交流；2016 年 11 月成立湖北省优质稻产业联盟，旨在构建全省优质稻产业发展公共服务平台，促进产业集群发展和协同发展，培育湖北特色优质稻米品牌，提升湖北优质稻米产业核心竞争力。2018 年 12 月由湖北省农业农村厅引导、华中农业大学"双水双绿"研究院等 5 家单位发起组建成立了湖北省虾稻产业协会，促进虾稻产业高质量发展；2019 年湖北省农业农村厅发布《湖北省农产品品牌三年培育方案》，提出集中相关力量，减少品牌同质化无序竞争，将潜江龙虾打造成省级核心大品牌，使之成为"中国第一、世界有名"的水产品。

三、产业化组织建设

1. 新型农业经营主体

稻田种养产业化发展离不开新型农业经营主体的培育，新型农业经营主体是发展现代农业的主力军。近年来湖北推行新型农业经营主体主办行制度，由农业发展银行等 4 家涉农金融机构对口开展金融服务，每年安排 1 400 万元扶持农民专业合作社发展，安排 3 000 万元支持龙头企业打造园区产业链。2015 年下发的《湖北省水产局　中国邮政储蓄银行湖北省分行关于印发创新湖北现代渔业金融服务工作实施方案的通知》，旨在解决稻田综合种养经营主体融资难、融资贵问题；2017 年针对扶持政策分散，系统性不够、针对性不强等问题，湖北出台《关于加快构建政策体系　培育新型农业经营主体的实施意见》，从基础设施建设、金融保险、人才培养、科技支撑、财政投入等方面指明了方向；2019 年湖北下发《关于促进新型农业经营主体高质量发展的通知》，强调要推动新型农业经营主体发展由"增量"转向"提质"。

截至 2018 年，先后培育百亩以上种养大户 7 900 个、稻田种养专业合作社和家庭农场 2 419 家等生产经营主体，以及莱克集团、潜江虾皇实业有限公司、华山水产食品有限公司、福娃集团有限公司等一批龙头企业。

2. 产业联盟

为了充分发挥湖北资源优势和水稻产业优势，共同推进水稻产业结构调整，培育壮大优质稻产业，发挥联盟平台的聚合创造力，培育湖北特色优质稻米品牌，提升湖北优质稻产业核心竞争力，2016 年 11 月由 41 家企业、3 家高等院校和 1 家科研院所等为主体成立了湖北省优质稻产业联盟，搭建了全省优质稻产业发展公共服务平台；2019 年 12 月，由湖北省农业农村厅引导，华中农业大学"双水双绿"研究院等 5 家单位发起组建了涵盖省内140多个小龙虾和优质稻产业企业和合作社的湖北省虾稻产业联盟,旨在针对湖北稻田种养产业发展中"规模大却品牌弱、品牌多却散而小"的品牌发展问题,通过制定全省小龙虾、优质稻区域公用品牌管理办法,实施品牌产品标准,搭建产销一体化平台,在全省逐步建立区域公用品牌的共建共享机制,推动湖北小龙虾、优质稻区域公用品牌的市场影响力和占有率不断提升,推动湖北稻虾产业高质量发展。

3.科技主体

为加快整合企业、高校和科研院所优势资源,聚集高水平科研人才,提升技术创新能力和技术服务水平,为小龙虾产业发展提供技术支撑,2016年湖北潜江成立湖北省小龙虾产业技术研究院、湖北省小龙虾良种选育繁育中心、莱克集团桂建芳院士工作站,主要致力于小龙虾种质资源问题,力争在5年内培育出生长速度快15%、个体大30%、抗病能力强的小龙虾新品系。

为了促进学科交叉融合发展、推动学科走向产业化,2017年,华中农业大学成立了"双水双绿"(绿色水稻、绿色水产品)研究院,主要针对中国稻米增值计划以及小龙虾遗传育种等问题,致力于做大做强绿色水稻和绿色水产产业,创新引领农业增效、农民增收、农村增绿。

四、产业链建设

湖北小龙虾产业发展始于20世纪90年代初,从最初的"捕捞+餐饮",逐步向小龙虾加工出口、稻田养殖(稻虾连作、稻虾连作+共作)、小龙虾深加工、冷链物流、餐饮节庆一体化服务拓展,形成了完整的产业链条。

1.精深加工

2018年湖北拥有小龙虾加工企业50家,其中规模以上加工厂近20家,出口企业15家,加工量达20.46万吨,比2017年增长一倍,占全国小龙虾加工量的63.94%,加工规模位居全国第一,小龙虾加工业产值达186.89亿元,其中荆州产值95亿元,潜江产值81亿元,两地产值合计占湖北的94.2%(比2017年增加60.57%),占全国的65.81%。生产出麻辣、香辣、十三香、蒜蓉、油焖、清水等多种口味的小龙虾初加工产品,同时在精深加工方面湖北潜江建成了甲壳素深加工产业集群,华山水产年处理10万吨废弃虾壳,生产甲壳素4 000吨,氨基葡萄糖盐酸盐、高密度壳聚糖、壳寡糖等高附加值产品3 500吨,甲壳素衍生制品销售收入近30亿元。

2.交易服务

湖北目前已经建成了以潜江中国小龙虾交易中心、监利龙庆湖小龙虾交易中心等为代表的线下大型小龙虾交易市场,其中荆州与中国供销集团合作正在建设世界最大的小龙虾综合交易中心,2018年湖北在全国小龙虾物流出单量中占比60%;同时在线上涌现出潜江虾谷360垂直电商平台、潜网电商,能够实现24小时配送全国各地,潜江华山、湖北莱克、洪湖德炎等公司的麻辣小龙虾、虾球等产品居于京东、微信等电商平台人气榜榜首，2018年湖北优质稻米、小龙虾等通过电子商务销往全国，年网络交易额超过6.5亿元。

3. 科技创新

2012年，华中农业大学、中国水稻研究所和湖北省农业技术推广中心积极联合攻关，开展对比试验研究与示范，围绕稻鳖、稻虾形成了初步理论，并总结了使用技术；为进一步促进产学研结合，2016年湖北稻田综合种养产业技术体系项目在华中农业大学正式启动；2017年湖北又启动第二批现代农业产业技术体系稻田综合种养项目；同时省水产局、省水产技术推广总站多次举办稻田综合种养培训班，助力稻虾共作、稻鳖共作、稻鳅共作等生态高效的综合种养模式推广示范。

经过不懈努力，湖北先后推广了稻虾连作、稻虾共作、稻鳅共作等技术模式，实施了《小龙虾稻田生态繁育技术规程》《鳖虾鱼稻生态种养"三高"技术操作规程》等技术标准，《稻田综合种养技术集成与示范》荣获全国农牧渔业丰收奖一等奖。潜江市稻虾共作生态种养模式创新荣获湖北改革奖，其技术规程被作为全国性标准发布。

4. 三产融合

湖北积极推进以稻虾产业为核心的三产融合发展，涌现出了"华山模式"，打造出产城融合的新路径；建设以潜江稻虾产业园和监利福娃稻虾产业园等为代表的稻虾产业园，促进了稻虾产业的集聚发展，推动产业链延伸；打造了以潜江龙虾文化为主题，集生态度假旅游、龙虾美食、文化展示、娱乐购物为一体的中国潜江龙虾生态城，促进了文化、旅游、休闲与餐饮融合发展，目前潜江正在立足小龙虾产业打造稻虾田园综合体。

5. 品牌文化

湖北已经形成了以"潜江龙虾"和"荆州闸口小龙虾"等为代表的区域公共品牌，以"潜江龙虾"和"监利大虾"为代表的产地品牌，以"楚玉"和"良仁"为代表的龙虾加工品牌，以"中国虾谷"和"潜网电商"为代表的电商物流品牌，以"潜江油焖大虾"和"监利辣卤小龙虾"为代表的龙虾餐饮品牌，以"荆门香稻嘉鱼"和"潜江虾乡稻"为代表的稻米品牌；从餐饮节庆文化建设角度看，形成了潜江龙虾节、监利龙虾节和洪湖清水龙虾节等为代表的一批特色文化节庆；推出了油焖大虾、蒜茸虾、清蒸虾、卤虾等近30多个菜品。

第四节　湖北省稻田种养的可持续发展问题

湖北稻田种养产业发展取得了巨大成就，尤其是围绕稻虾共作产业为核心的小龙虾构建了全产业链，但在取得巨大成就的同时存在着部分地区发展不够规范、水稻和水产产业发展不协调、产业品牌影响力不够强、产品质量安全体系不够健全等一系列问题。

一、"重虾轻稻"现象严重

"重虾轻稻"现象的表现为：①部分农户追求小龙虾产量效益，为了利于小龙虾种苗繁育和龙虾在夏季生长，往往扩大虾沟比例，致使环沟面积占比过大；②部分农户只养虾，不种稻；即使种稻，只种收不管理，不晒田不施肥，导致稻虾田水稻单产偏低；③部分地区农民一味追求小龙虾产量，不规范养殖，超量投肥，影响了稻虾品质。据问卷调查显示：2018年湖北各稻田养虾调查点均低于国家稻田种养水稻产量7 500千克/公顷的标准红线（陈松文，2019），其中安陆、宜城等鄂中北地区重虾轻稻问题相对突出（图2-13）。要发挥稻虾互利共生效应必须种好水稻，要使农民普遍认识到种植水稻对于小龙虾的生长是有利的，相对于池塘精养模式，稻虾种养模式对于环境修复和土壤环境改良更具有优势，从而促使农民既重视种稻又规范养虾，稻虾种养获得双丰收。

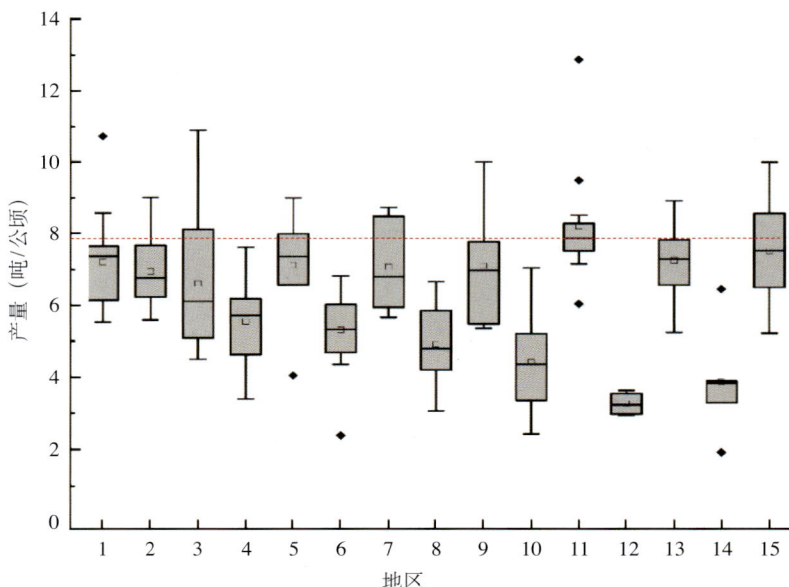

图2-13　湖北不同地区农户稻田养虾水稻产量分布

1.黄梅下新　2.武穴万丈湖　3.武穴余川　4.蕲春八里湖　5.鄂东对照　6.潜江后湖
7.潜江后湖对照　8.潜江关山　9.潜江关山对照　10.监利汴河　11.监利汴河对照
12.安陆　13.安陆对照　14.宜城　15.宜城对照

（数据来源：湖北15个地点农户问卷调查数据，份数200份）

二、水资源消耗及污染

开挖沟凼，大大增加了蓄水能力，有利于防洪、抗旱。地下水位高的低湖田、落河田水分利用率提高，储水功能增强，沟渠连通、排蓄结合，使得排水、防渍已不是主要矛盾，但随之而来的是水资源消耗增加。稻虾模式周年耗水量是水稻单作耗水量的2 ～ 3

倍，水分生产率降低。一些丘陵地区地下水位低的灌溉稻田，实施稻虾模式，每亩稻田虽可增加蓄水 200 米^3，但却增加耗水量 50%～80%。

实际生产中，由于秸秆还田和饲料的投入，稻田养殖田面水中氮、磷含量，以及硝态氮、铵态氮含量都高于水稻单作（图 2-14）。经营者比较重视养殖动物的产量，往往投放较多的饲料，显著提高了稻田水体养分含量，虽然有利于水稻生产，但同时也增加了水体富营养化的风险（曹凑贵，2017）。

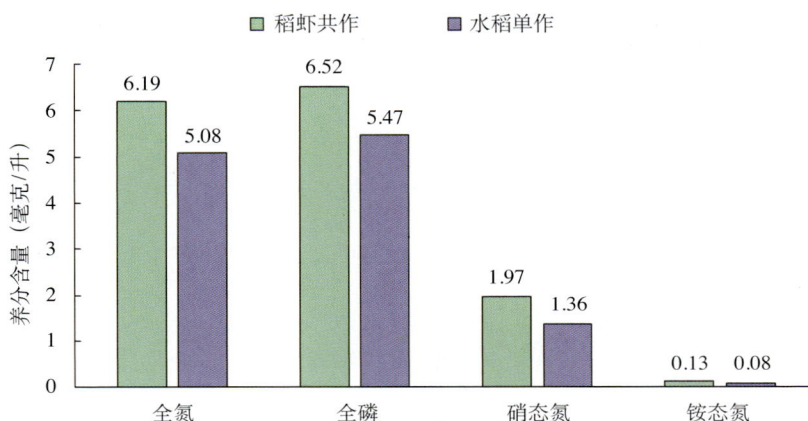

图 2-14　稻虾共作与水稻单作田面水中养分含量

从理论上讲，稻虾共作可实现水稻、小龙虾共赢，水稻对小龙虾具有庇护及提供饵料作用，小龙虾养殖具有"利稻行为"，体现在"一增二改三防控"，即增肥，改土、改水，控草、控病、控虫。但如何发挥其互作效应仍缺乏理论基础，特别是大范围的耕作改制对水、土及生物多样性的影响仍缺乏系统研究。因此，必须加强稻虾互作的生态理论研究，更好地发挥其互作效应。

三、模式技术有待规范

2018 年实施的水产行业标准《稻渔综合种养技术规范　第1部分：通则》（SC/T 1135.1—2017）中的技术指标明确要求沟坑占比不超过总种养面积的 10%，实施绿色生产。实际生产中，经营者往往只关注 4～5 米宽的沟而忽略了种稻面积占比，甚至为了提高养虾产量，沟宽达到 6～7 米，致使一些稻虾模式养殖沟占稻田种养面积的20%～30%；生产中还增加养殖强度，实施一稻两虾、一稻三虾、一稻四虾等，大量投放不合标准要求的物料（饲料、肥料，改土、改水剂等），失去了稻虾互利共生、良性循环、绿色生态的本色；同时各地小龙虾生产仍主要以量取胜，注重规模化标准化生产，轻视专业化品质化提升，各地目前生产方式仍属于粗放式经营。在协调实际生产中水稻和小龙虾的接茬时间问题，解决稻虾种养争地争水等矛盾从而实现双赢上仍缺乏规范化、标准化生产体系。因此，必须通过学科交叉与整合，将水稻和小龙虾作为一个完整体系，研究稻田种养的适宜条件、田间布局及绿色种养技术。

四、产品质量及安全问题

在稻虾模式发展中，水稻品种存在多、乱、杂，品质不优，优质稻生产技术跟不上，高档优质稻品牌开发力度不够等问题，同时小龙虾生产同质化现象严重，差异化与特色化品牌定位不突出；水稻和水产品收获时，争抢上市，水稻品质参差不齐，水产品良莠不齐，缺乏产品的营养、外观、卫生、食品安全等检验标准等。目前小龙虾养殖的一个普遍问题是小龙虾种质衰退（头大尾小、肉质松散），品质档次不高。主要原因是小龙虾种质资源缺乏，国内外关于小龙虾遗传育种的研究基础比较薄弱，有待建立种质资源、遗传学、品种（种苗）培育、产品生产与加工等全产业链的研发创新体系；另一方面，小龙虾养殖过程中病害频发，缺乏病害防控预警体系以及有效的防控措施和绿色健康养殖技术。

五、产业体系及政策问题

虽然湖北目前的稻田种养初步形成了规模优势，但在稻田种养产业体系方面仍然存在以下问题：①各地对于稻田综合种养产业重视程度不一，稻田综合种养规划不足，政策支持力度比较单一；②各地稻田综合种养产业发展大多站在种养生产角度，多由农业技术推广中心负责，力量单薄有限，同时政府农业和渔业部门对稻田综合种养产业认识有待统一与提高，政府各部门之间的协同工作机制需进一步创新；③中介服务机构欠缺，合作社或公司等多是以生产经营性为主体，各地稻田综合种养产业发展（生产、销售等）多由合作社、公司或家庭农场等新型农业经营主体自己主导，政府层面多以生产技术信息指导为主；④技术支撑力量不足，科技创新能力滞后，各地指导技术来源主要依托政府农业推广部门或合作社骨干成员前往潜江等地参观学习相关经验；⑤金融保险滞后，销售方式落后，市场信息不健全，相关金融保险及市场交易平台、电商发展等服务亟待健全；⑥各地稻田综合种养一产业刚刚起步，本地市场消费文化市场培育力度不足，二三产业发展严重缓慢。

要促进产业提档升级、绿色发展，形成产业优势，必须深入研究相关产业体系政策问题。必须加强顶层设计，延伸产业链，推动三产融合，完善产业体系；必须加强研究稻田种养适宜经营模式，培育新型主体，构建产业联盟；必须以中高档大米和优质小龙虾为核心开展检验检测、质量标准、品牌认证、全产业链溯源体系标准制定，保障产品品质；必须围绕产品论证、绿色补贴、项目支持等方面完善产业政策。

第三章
"双水双绿"的科学内涵与基本特征

"双水双绿"是中国科学院张启发院士在"绿色超级稻"理论与实践，和"两型农业"生产实践的基础上，结合稻田种养的生产实际提出的农业发展新理念，体现了绿色理念、绿色模式、绿色产业的完美结合，为绿色农业发展提出了一种具体的操作方案，通过绿色产业发展，使"双水双绿"成为乡村振兴战略的落地之策。

第一节 "双水双绿"的提出及含义

"双水双绿"是我国农业转型升级的创新之举，涉及湖北水稻、水产两大优势产业的绿色发展，是一种全新的绿色发展模式，因此，"双水双绿"也是湖北农业发展的历史机遇。

一、"双水双绿"产生的背景

党的十九大报告从推动绿色发展，着力解决环境问题，加大生态系统保护力度，改革生态环境监管体制等方面系统描绘了中国生态文明建设和绿色发展的路线图。绿色发展：一是要实现经济增长与资源环境负荷的脱钩，即经济增长不会引起资源环境负荷的增加，解决好突出生态环境问题，改善可持续性；二是要使可持续性成为生产力，让绿色、生态有利可图，生态优势能够转化为经济优势，变绿水青山为金山银山。绿色发展的实现路径是产业生态化和生态产业化，构建绿色经济体系。

20世纪90年代，张启发院士等我国农业科学家呼唤第二次绿色革命："少投入、多产出、保护环境"。2005年，张启发院士团队提出了"绿色超级稻"理念，培育出"少打农药、少施化肥、节水抗旱、优质高产"的"绿色超级稻"品种，促进了农业的绿色发展。2015年，张启发院士团队提交的两型农业——"资源节约型、环境友好型农业生产体系"的建设方案，得到中央有关领导同志的高度重视并给予具体批示。2017年9月，中共中央办公厅、国务院办公厅印发了《关于创新体制机制推进农业绿色发展的实施意见》，文件专门提到了要选育推广节肥、节水、抗病新品种。

近年来，我国稻田综合种养快速发展，在促进乡村振兴、脱贫攻坚和农业高质量发展等方面发挥了重要作用。各地突破传统方式,通过项目扶持、示范带动、技术培训等方式,迅速扩大稻田综合种养面积。据初步统计,2015年全国稻田综合种养应用面积突破1 000万亩,2016年达到1 200万亩,2018年达到2 800万亩(全国水产技术推广总站,2018),可用"井喷"来形容其发展。稻田综合种养模式的综合效益主要体现在农业增效上,实现了"一水两用、一田双收、稳粮增收、一举多赢",有效提高了农田利用率和产出效益,拓展了发展空间,促进了农业的改造升级,该模式被农业农村部誉为"现代农业发展的成功典范,现代农业的一次革命"。

2017年,中国科学院院士张启发教授带队赴湖北监利、潜江、阳新等地调研,发现实际生产中稻田种养模式的水稻种植和动物养殖常有矛盾的地方,如重养轻稻、争地争水,不合理的养殖也造成水资源浪费、生物多样性破坏、水环境恶化、土壤退化等问题。为促进稻田种养产业迈上新台阶,实现可持续发展,扩大并充分释放潜在效益,张启发教授提出了新时期的"稻之道"理念,其中一个重要的方向为"双水双绿"(李炜,2019),即在利用平原湖区稻田和水资源的优势实行综合种养的基础上,使绿色水稻和绿色水产协同发展。

2018年3月,时任湖北省副省长周先旺到荆州市监利县调研春耕备耕,并在现场召开"双水双绿"专题研讨会,听取农民专业合作社、种养大户、专家教授代表的意见。他指出,推进"双水双绿"种养体系,是贯彻落实习近平总书记关于做好"三农"工作的重要论述的具体体现,是实施乡村振兴战略的重要抓手,是农业供给侧结构性改革的必然选择,是生态文明建设的刚性要求。要求在湖北适宜地区大力推进"双水双绿"种养体系,以绿色水稻、绿色水产为抓手,实现农业绿色发展。

二、"双水双绿"的概念及构想

"双水双绿"不是简单的稻田种养模式升级,而是一种产业发展模式、理念和目标,也是稻田种养等绿色生产模式可持续发展的根本保障。"双水双绿"就是要充分利用平原湖区稻田和水资源的优势实行稻田种养,使"绿色水稻"和"绿色水产"协同发展,做大做强水稻、水产"双水"产业,做优做特绿色稻米、绿色水产品等"双绿"产品,通过农业生产过程洁净水源,优化环境,实现产业兴旺、农民富庶、乡村美丽的目标(张启发,2018)。

实际上,"双水双绿"意存高远,是稻虾模式可持续发展的保障,是江汉平原重塑鱼米之乡的绿色发展思路,其根本目标关系到生态文明建设和乡村振兴战略。实施这一理念及目标应从4个方面着手(图3-1)。

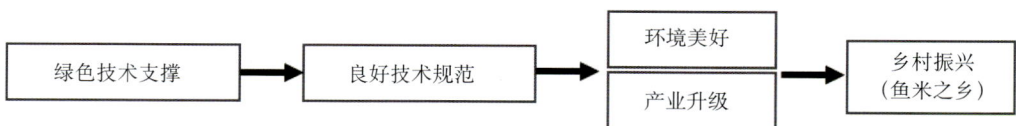

图3-1 "双水双绿"与产业发展及乡村振兴的关系(陈松文,2019)

（1）绿色技术支撑。围绕"双水双绿"产业发展的绿色水稻、水产品种，绿色种养技术、共生互利关系等相关科学问题，增加科技投入，组织科技攻关，加强基础理论及技术研究，建立"双水双绿"理论体系及技术体系，为"双水双绿"提供科技支撑。

（2）良好技术规范。围绕"双水双绿"生产模式的绿色田间工程、绿色品种、水稻清洁生产、动物健康养殖等相关资源节约、环境友好的技术开展试验研究与示范，加强技术标准及技术规程研究，建立"双水双绿"模式技术标准及技术保障体系，为"双水双绿"的高质量发展提供保障。

（3）产业转型升级。"双水双绿"的目的是推动产业绿色发展，通过政府、产业、企业、学校、科研机构相互配合，发挥各自优势，组织经营主体、产业联盟、完善产业链，创新产业体系，促进产业升级。建立"双水双绿"的产业经营体系及政策保障体系，促进经济繁荣，保证环境美好。

（4）推动乡村振兴。构建生态文明体系是"双水双绿"的落脚点。通过"双水双绿"，改变生产方式，促进产业发展、生态良好、三产融合及乡村文明，推动乡村振兴。

三、"双水双绿"与鱼米之乡

长江经济带建设是湖北"两圈两带"战略的重要内容，也是国家经济新支撑带建设的重要依托。2018年4月，习近平总书记视察长江经济带并在武汉主持召开深入推动长江经济带发展座谈会时强调要共抓大保护、不搞大开发，努力把长江经济带建设成为生态更优美、交通更顺畅、经济更协调、市场更统一、机制更科学的黄金经济带，探索出一条生态优先、绿色发展新路子。湖北位于我国长江中下游，水土资源丰富、气候适宜，特别是江汉平原，土壤肥沃，具有良好的农业生态环境和发展优势。江汉平原水稻产量占全省的40%左右，被誉为湖北的"粮仓"。同时，江汉平原湖泊众多，是我国著名的淡水渔业区之一，素有"鱼米之乡"的美誉。但传统农业生产方式过度依赖自然资源和生产资料投入，不仅消耗资源、破坏环境，影响农产品品质，导致产品质量安全问题，还造成农业生产成本上升，致使农产品市场竞争力不足，不利于农业可持续发展。

近年来，湖北稻虾共作无论是在面积上，还是组织化程度上都走在全国前列，世界小龙虾看中国，中国小龙虾看湖北。这种发展态势为湖北农业转型发展，做大做强做优做特农业产业提供了良好契机，有利于保护稻田资源、提升水稻水产的产业竞争力。如何重塑"鱼米之乡"，建设美丽富饶的社会主义新农村，实施"双水双绿"已成为当务之急。

第二节 "双水双绿"的理论基础

从"绿色超级稻"到"两型农业"再到"双水双绿"是一个从理念到理论，从理论到实践，从单一作物生产到产业模式的绿色生产，是不断深化和完善的过程。"双水双绿"的理论基础是这些绿色理念、绿色模式、绿色产业及生态农业理论与实践的完美结合。

一、绿色超级稻理念

我国水稻育种先后经历了以矮秆化为特征的第一次绿色革命，以杂交优势理论应用为代表的杂交水稻的成功培育，以亚种间杂交优势为主的超级稻计划，水稻品种产量潜力也随之有了长足的进步发展。水稻产量得到巨大提升，保障了粮食安全。长期以来，为保障粮食供给，中国一直将提升水稻等农作物产量放在首位，中国农业形成了以矮秆、抗倒、耐肥品种的培育和应用为基础，以增加化肥、农药和水资源的用量为手段，以提高单位面积产量为目的的高投入、高产出、高污染、低效益（常被称为"三高一低"）的生产模式；但是化肥农药的过度使用对土壤肥力、生物多样性和生态系统产生诸多负面影响，使得农业可持续性发展面临严峻挑战。

为了保障我国农业与环境的可持续发展，保障粮食安全，破解农业生产与资源和环境的矛盾，1999年农业科学家提出以"少投入、高产出、保护环境"为特征的第二次绿色革命。随后，张启发院士于2005年提出"绿色超级稻"理念，将品种资源研究、基因组研究和分子技术育种紧密结合，加强抗病、抗虫、抗逆、营养高效、高产、优质等重要性状生物学基础的研究和基因发掘，进行品种改良，培育大批抗病、抗虫、抗逆、营养高效、高产、优质等绿色新品种，实现"少打农药、少施化肥、节水抗旱、优质高产"的目标。

"绿色超级稻"不仅是指应用生物技术改良培育具有绿色性状的新品种，还代表着"资源节约、环境友好"的绿色发展育种新理念和"高产、高效、生态、安全"的栽培管理方式。

二、两型农业理论

粗放型农业生产方式化肥、农药和水资源利用效率低，在保障国家粮食安全的战略需求下，以高投入换取高产出农业模式造成了水资源大量消耗，化肥、农药滥用，耕地质量下降，水土环境持续恶化，气候变化不确定性增强，种粮效益持续降低，农业发展面临着资源短缺、环境退化、极端灾害频发，农业持续发展备受挑战。加快转变农业生产方式，构建"资源节约型、环境友好型"农业（简称"两型农业"）生产体系是实现中国农业持续发展的根本路径。2008年10月党的十七届三中全会审议通过的《中共中央关于推进农村改革发展若干重大问题的决定》提出，至2020年资源节约型、环境友好型农业生产体系基本形成。

两型农业生产体系是以发展高产、优质、高效、生态、安全的现代农业为目标，依靠技术创新和政策创新推动实现农业生产方式转变，大力发展循环农业、生态农业、集约农业，提高资源利用率和保护环境，保障粮食安全和农产品有效供给，构建农业可持续发展的综合生产体系（张启发，2015）（图3-2）。

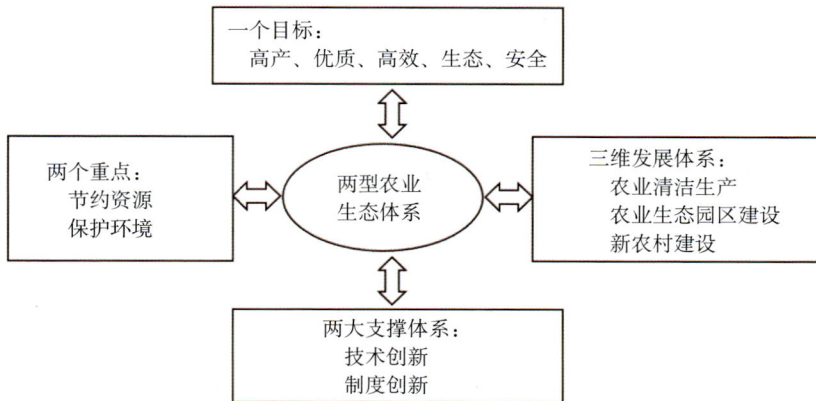

图 3-2 资源节约型、环境友好型农业生产框架体系
(张启发,2015)

资源节约型、环境友好型农业是转变农业发展方式的理念、理论和方法,不仅是生产范式的革命,还是新的技术范式和制度范式的革命,对具体产业实践具有广泛的理论意义及指导作用。一方面,最大限度地节约农业生产要素,节地、节水、节肥、节药、节种、节能,资源综合循环利用等;另一方面,最大限度地减弱农业生产的外部性负效应,如减少农业面源污染、减少农业废弃物生成,注重秸秆综合利用、水土保持和保护环境等环保型技术。其为"双水双绿"提供了理论支撑和指导原则。

三、农业绿色发展理念

新时期以来,中国农业取得长足进步,粮食、畜产品、水产品等农产品供给总量不断增加,但同时面临诸多问题,一是在长期粗放式农业发展方式下,农业土地、水、劳动力等资源短缺硬约束日益加剧,影响农业生产供给安全;二是化肥、农药、农膜及抗生素等外来投入品使用泛滥,农业秸秆尾菜等副产物日益增多,加之畜禽水产集约化养殖粪污污染加大,农业面源污染形势日益加剧,影响农业环境安全,进而威胁农产品质量安全;三是在不合理的农业经营发展模式下,水土流失、地下水超采等问题造成农业生态系统退化,影响农业生态安全。基于上述问题,中共中央、国务院《关于创新体制机制推进农业绿色发展的意见》提出"农业绿色发展"。

农业绿色发展的目标任务:全面建立以绿色生态为导向的制度体系,基本形成与资源环境承载力相匹配、与生产生活生态相协调的农业发展格局,努力实现耕地数量不减少、耕地质量不降低、地下水不超采,化肥、农药使用量零增长,秸秆、畜禽粪污、农膜全利用,实现农业可持续发展、农民生活更加富裕、乡村更加美丽宜居。具体目标:资源利用更加节约高效,产地环境更加清洁,生态系统更加稳定,绿色供给能力明显提升。

农业绿色发展是农业发展观的一场深刻革命,也是农业供给侧结构性改革的主攻方向,既是关乎农业结构调整和发展方式的动能变革,也是涉及思想观念、消费行为模式转变的绿色革命。

四、稻田种养生态农业理论

稻田是一个典型的人工湿地生态系统，与自然生态系统不同，它处于人们有意识的管理和控制之下。传统稻作仅利用了其中的植物生产，忽略了这一系统中众多其他生物的功能及关系。进行稻田养殖后，水稻等植物生产、鱼类等动物生产、稻田微生物生产相互衔接，形成种养结合共生系统。这种稻田复合生态系统，组成得到充实、环境得到改善、结构得到优化、湿地生态功能得到强化，水稻与水产动物互惠互利，充分利用稻田水面、土壤和生物资源，利渔利稻，是一种典型的生态农业模式。在稻田种养系统"利稻行为""庇护作用"普遍存在下，如何协调种养矛盾、发挥种养互惠潜力、提高种稻效益、保护生态环境是"双水双绿"的关键。

（1）利稻行为。稻田种养是一种种养结合，稻渔共生、稻渔互补的生态农业种养模式。引进的动物一方面可通过改变系统组成而影响能量流、食物营养关系，进而影响水稻生长；另一方面可直接影响，或通过环境条件的改善而影响水稻生产（图3-3）。大量研究报道证实了稻田养殖可以改善水稻群体结构和生长状况，为水稻增产提质奠定了基础。稻田养殖的"利稻行为"，主要体现在"一增二改三防控"，即增肥，改土、改水，控草、控病、控虫。这种"利稻行为"具有明显的减肥减药、稳产增效、资源节约、环境友好的综合效应。

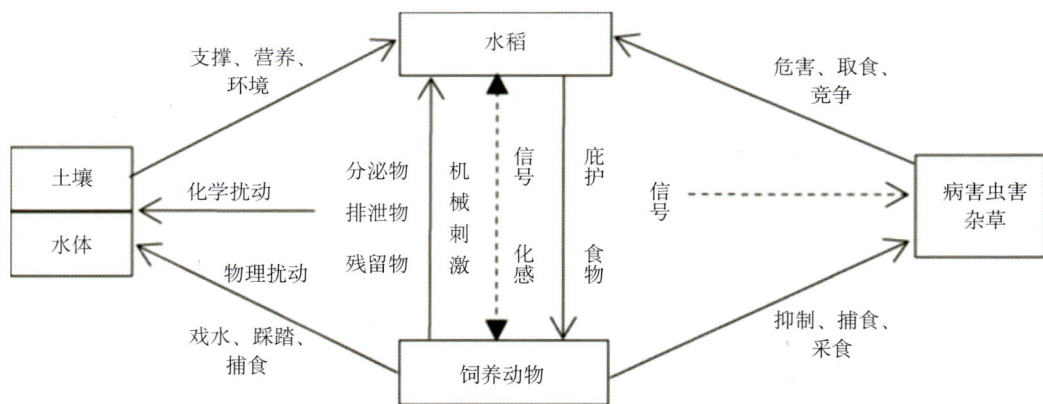

图3-3　稻田种养系统水稻与动物相互作用关系示意
（曹凑贵，2017）

（2）庇护作用。稻田和池塘、湖泊等水体不同，是典型的人工湿地，生物多样性复杂，一方面水稻优势群体控制整体环境，水稻、稻田生物对养殖动物起到了庇护作用，能够遮阴、调温、提供氧气，为动物提供生活场所及良好的生存条件；另一方面，稻田生物资源丰富，草牧食物链简单，碎屑食物链多样，为养殖动物提供丰富的食物，这为减少饵料、控制病害、实现绿色水产健康养殖提供了可能。

第三节 "双水双绿"的基本特征

张启发认为,"双水双绿",第一个双,是量词数字的意思,指水稻、水产两种"双水"产业;第二个双,是形容词加倍的意思,既指做优做特绿色稻米、绿色水产品等"双绿"农产品,也指通过种稻养虾,实现绿色倍加(李炜,2019),"双水双绿"最基本的特征是"绿色",具体集中在生产环境绿色、生产过程绿色、生产产品绿色。

一、生产过程绿色

过程绿色主要是清洁生产。清洁生产从本质上来说,就是对生产过程与产品采取整体预防的环境策略,减少或者消除它们对环境的可能危害,同时充分满足人类需要,使社会经济效益最大化的一种生产模式。"双水双绿"的清洁生产不仅包括水稻种植、水产养殖及产业链的绿色清洁,还必须注意产业协同。一个产业的废弃物,是另一个产业的原料,通过产业协同,互惠互利,减少排放,控制投入,实现生产过程绿色的目标。

"双水双绿"的水稻清洁生产包括投入品绿色、减量、高效、无废物、无残留。水稻清洁生产是改善我国稻米安全卫生质量和农田环境的根本途径。从源头减少污染、合理进行田间管理、减少面源污染的排放等是保证水稻优质、安全的实用性生产措施。要求从绿色品种到绿色技术对水稻全生育期进行控制,从源头消减污染,提高肥料、农药、水资源利用率,最终实现节能、增效和减少面源污染,同时保证水稻优质、安全。

"双水双绿"的小龙虾绿色养殖,充分利用稻田环境,净化水质,减少病害发生,控制虾药使用,健康养虾;充分利用稻田丰富完善的碎屑食物链,补充动物饲料,减少饲料投入,简单养虾;科学调节水体,种植水草,减少调水改底等物料的投入,自然养虾。

绿色产业链是指在整个产业价值链中,包括生产环节、运输环节、加工环节、销售环节的绿色发展,实现与自然、与社会各相关群体的良性互动,达到短期利益和长期发展的统一,实现产业的可持续发展。要求"双水双绿"的生产资料符合质量标准,生产过程清洁,加工、包装、储运、物流生产安全无污染。

二、生产产品绿色

产品绿色是"双水双绿"产业的基本要求,主要是稻米、水产品等相关产业链的产品符合绿色产品要求。严格按照"双水双绿"的绿色生产原则和生产目标,实行稻虾共作,生产优质、安全、营养、美味的优质农产品"稻虾米""稻田虾"。

(1)稻虾米。选用绿色超级稻品种、虾稻专用品种,采用绿色新技术;按照"双水双绿"相关技术标准,生产中高档优质稻米,稻米农药及重金属无残留,蛋白质含量6%~7%,安全、美味、营养。

(2)稻田虾。生产个大、美味、鲜润、无残留的优质小龙虾产品。

三、生产环境绿色

生产环境绿色包括产前绿色产地和产后产地绿色、环境优美。

一是产地环境无污染。"双水双绿"的重要特征是生产绿色稻米和绿色水产品,因此,要求产地环境优良,水、气、土壤等环境本底无污染、无残留,并符合相关要求标准。

二是净化生产环境。"双水双绿"进行的是清洁生产,生产过程不产生污染和不良影响,甚至可实现环境净化及生态修复,即通过生物互利共生,发挥湿地生态功能,净化稻田环境,减少或控制面源污染。

三是美化生态环境。"双水双绿"产业的目标对接鱼米之乡及乡村振兴,通过产业发展,带动环境美化和乡村文化建设,发展田园综合体,建设生态文明,实现乡村美丽的目标。

第四节　湖北省"双水双绿"发展的意义

一、促进湖北农业转型

湖北是农业大省,历来是全国重要的农产品生产基地,经过多年努力,全省农业转型升级取得长足进步。当前湖北农业发展进入加快推进农业现代化、建设农业强省关键阶段,下一步还需破解哪些难题?农业部门将如何发力?实际上,中央和湖北关于加强农业农村工作的一系列方针政策已给出了明确答案。一是绿色发展,绿色决定生死;二是结构调整,市场决定取舍;三是乡村振兴,民生决定目的。2018年1月,《中共中央　国务院关于实施乡村振兴战略的意见》明确指出,要牢固树立和践行绿水青山就是金山银山的理念,以绿色发展引领乡村振兴。"双水双绿"立足于水稻和水产两大产业,以绿色科技创新实现农业发展动能转换升级,驱动农业转变发展方式,以绿色农产品和绿色环境供给满足居民消费需求升级,引领供给侧改革实现高质量发展。湖北农业优势产业就是水稻和水产,水稻种植面积和总产量分别占全省粮食作物的50%和70%,水产养殖面积和产量多年稳居全国第一,实施"双水双绿"既是湖北深化农业供给侧结构性改革的内在要求与发展方向,也是实现湖北农业绿色发展的现实路径与时代抉择。

二、提升湖北水稻产业

长期以来,水稻作为一种主要的粮食作物,在保障粮食安全上发挥着重要作用,因此水稻高产稳产的要求一直放在水稻生产的首位。水稻生产也逐渐形成了"以高投入换高产量"的思路和方式,生产过程对化肥、农药和水资源依赖严重,资源环境的负担沉重,可持续生产面临重大挑战。随着我国温饱问题的解决和人民生活水平的提高,人们食物组成中对稻米的需求显著下降，转而对食品质量、食品安全和营养健康表现了更多的关注。同时，由于生产成本和劳动力成本的逐年上升，单一追求高产的粮食种植，效益逐年降低。"双水双绿"符合农业结构改革大势，通过"双水双绿"的绿色稻田，选育绿色品种，推广绿色种养，开展绿色防控，促进水稻生产方式转型；通过"减产能、普绿色、保安全、美食味、特营养"，一步步实现稻米增值，提升水稻质量效益和竞争力，提升湖北水稻产业。

三、做强湖北水产产业

湖北是水产养殖大省，但水产养殖未能摆脱产业发展对资源、环境等生产力要素的大量占有、依赖甚至是破坏。一方面生态安全问题已成为制约水产养殖业发展的重要因素，外部水资源紧缺和污染限制了水产养殖发展；另一方面水产养殖排污又影响了外部环境；同时，化肥、农药、渔药、生长调节剂等农用化学品的大量使用，导致水产品食用不安全问题严重。2019年湖北多部门联合印发《关于加快推动水产养殖业绿色发展的意见》，同年湖北出台《水产健康养殖及质效提升行动实施方案》，为湖北促进水产养殖转型升级、促进高质量发展指明了方向。"双水双绿"将稻田种养作为推动水产健康养殖方式转变的重要抓手，能够拓展水产养殖发展新空间，实现绿色水产品优质供给，推进水产品供给侧结构性改革，同时通过生产方式洁净稻田和水体，增强水产养殖产业持续发展力，是推进水产养殖业转型实现高质量发展的重要举措，有助于做强湖北水产产业。

四、促进湖北乡村振兴

2018年《中共湖北省委 湖北省人民政府关于推进乡村振兴战略实施的意见》的出台标志着湖北吹响了乡村振兴的号角，2020年1月出台《湖北省乡村振兴促进条例》，在全国层面率先以立法形式促进乡村振兴，表明了湖北推进乡村振兴的决心。在落实湖北乡村振兴战略上，"双水双绿"始终坚持立足水稻和水产两大产业，结合精准扶贫，以供给侧结构性改革为主线，努力构建"双水双绿"的产业体系、经营体系和生产体系，延伸优化水稻、水产全产业链，促进一二三产业融合发展，实现产业兴旺，推动产业振兴；旨在通过绿色种养生产方式恢复稻田生态和水体生态，美化环境，建设美丽乡村，实现生态振兴；创新县校合作体制机制，培育"双水双绿"新型农业经营主体，搭建产业联盟，实现人才振兴，助力乡村建设；立足双水产业升级，积极发挥基层党组织示范带头作用，凝心聚力共谋发展，实现组织振兴；立足稻田农耕文化，传承乡村文明，注重"双水"品牌节庆文化建设，推动绿色生活与绿色消费方式，实现文化振兴，重塑鱼米之乡。

第四章
湖北省"双水双绿"产业环境分析

第一节 湖北省自然资源条件与区域资源特点

湖北是农业大省，也是千湖之省，境内拥有江汉平原和鄂东沿江平原等两大平原，光温水土资源优越、生态稳定、区域生态承载力强，为水稻和水产产业发展提供了良好的发展优势。

一、自然资源概况

湖北地处长江中游，洞庭湖以北，位居华中腹地，东邻安徽，南接江西、湖南，西连重庆、四川，北靠陕西、河南。地跨东经108°21′～116°07′、北纬29°01′～33°61′。以省会武汉为中心，距北京、上海、广州、重庆、西安等大城市均在1 000千米左右，具有极强的市场集散功能和辐射能力。

湖北地势西高东低，西—北—东三面环山、中间低平而向南敞开，拥有山地、丘陵、岗地和平原等多种地貌。山地占湖北总面积的比重为56%，分为以武当山脉和大巴山东段为主的西北山地、以大娄山和武陵山为主的西南山地、以太白山和大别山为主的东北山地、以幕布山脉为主的东南山地；丘陵和岗地占比21%，分为鄂中丘陵和鄂东北丘陵；平原和湖泊水域占比20%，分为江汉平原和鄂东沿江平原。湖北湖泊密布，水网纵横，有大小河流4 000余条，总长达6万余千米，世界第三大河流长江和它最长的支流汉江交汇于此，长江流经湖北境内1 061千米，水资源极为丰富。

湖北位于亚热带北缘，除高山地区以外，大部分为亚热带季风性湿润气候。光能充足，多年平均实际日照时数为1 100～2 150小时，其地域分布是鄂东北向鄂西南递减，鄂北、鄂东北最多，鄂西南最少，其季节性分布为夏季最多、冬季最少、春秋两地因地而异；热量丰富，大部分地区太阳年辐射总量为355～480千焦/厘米²；年平均气温15～17℃，大部分地区冬冷夏热，春季气温多变，秋季气温下降迅速；全年无霜期长达230～300天；各地平均降水量800～1 600毫米，其地域分布的特点是南多北少，山区多、平原河谷少，季节分布特点是夏季最多，冬季最少，6月中旬至7月中旬降水最多，强度最大，是湖北的梅雨期。大部分地区是一年两熟，少数地区可以实现一年三熟，非常适合粮食作物生长。湖北是我国粮食主产区之一，省内有江汉平原和鄂北岗地两大农业基地，其粮、棉、油、淡水产品等在全国占有重要地位。

二、土地资源及分布

湖北总面积18.59万千米^2。据2017年统计数据，农用地总面积为15 729.6千公顷，占湖北总面积的84.61%；其中耕地面积5 235.5千公顷，占农用地面积的33.28%，园地面积480.2千公顷，占3.05%，林地面积8 589.9千公顷，占54.61%，草地面积2.0千公顷，占0.01%，其他类型面积1 422千公顷，占9.04%；按水利条件划分，耕地中水田面积2 649.16千公顷，占50.6%，主要分布在江汉平原、鄂中丘陵和鄂东沿江平原等地，水浇地面积481.67千公顷，占9.2%，旱地面积2 104.67千公顷，占40.2%，主要分布在江汉平原和鄂北岗地。

2018年湖北参与耕地质量等别调查与评定面积为5 254.99千公顷，其中优等地（1～4等）面积2 109.07千公顷，占40.13%，高等地（5～8等）面积2 351.12千公顷，占44.74%，中等地（9～12等）面积783.65千公顷，占14.91%，低等地（13～15等）面积11.14千公顷，占0.21%。

就湖北耕地质量分布而言，高产田面积仅约占耕地面积的14%；中低产田面积约占86%，共分为7类，其中坡地梯改型面积约占11%，瘠薄培肥型面积约占16%，障碍层次型面积约占16%，酸化污染型面积约占19%，冷浸潜育型面积约占7%，干旱灌溉型面积约占10%，渍涝排水型面积约占7%（图4-1）。

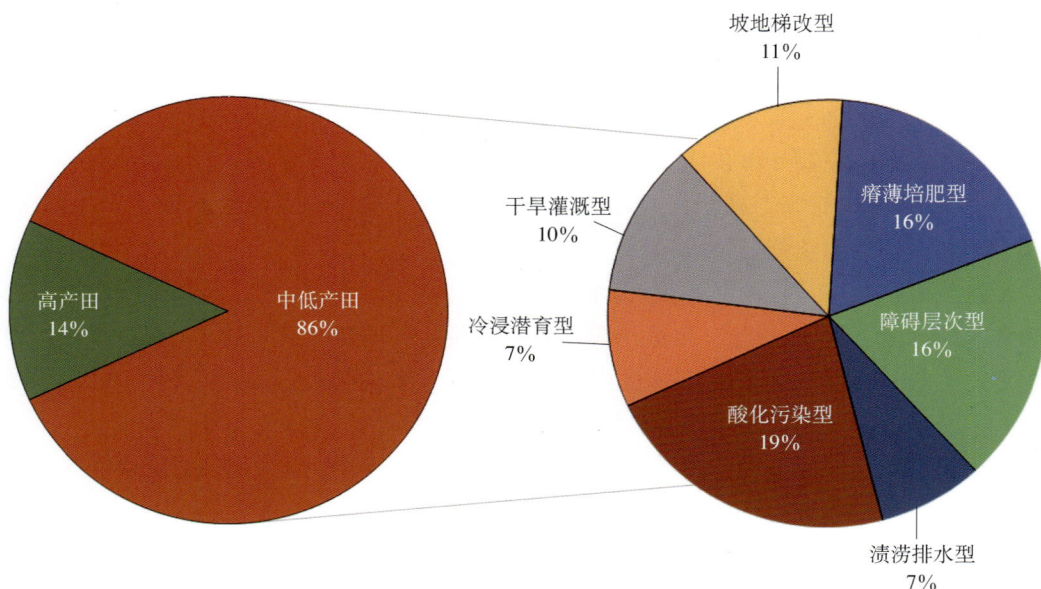

图4-1　湖北省耕地质量等别与中低产田类型占比
（数据来源：湖北省耕地质量与肥料工作站，《中低产田土壤障碍及改良技术》）

三、水资源及分布

湖北年际间水资源总量变化大，地表水、地下水总量800亿～1 200亿米³（图4-2），流经湖北的年客水总量达6 000亿米³左右。

湖北河流湖泊众多，长江、汉江、清江为湖北三大河流。全省河长5千米以上的中小河流4 228条，其中河长100千米以上的有41条，总长度为7 197千米，总集水面积131 567千米²，占全省总面积的70%。长江自西向东，贯穿省内26个县（市、区），境内的长江支流有汉江、沮水、漳水、清江、东荆河、陆水、滠水、倒水、举水、巴水、浠水、富水等，其中汉江作为长江最大的支流，由西北趋东南，流经13个县（市、区）于武汉汇入长江，流程858千米。

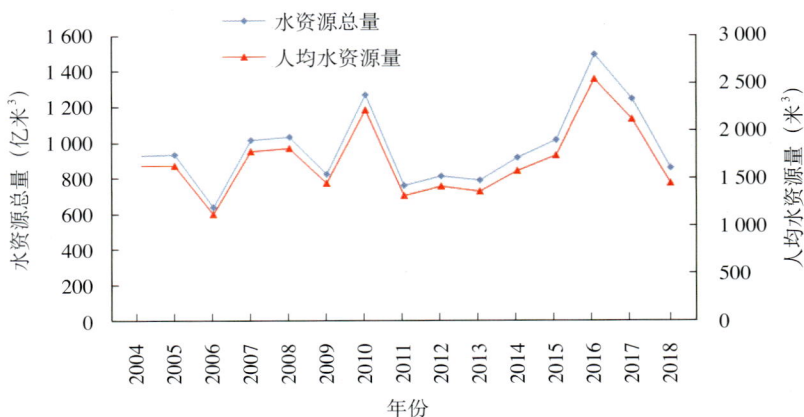

图4-2　2004—2018年湖北水资源变化
（数据来源：《湖北省水资源公报》）

湖北的湖泊主要分布在江汉平原水网区，现有湖泊755个，湖泊面积2 706.851千米²，面积大于1千米²的城中湖泊有497个，100千米²以上的湖泊有洪湖、梁子湖、长湖、斧头湖，可养殖水面达到1 360多万亩。

虽然湖北素称"千湖之省"，但全省人均水资源量仅1 731米³，居全国第17位，只占全国人均水资源量的73%，接近国际公认的1 700米³的缺水警戒线。湖北人均可利用水资源存在明显的区域差异，鄂西北秦巴山区、鄂西南武陵山区人均可利用水资源相对丰富，而鄂中北岗地及武汉城市圈等地丰富度相对较低。

湖北水质状况以Ⅱ类和Ⅲ类水为主，鄂西北和鄂西南等山区部分河流达到Ⅰ类水质，武汉、咸宁及鄂州等地河流湖泊污染严重，局部地区水质为劣Ⅴ类。

四、稻田资源及耕作制度

2016年湖北稻田面积为2 654.33千公顷（3 981.5万亩），主要分布在荆州、黄冈、荆门、孝感、襄阳、随州以及省直辖县级行政单位（如潜江、天门和仙桃）等地，其中荆州、黄冈、荆门、孝感、襄阳这五地面积之和为1 343.6千公顷（2 015.40万亩），占湖北稻田面积的50.61%（图4-3）。

图4-3 湖北各州市稻田面积及占比
[数据来源：《湖北农村统计年鉴》(2017)]

2016年湖北冷浸田和涝渍稻田面积479千公顷（718.5万亩），占湖北稻田面积的18.05%，其中荆州面积最大，为106.51千公顷（159.765万亩），占全省冷浸田和涝渍田面积的22.23%，其次是黄冈、孝感，另外，潜江、天门和仙桃等地有一定面积的冷浸田和涝渍田，由此可见湖北冷浸田和涝渍田主要分布在江汉平原（图4-4）。

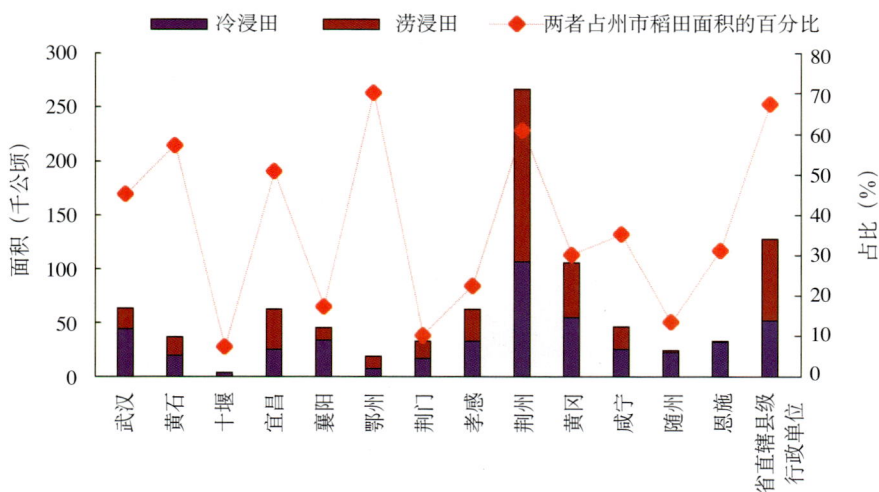

图4-4 湖北各州市冷浸田和涝渍田分布
[数据来源：《湖北农村统计年鉴》(2017)]

湖北耕作制度按熟制分为三熟制、二熟制和一熟制等，不同熟制下根据耕地属性又可分为水田三熟制、旱地三熟制等6种类型。稻田一熟制面积163.28千公顷（244.92万亩），占稻田熟制总面积的9%；二熟制面积1 329.67千公顷（1 994.505万亩），占76%；三熟制面积268.14千公顷（402.21万亩），占15%，表明湖北稻田熟制以二熟制为主（图4-5）。稻田一熟制以冬泡稻模式为主（图4-6）；二熟制以麦稻和油稻模式为主（图4-7），其中麦稻模式面积492.41千公顷（738.615万亩），油稻模式面积509.93千公顷（764.895万亩）；三熟制以油稻稻模式为主（图4-8），面积178.02千公顷（267.03万亩）。

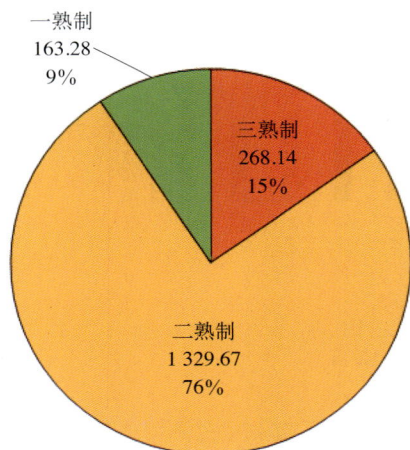

图4-5　2015年湖北稻田熟制类型面积
（千公顷）及占比
[数据来源：《湖北农村统计年鉴》（2016）]

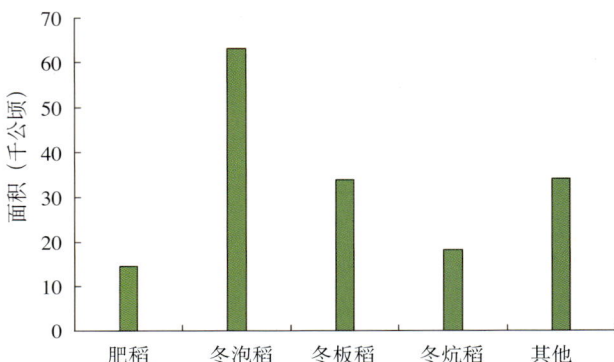

图4-6　2015年湖北稻田一熟制模式面积
[数据来源：《湖北农村统计年鉴》（2016）]

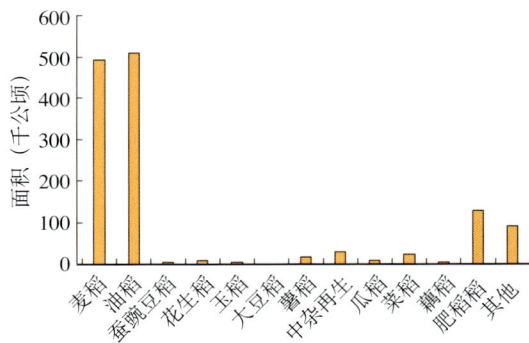

图4-7　2015年湖北稻田二熟制模式面积
[数据来源：《湖北农村统计年鉴》（2016）]

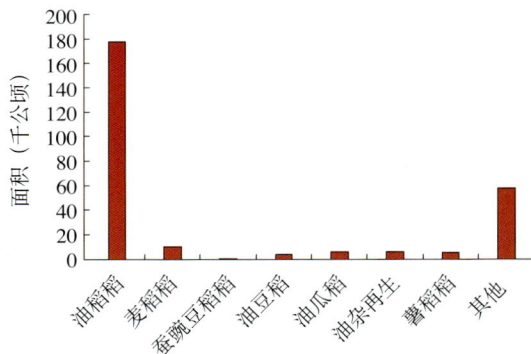

图4-8　2015年湖北稻田三熟制模式面积
[数据来源：《湖北农村统计年鉴》（2016）]

第二节 湖北省社会经济条件及产业环境特点

"十三五"以来，湖北经济社会取得较快发展，农业体量不断增大，农业主导产业优势日益明显，水稻和水产两大产业地位更加突出，生产装备等物质基础条件不断巩固，农产品有效供给能力不断增强，产业发展政策环境不断改善，为"双水双绿"的产业发展壮大奠定了良好条件与环境。

一、社会经济条件

2017年湖北完成生产总值36 522.95亿元，同比增长7.8%。其中，第一产业完成增加值3 759.69亿元，同比增长3.6%；第二产业完成增加值16 259.86亿元，同比增长7.1%；第三产业完成增加值16 503.40亿元，同比增长9.5%，三产产业结构由2016年的11.2：44.9：43.9调整为10.3：44.5：45.2；在第三产业中，交通运输仓储和邮政业、批发和零售业、住宿和餐饮业、金融业、房地产业、营利性服务业及非营利性服务业增加值分别增长6.9%、6.5%、6.4%、9.0%、5.2%、17.8%和6.9%。

2017年湖北常住人口5 902万人，其中，城镇3 499.89万人，乡村2 402.11万人，城镇化率达到59.3%。全体居民人均可支配收入23 757元，同比增长9.0%，其中，城镇常住居民人均可支配收入31 889元，同比增长8.5%，农村常住居民人均可支配收入13 812元，同比增长8.5%。城乡居民收入比缩小为2.31：1，城乡医保覆盖率达95%。

二、农业经济概况

2017年湖北实现农业经济总产值3 921.03亿元，占湖北经济总产值的10.74%。农业综合生产能力稳步增强，粮食产能不断提升，2017年粮食产量2 599.7万吨，比2012年增产157.9万吨，年均增速1.26%，连续5年产量稳定在500亿斤[①]以上，是国家重要的粮食主产区；2017年湖北生猪出栏4 299.63万头，水产品产量465.42万吨，畜牧水产总体保持稳定。农业结构不断调整，从农作物播种面积看，粮食作物逐渐增加，油料作物稳中缓慢下降，蔬菜作物稳步不变，棉花逐年下降，其他类作物面积等稳中有降（图4-9）。

从粮食作物播种面积看，水稻、玉米和小麦三大粮食作物播种面积占有很大比重，水稻播种面积占比常年稳定在50%，水稻产量占粮食总产量的68%上下。近几年"一田双收"的稻田种养模式和"一种两收"的再生稻面积得到快速增长，稻田种养面积达到589.75万亩，再生稻面积突破230万亩；从产业结构看，湖北已经形成粮油、蔬菜两大千亿元产业，蔬菜、水果、茶叶产量稳定、效益增加，食用菌、蜂蜜、鸡蛋、小龙虾、河蟹等特色农产品出口全国领先。

---

①斤为非法定计量单位，1斤=500克，下同。——编者注

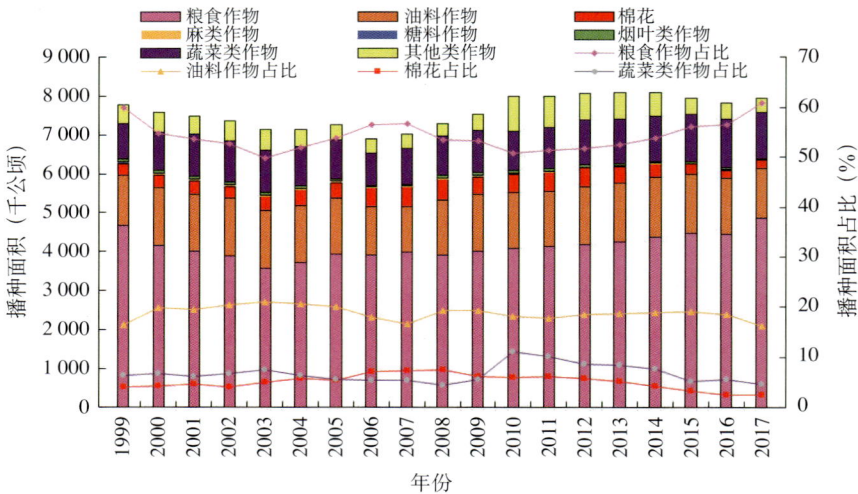

粮食作物　　　　油料作物　　　　棉花
麻类作物　　　　糖料作物　　　　烟叶类作物
蔬菜类作物　　　其他类作物　　　粮食作物占比
油料作物占比　　棉花占比　　　　蔬菜类作物占比

播种面积（千公顷）

播种面积占比（%）

年份

图4-9　1999—2017年湖北农作物播种面积变化趋势

[数据来源：《湖北农村统计年鉴》（2000—2018）]

农产品加工业"四个一批"工程深入推进，农产品加工业产值与农业总产值之比达到2.0∶1。休闲农业、乡村旅游蓬勃兴起，年综合收入达到1 920亿元。美丽乡村、绿色幸福村、旅游名村等建设稳步推进。农村电商快速发展，农副产品网销额达436亿元。

三、基础设施及条件

据2017年统计数据，湖北高标准农田建设面积2 490万亩，占耕地面积的41.86%；耕地灌溉面积4 378.76万亩，占耕地面积的73.61%，其中高效节水灌溉面积达到264.5万亩，占耕地灌溉面积的6.04%，农业灌溉水有效利用系数达到0.51；农业机械总动力为4 335.47万千瓦，主要农作物耕种收综合机械化水平达到68%；农业科技进步贡献率达57.7%。但湖北农业基础装备还存在问题，表现为：一是农业基础设施建设缺乏整体规划，资金投入存在"重大设施轻小项目"的现象，农业基础设施工程建设与具体农业生产模式设施需求衔接有待加强。二是受地理环境影响，部分地区耕地高低不平，地块狭小，零星分散，亟须土地平整，促进农业规模经营。三是部分农田仍然是"靠天田"，或仅靠堰塘蓄水灌溉，抵御自然风险能力较差，有40%的农田不能保收，60%的农田只能抵御5年一遇的灾害，50%以上的排灌设施年久失修，带病运行，中低产田面积约占耕地面积的86%。四是水电路网设施不完善，机耕路缺失，无法应用农业机械，影响生产物资和粮食运输及人畜行走。

四、产业政策及环境

湖北开展稻田综合种养走在全国前列，早在2006年稻虾连作模式已被写入湖北省委1号文件；2010—2012年，湖北省委省政府累计安排1.8亿元支持小龙虾产业及稻田综合种养发展；2015年湖北省委1号文件提出：加快发展特色种养，大力推广稻田综合种养、立体养殖等高效生态种养模式，提高农业经营效益；2016年制定了《湖北省稻田种养发展规划》，同年出台的《湖北省水稻产业提升计划（2016—2020年）》指出因地制宜打造"稻渔共生"、水稻"一种两收"高产高效优势板块；2018年印发了《湖北省推广"稻虾共作 稻渔种养"模式三年行动方案》；2019年出台了《湖北省"稻虾共作 稻渔种养"产业发展规划（2019—2022年）》，这是湖北在长江中下游地区乃至全国首个有关稻虾共作、稻渔种养专项发展规划，有力推动了稻虾共作、稻渔种养产业高质量发展。

第三节 湖北省"双水双绿"的优势与机遇

湖北农业发展正处于由大到强的关键时期，将稻田种养作为推动湖北农业结构调整、促进湖北农业转型升级、实现湖北农业高质量发展的重要举措，具有诸多优势，面临诸多发展机遇。充分发挥湖北资源和产业优势，整合相关力量，把握发展机遇，以稻田种养引领湖北农业发展具有重大现实意义。

一、自然资源及条件优势

湖北拥有稻田资源3 981.5万亩，有1 000多万亩适合开展稻田种养，潜力巨大。2018年湖北稻田种养面积589.75万亩，开发程度不到59%，同时1 000多万亩主要分布在江汉平原和鄂东沿江平原地区，稻田集中连片平整，相对于湖南、江西等地更容易实现规模化发展，并且稻田耕地质量整体优于长江周边省份（图4-10）；湖北湖泊水域面积约为406.03万亩，鱼、虾、蟹等水产种质资源丰富程度也远远高于其他省份。

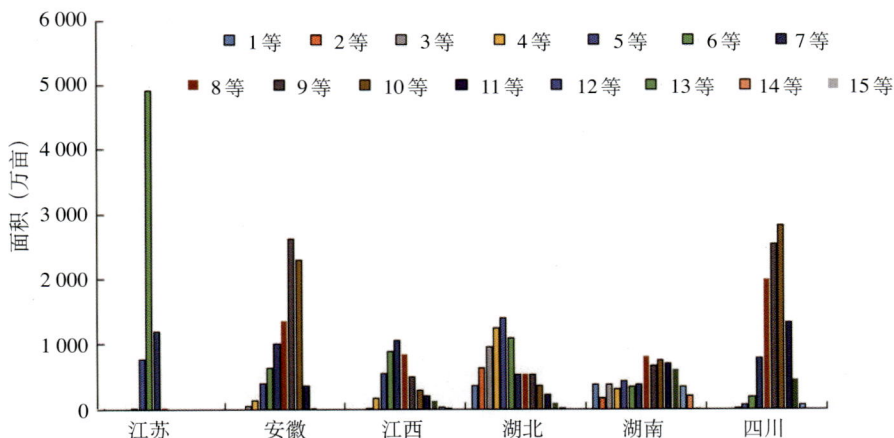

图4-10 长江地区省份耕地质量等级分布
（数据来源：《2015年全国耕地质量等别更新评价主要数据成果》）

二、科技基础及队伍优势

湖北拥有中国科学院水生生物研究所、水利部中国科学院水工程生态研究所、中国水产科学研究院长江水产研究所、武汉大学、华中农业大学、长江大学及湖北省农业科学院等众多科研院所，拥有华中农业大学"双水双绿"研究院、湖北省小龙虾产业技术研究院、湖北省克氏原螯虾工程技术研究中心、湖北省小龙虾良种选育研究中心等一批产学研创新单位，并先后围绕小龙虾精深加工，小龙虾苗种遗传选育，稻虾共作优质水稻选育，小龙虾疾病防控体系建设等开展了广泛基础性研究，科研实力与科研水平高于周边省份。以2018年为例，湖北稻田种养水产品单产水平达到117.12千克/亩，居稻田种养主要省份第一位（图4-11），表明湖北稻田种养科技水平较高。

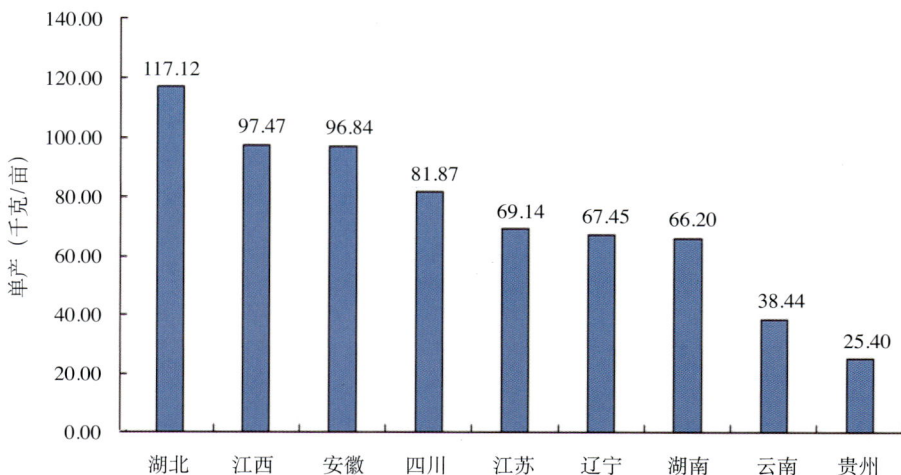

图4-11　2018年稻田种养主要省份水产品单产
（数据来源：《中国稻渔综合种养产业发展报告（2019）》）

三、社会需求机遇

自1999年以来，我国城镇和农村居民的恩格尔系数整体呈现递减趋势（图4-12），2000年，我国农村居民步入小康阶段，2012年步入富裕阶段。2012年城乡居民消费结构发生明显变化，食品等支出占总消费支出的比重明显降低，表现为谷物消费逐年下降，肉蛋奶水产品及蔬菜食用菌等的消费逐年增加（表4-1）。2017年，我国人均GDP达到59 660元，未来5年将突破1万美元，城镇化率将超过60%，进入城镇化快速发展和居民消费结构升级阶段，居民食品消费将更加注重优质安全营养等价值。面对此机遇，稻田种养充分发挥生物间的互惠互利作用，农药、化肥等投入品用量显著降低，生产的稻米品质优良、水产品健康生态，非常契合居民消费需求。

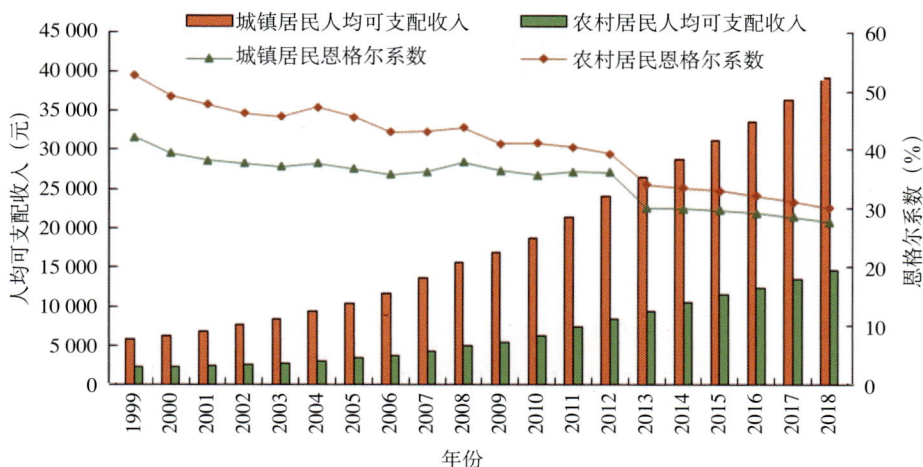

图4-12　1999—2018年中国城乡居民人均收入及恩格尔系数

[数据来源：《中国农村统计年鉴》(2000—2019)]

表4-1　全国居民人均主要食品消费量

单位：千克

主要食品	2013年	2014年	2015年	2016年	2017年
谷物	138.9	131.4	124.3	122	119.6
蔬菜及食用菌	97.5	96.9	97.8	100.1	99.2
肉类	25.6	25.6	26.2	26.1	26.7
水产品	10.4	10.8	11.2	11.4	11.5
蛋类	8.2	8.6	9.5	9.7	10.0
奶类	11.7	12.6	12.1	12	12.1

四、政策支持机遇

党的十七大以后，随着土地流转政策不断明确，农业生产规模化产业化步伐加快，中国稻田综合种养迎来了新的发展机遇。2011年，《全国渔业发展第十二个五年规划（2011—2015年）》提出将稻田综合种养作为渔业拓展的重要领域，自此以后全国稻田种养面积止跌回升。2012年全国新一轮稻田种养进入发展新高潮，2015年印发《国务院办公厅关于加快转变农业发展方式的意见》，提出开展稻田综合种养技术示范，并将其作为发展种养结合循环农业的重要内容，发展稻田综合种养上升到国家层面；《全国农业可持续发展规划（2015—2030年）》将稻鱼共生等生态循环农业列入其中；2016—2018年，中央1号文件和国家部门相关文件明确提出发展稻田综合种养；2017年农业部开展国家级稻渔综合种养示范区创建工作，2019年出台《稻渔综合种养技术规范　第1部分：通则》，标志着从国家层面上稻田种养迈向标准化规范化发展步伐，当前国家层面政策环境良好。国家、农业农村部及湖北省有关稻田种养的重要文件和系列政策规划见表4-2至4-4。

表4-2　国家有关稻田种养的重要文件和系列政策

年份	发文机构	文件名称	有关内容
2015	国务院办公厅	国务院办公厅关于加快转变农业发展方式的意见（国办发〔2015〕59号）	把稻田综合种养，作为发展生态循环农业的重要内容
2016	中共中央、国务院	中共中央　国务院关于落实发展新理念加快农业现代化 实现全面小康目标的若干意见（2016年中央1号文件）	启动实施种养结合循环农业推动种养结合、农牧循环发展
2017	中共中央、国务院	中共中央　国务院关于深入推进农业供给侧结构性改革 加快培育农业农村发展新动能的若干意见（2017年中央1号文件）	推进稻田综合种养
2017	中共中央办公厅、国务院办公厅	关于创新体制机制推进农业绿色发展的意见	探索区域农业循环利用机制，实施粮经饲统筹、种养加结合、农林牧渔融合循环发展
2018	中共中央、国务院	中共中央国务院关于实施乡村振兴战略的意见	实施质量兴农战略，优化养殖业空间布局，大力发展绿色生态健康养殖

表4-3　农业农村部有关稻田种养的重要文件和系列政策

年份	发文机构	文件名称	有关内容
2015	农业部等八部委	全国农业可持续发展规划（2015—2030年）	发展稻鱼共生等生态循环农业发展模式
2015	农业部	关于进一步调整优化农业结构的指导意见	因地制宜推广稻田养鱼（虾、蟹）、鱼菜共生等技术
2016	农业部	农业部关于加快推进渔业转方式调结构的指导意见（农渔发〔2016〕1号）	积极发展种养结合稻田养殖
2017	农业部	农业部关于组织开展国家级稻渔综合种养示范区创建工作的通知	2017年开始，利用三年左右的时间，在全国稻渔综合种养重点地区，创建100个国家级稻渔综合种养示范区
2018	农业农村部	农业绿色发展技术导则（2018—2030年）	重点研发稻田综合立体化种养技术，开展农牧渔结合模式集成示范，立足于种养结合家庭农场开展稻—虾/鱼/蟹等模式的推广应用
2019	农业农村部等10部委	关于加快推进水产养殖业绿色发展的若干意见	大力推广稻渔综合种养，提高稻田综合效益，实现稳粮促渔、提质增效
2019	农业农村部	农业农村部关于规范稻渔综合种养产业发展的通知（农办渔〔2019〕24号）	明确提出促进稻渔综合种养产业规范发展相关要求

表4-4　湖北省有关稻田种养的重要文件和系列规划

年份	发文机构	文件名称	有关内容
2015	中共湖北省委、湖北省人民政府	中共湖北省委　湖北省人民政府关于进一步深化农村改革加快推进农业现代化的若干意见	加快发展特色种养，大力推广稻田综合种养、立体养殖等高效生态种养模式，提高农业经营效益
2016	湖北省人民政府办公厅	湖北省水稻产业提升计划（2016—2020年）	因地制宜打造"稻渔共生"高产高效优势板块
2017	湖北省水产局	关于加快推进稻渔综合种养发展的意见	加快稻渔综合种养发展，推动稻渔综合种养三产融合发展，促进渔业供给侧结构性改革

（续）

年份	发文机构	文件名称	有关内容
2017	中共湖北省委、湖北省人民政府	关于创新体制机制推进农业绿色发展的实施意见	以江汉平原为重点推广"双水双绿"模式，促进一二三产业融合，实现稳粮与增收、增效与生态相统一
2018	中共湖北省委、湖北省人民政府	中共湖北省委　湖北省人民政府关于推进乡村振兴战略实施的意见	推广按户连片耕种、稻田综合种养等模式
2018	湖北省人民政府办公厅	湖北省推广"稻虾共作稻渔种养"模式三年行动方案	提出稻田种养的指导思想、基本原则和总体目标，明确湖北省稻虾发展短板，提出了工作目标，制定了详细具体措施
2019	湖北省农业农村厅	湖北省"稻虾共作　稻渔种养"产业发展规划（2019—2022年）	制定全国乃至长江中下游地区首个有关稻虾共作稻渔种养专项发展规划，推动"稻虾共作、稻渔种养"产业高质量发展

第四节　湖北省"双水双绿"的劣势与挑战

湖北以稻虾共作为核心的稻田种养在取得良好效果与巨大成就的同时，也面临着产业体系、经营体系、科学技术和资源环境等诸多方面的约束挑战，未来湖北稻田种养应聚焦产业风险挑战，加快解决产业发展面临的问题，促进产业健康持续发展。

一、产业体系有待完善

近年来湖北稻田种养快速发展，产业优势逐渐形成，特别是稻虾共作产业体系日臻完善。当前阶段湖北稻田种养整体呈现由大到强的过渡阶段，虽然显示出了较大的发展潜力和规模优势，但产业体系建设仍然有待完善，表现为：①良种繁育体系有待加强，小龙虾种质退化，存在抗病性不强、个头不大、出肉率不高等问题；小龙虾等品种的苗种繁育规模化程度低；缺少适合虾稻共作、稻渔种养模式的优质专用水稻品种。②品牌体系不完善，小龙虾、稻米品牌市场竞争力不强，缺乏叫得响的区域公用品牌，缺乏集中有效的品牌宣传。③规划布局构建有待加强，部分地方未制定虾稻共作、稻渔种养产业发展规划，不从资源禀赋出发，盲目扩大生产规模；少数不具备条件的地方跟风发展，生产效益较低。④生产体系有待完善，局部地区"重虾轻稻"现象突出，田间改造时挖沟面积超标，少数个体只养虾不种稻；部分经营主体盲目追求小龙虾产量而使用过多投入品；病害防控等技术措施有待完善。⑤虾稻共作、稻渔种养产业化程度不高，加工、流通等二三产业发展较缓，与文化、旅游等产业深度融合不够，小龙虾餐饮服务业发展滞后，严重影响产业的竞争力和可持续发展。

二、经营体系有待创新

近年来湖北将稻田种养作为推动农业转型升级，促进农业由"增产"导向向"提质"导向转变的重要举措。稻田种养在湖北得到快速发展，但仍呈现"小龙虾增产不增收、水稻提质不增效"等问题,稻田种养产业经营体系不健全,表现为:农田高度分散,导致适度规模经营面积小;种养主体以小农为主缺乏合作社纽带,导致组织化程度低;产加销机制不健全、缺乏产业联盟,致使稻虾全产业链质量管控体系不健全,导致农资生产投入品管理无序、种养生产管理不标准、质量责任主体无法追溯,并极容易产生"劣币驱逐良币"现象。

三、理论技术问题约束

理论上,稻田种养作为一种新型生态种养技术,依据生物共生、互惠互利原理,充分利用稻田水面、土壤和生物资源,实现了"一水两用、一田双收、稳粮增收、一举多赢",有效提高了农田利用率和产出效益。但在实际生产中,诸多不规范问题突出,偏离绿色可持续要求的现象严重,如重虾轻稻、争地争水,不合理养殖造成水资源浪费、生物多样性破坏、水环境恶化、土壤退化、产品品质下降等。一方面,理论落后于实际,农民的一些实践探索解决了部分实际问题,但大量技术仍是经验性的,缺乏系统的、整体的、理论和规范的技术体系;另一方面,水稻种植和水产养殖之间确实存在矛盾,种养系统也具有"双刃性",有关稻田种养对土壤、水体环境的影响机制,对稻米营养、品质、安全的影响机制还不十分清楚;大面积稻虾开发所牵涉的耕作改制对区域水文循环、土壤、大气及生物多样性环境影响也不清楚。当前,湖北稻田种养发展仍然受到相关科学技术问题的制约。

四、资源环境问题约束

当前湖北稻田养虾虽然发展快速,但部分地区呈现盲目无序化发展。在地下水位高的低湖田、落河田开展稻虾共作可以改良土壤环境和增强稻田蓄水抗旱能力,但在地下水位不高的优质稻田存在土壤次生潜育化风险,同时增加稻田耗水量50%~80%而降低水分利用率;部分地区稻虾生产呈现粗放化管理问题,养殖不规范、超量投肥投饲,养分资源利用率低下,稻田养殖田面水硝态氮和铵态氮含量高于水稻单作,虽然有利于水稻生产,但增加了水体富营养化风险。

第五章
"双水双绿"产品市场及风险分析

人民生活水平的不断提升，促进了消费模式由"数量消费"向"品质消费"转变，食物消费观念由"温饱型"向"优质型"转变，饮食消费追求也由"吃得饱"向"吃得好"再向"吃得健康"转变，消费者更加注重食品质量安全、营养健康，需求呈现个性化与多样化。"双水双绿"的绿色产品是绿色稻米和绿色水产品，因生产过程全程少农药、少化肥、无污染，采用绿色品种、绿色生产技术的生态农业模式生产，具有优质、安全、营养、美味等属性，契合新时代我国居民生活食品消费的市场需求，具有良好的发展环境和广阔的发展空间。

第一节 绿色稻米市场分析

稻米是中国65%以上百姓的口粮，在膳食营养结构中占据着重要地位。21世纪以来，中国农业发展取得长足进步，粮食、畜牧产品、水产品等大宗农产品供给能力不断提升，在居民消费结构转型升级下，口粮消费逐年下降，中高端优质稻消费需求不断攀升，优质、健康、安全、营养的品牌大米逐渐受到百姓欢迎。

一、稻米市场需求

1. 普通大米供给充足，中高端大米供给严重不足

2004年以来我国水稻种植面积和稻谷产量出现恢复性增长，稻谷供给年年大于需求且供需差量逐年增大，自2011年以来稻谷临时库存增量年年走高，至2017年已经达到1.55亿吨，库存消费比达80.79%，远远超过FAO建议的17%～18%，表明当前阶段中国稻谷供给相对充足。

近年来，以有机水稻为代表的中高端大米供给形势逐渐向好。2018年全国有机水稻种植面积达392千公顷，是2011年的3.596倍；2018年有机稻谷产量230.5万吨，是2011年的3.76倍，有机稻谷产量占国内稻谷的比重从2011年的0.03%上升到2018年的1.09%；2018年有机大米产量达到161.3万吨，是2011年的3.76倍，占国内大米产量的比重从2011年的0.49%上升到2018年的1.65%，特别是在2016年之后有机大米供给占比出现显

著上升，但比例仍然很低（图5-1）。表明我国有机水稻虽然有一定发展，但发展速度很慢，中高端大米供给比例仍然很小。目前国内中高端大米市场被日本、泰国、越南等占领，国产有机大米以东北有机大米为主，但市场份额较小，国内中高端大米市场正处于加速发展阶段。

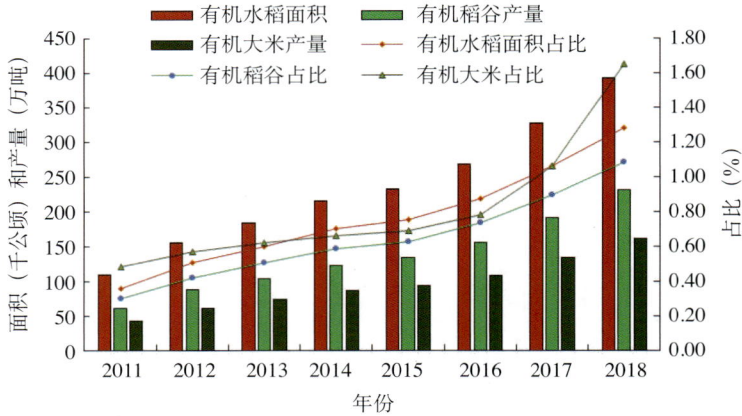

图5-1　2011—2018年中国有机水稻供给现状
（数据来源：智研咨询）

2. 口粮消费逐年下降，绿色优质大米需求快速增加

近年来，我国稻谷消费总量呈现下降趋势，2017年稻谷消费总量比2003年下降1 769.8万吨，降幅10.34%，年均增加率为－2.18%。大米是我国稻谷消费的最主要形态，也是我国的主要口粮。2017年大米口粮消费比2003年下降3 950.29万吨，降幅26.50%，大米口粮消费占稻谷消费总量的比重由2003年的87%降到2017年的71%，下降16个百分点。2018年我国人均大米口粮消费为81.7千克，比2012年下降10.3千克。

近年来，我国中高端大米消费逐年上升，特别是2016年以后，市场需求快速增长，到2018年我国有机大米消费总量159.8万吨、市场规模376.9亿元，分别是2011年的3.85倍和5.85倍；有机大米的市场均价逐年稳步上升，2018年有机大米市场均价达到了23.56元/千克，比2011年增加8.54元/千克，增幅51.80%；消费额从2013年的122.5亿元增长到2018年的286亿元，增幅130.8%，表明我国中高端大米市场需求强劲（图5-2）。

中高端大米行业发展既与国民收入总体水平、收入结构以及相应的消费结构密切相关，也受到食品安全、城市化率以及人口结构因素等影响。目前我国中高端大米市场需求大的城市主要为沿海发达城市以及国内一线城市，其中华东地区约占1/3的市场份额，其次是华北、华南和华中等地，消费人群主要是中产阶级，中产阶级中主要消费群是70后、80后的年轻群体。当前阶段，我国是一个消费大国，但还不是消费强国。据有关研究显示，2017年中国中产阶级人数仅1.09亿人，相比美国还有一定差距，但是随着经济社会的发展，我国中产阶级群体数量将不断扩大，消费结构将逐步升级，居民会

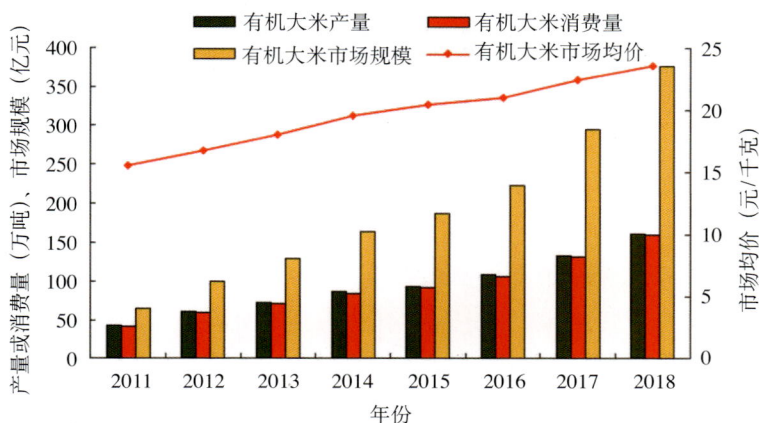

图 5-2 我国有机大米市场消费现状
（数据来源：智研咨询）

更加注重食品品质和质量安全，以健康、营养、安全为特征的中高端大米的市场需求将不断扩大。

二、稻米市场问题

1. 稻米供给市场面临双重挑战

近年来，在中低端稻米市场，随着我国水稻生产成本逐年升高，稻谷市场价格远高于国际市场价格，刺激了东南亚中低端普通稻米的进口；在中高端市场，我国有机水稻、绿色水稻产能供给严重不足，刺激日本、泰国等高端大米的进口，且市场价格远远高于国内普通优质稻市场价格，我国水稻供给面临着新挑战。如何在资源和环境约束趋紧下降低水稻生产成本、促进农民增收、提高水稻品质、满足消费需求，应对中低端市场和中高端市场来自国内外的双重挑战，保障新时代下的粮食安全是未来一段时期我国水稻供给亟待解决的问题。

2. 消费市场管理秩序亟待建立

总体上，我国稻米以普通大米生产为主，高附加值产品偏少。虽然也涌现出了各类胚芽米、富硒米、营养强化米、平衡膳食米等，但由于缺乏相应的标准，大众认可度不高，我国大米高附加值产品的开发还明显落后于发达国家。我国稻米品牌多、杂、乱，品牌总量有 10 000 多个，活跃的有 3 000 多个，但是叫得响的稻米品牌寥寥无几，且以区域品牌为主；对于中高端大米市场而言，当前行业监管措施不完善导致市场秩序混乱、稻米品质不突出、品牌认知度不强、中高端大米进入门槛不高，也影响了我国中高端大米市场的发展。

三、稻米产品需求趋势

稻虾米作为在绿色稻田和绿色水体环境下采用绿色水稻品种和稻虾绿色种养生态农

业模式生产出来的绿色优质农产品,因为生产过程全程少农药、少化肥、无污染,具有色泽白润透明、蒸煮清香扑鼻、入口柔韧爽滑、营养价值极高、健康安全无残留等品质,符合我国当前及未来稻米市场需求。

1. 优质多样

当前我国普通稻米市场供给充足,但生产效益低下,竞争力严重不足,而中高端稻米生产效益相对较好,竞争力相对较强,但供给严重不足;同时从长远发展看,随着中产阶级群体规模进一步扩大,中高端市场需求也会进一步增加,居民将会更加关注稻米口感、安全、营养等自身属性和稻米产品多样、方便等外在属性。为此,近年来胚芽米、富硒米、香米、有机大米等纷纷推出,各种泡饭、盖浇饭、营养饭以及米奶、米酒、米浆、米粉、米饼、爆米花、糙米卷等有关稻米制品不断涌现。同时,围绕稻谷副产物综合利用而开发的米糠油也逐渐得到消费市场的青睐。"双水双绿"稻虾米发展应坚持优质本色,以多样化产品形式不断满足市场需求,增强产业发展稳定性。

在全民生活水平不断提高的今天,越来越多的人开始关注稻米的安全、食味和营养品质。"双水双绿"绿色水稻生产可在目前国内一、二、三级优质稻米的基础上,瞄准安全、美味、营养3个目标。①安全型优质稻米。"双水双绿"依托水稻种植和养殖的有机结合,对化肥、农药严格控制,依靠养殖物的食物链关系进行病虫草害防治,基本实现不打农药,利用农家有机肥和养殖排泄物代替化肥,生产绿色、有机稻米。②美味型优质稻米。食味品质主要包括香气、黏性、米饭外观、味道、软硬度、光滑性、冷饭质地等,影响食味的因素很多,其中一个关键因素是稻米蛋白质含量,蛋白质含量在6%~7%食味较好,超过7%食味下降,"双水双绿"稻虾米因为减少了化肥用量,使稻米蛋白质含量降低而具有美味的特性。③营养型优质稻米。营养品质指稻米中的营养成分,包括淀粉(直链淀粉和支链淀粉)、植物纤维、游离糖、蛋白质、氨基酸、脂类、矿质元素、维生素和其他药用价值成分,绿色超级稻培育的重要目标之一是通过水稻育种增加稻米中微量元素及维生素含量,如增加铁、锌及维生素A等的含量。

2. 品牌发展

当前我国消费者正在由"日常消费品时代"进入"品牌消费品时代",同时随着商业形态的发展,连锁超市、大卖场及各大电商平台已经逐步取代零散销售渠道成为城乡居民采购大米的主要场所,并逐步推动着大米的营销从价格战走向价值战,大米市场的角逐逐步进入品牌竞争时代,品牌大米逐步走进消费者意识习惯。目前,我国散装大米的市场份额持续下降,且以地方品牌为主,集中度相对较低,而注重大米品质、服务意识较高的品牌大米逐渐得到广大消费者的认可。2019年"五常大米"以677.93亿元的品牌价值位列区域品牌(地理标志产品)综合排名第六位,蝉联全国大米类第一位;同时小包装大米的品牌集中度不断提升,中粮、北大荒、益海嘉里、华润五丰等的市场份额已经接近80%(郑红明,2019)。近年来,许多地方也围绕稻虾米开展了品牌建设,如潜江虾乡稻、南洲稻虾米、监利大米等，其中南洲稻虾米已经成为享誉全国的区域公用品牌。"双水双绿"稻虾米应坚持品牌引领，依托产业联盟搭建平台，构建品牌共享机制，不断增强"双水双绿"品牌之音。

3.多元融合

未来随着我国居民生活水平的提升，在保证物质消费需求前提下人们将更加注重精神消费的需求，以教育、文化、康养、艺术、节庆、休闲等参与体验式的精神消费需求将进一步增强，"双水双绿"产业发展不仅立足于绿色水稻和绿色水产的物质产品供给，长远来看应注重稻田种养农耕文化、自然教育、生态休闲等方面的生态和文化产品开发，使绿色稻米和小龙虾的物质消费和稻田种养生态文化的精神消费相互促进，实现多元融合发展。

第二节 绿色水产及小龙虾市场分析

水产品在我国是仅次于生猪的第二大蛋白质来源，在居民膳食营养消费结构中具有重要地位。当前我国绿色水产消费理念逐渐形成，日益追求优质绿色水产品，日益关注绿色渔业生产方式和环境，日益追求休闲渔业、观光体验等生活方式，绿色水产迎来新的发展机遇。

一、绿色水产品需求分析

水产养殖业是我国农业和国民经济发展的重要组成部分，在日常生活中约有20%的动物蛋白来源于水产品，是全球人类食物蛋白继谷类和牛奶之后的第三来源。我国是水产品生产大国，水产品总产量位居世界第一，2015年人均水产品占有量48.74千克，为世界人均占有量的2倍；同时已经成为全球最大的水产消费市场。据《中国农业展望报告(2019—2028)》预测，2019—2028年中国水产品食用消费量将按年均1.5%的速度增长。另据有关研究预测，预计到2030年，中国水产品总需求量将超过9 500万吨。在捕捞资源逐渐匮乏的大背景下，在同时面临着粮食安全、精准扶贫、食品安全、环境保护等一系列新复杂问题下，利用低洼盐碱稻田滩地拓展渔业发展空间，大力发展健康水产养殖业对于促进农业经济发展、保证渔民稳定就业和持续增收，保障国民粮食和营养安全具有重要作用（农业农村部市场与信息化司，2019）。

在过去近20年中，我国城镇和农村居民水产品消费量总体呈现稳步增加趋势，2017年我国人均水产品消费量达到11.5千克，其中城镇人均消费量为14.8千克，比1999年的10.3千克增加4.5千克，农村人均消费量为7.4千克，比1999年的3.8千克增加3.6千克（图5-3）。未来水产品消费将会由"数量导向型"转为"质量导向型"，对高质量蛋白的需求量将会逐渐增长，水产品消费在食品消费总量中的占比将不断提升。

随着我国居民生活水平和可支配收入的提高，国内居民消费观念和消费模式不断转变，消费理念追求"优、绿、新"，表现为：①对优质水产品的需求增长。吃得好、吃得多样、吃得安全、吃得放心日益成为人们对美好生活追求的重要目标。水煮鱼、烤鱼、大闸蟹、小龙虾等消费热点推动了对优势特色产品和产业的需求。消费者品牌意识也在不断提高，品牌水产品的市场占有率正在逐年提升。②追求绿色生产的意识日益增强。绿色渔业生产方式正在成为消费者的理念和追求，优质、生态、健康、绿色的综合循环种养模式如稻田虾蟹、鱼菜共生等模式的水产品受到消费者的欢迎。③渔业新业态、新形式逐渐受到欢迎。消费者对休闲渔业、观光休闲、文教娱乐等体验、服务需求放量增长，在满足"吃"之外，渔业多元价值得到挖掘和拓展，消费观念也从"购买产品"转向"享受服务"，从"满足日常需求"变为"丰富生活经历、改善生活品质"，新业态中消费个性化、差异化、多元化等趋势更为明显（张静宜等，2019）。

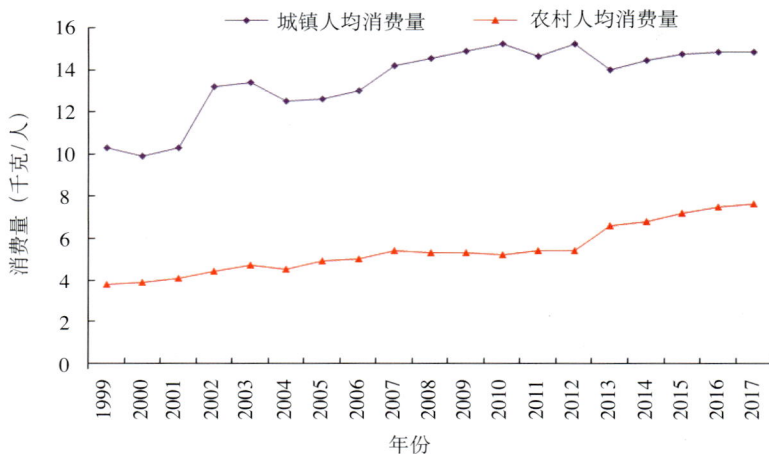

图5-3　1999—2017年中国城乡居民人均水产品消费情况
[数据来源：《中国统计年鉴》(2000—2018)]

二、小龙虾供给市场分析

1. 供给来源与总量

全国小龙虾生产供给区域广泛分布在新疆、宁夏、四川、重庆、云南、贵州、河北、河南、山东、湖北、湖南、安徽、江西、江苏、浙江、上海、广西、广东、福建等地；主要集中在长江中下游地区的湖北、江苏、安徽、湖南、江西等地。2018年全国小龙虾养殖产量共计163.866 2万吨，湖北、湖南、江苏、安徽、江西等主产区共计154.456 3万吨，占全国的94.26%，其中湖北省81.243 5万吨，占49.58%。2018年小龙虾生产供应模式以稻田养殖为主，养殖面积占75.07%，池塘养殖占17.9%，其他模式占7.14%。

2. 产小龙虾大县

2018年全国2万吨以上产小龙虾大县共有16个（图5-4），其中湖北有9个、湖南3个、江苏2个、山东1个、安徽1个，2万吨以上县（市、区）小龙虾产量占全国小龙虾产

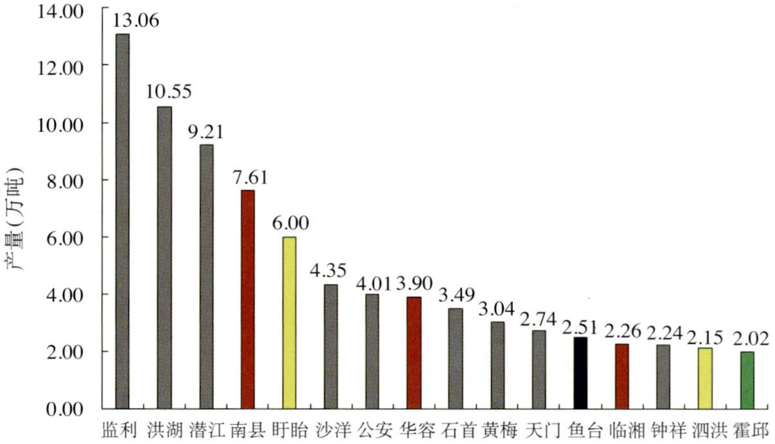

图5-4 2018年全国小龙虾2万吨以上县（市、区）
（数据来源：《中国小龙虾产业发展报告(2019)》）

量的48.30%；5万吨以上产小龙虾大县共5个，分布在湖北、湖南和江苏三省，占全国小龙虾产量的28.34%，10万吨以上产小龙虾大县仅2个，分别是监利（13.06万吨）和洪湖（10.55万吨），都位于湖北，占全国小龙虾产量的14.41%。湖北监利、洪湖和潜江继续位列全国产小龙虾大县前三名。

3. 湖北省县（市、区）小龙虾产量

小龙虾养殖面积和单产决定总产量，产量形成规模，规模吸引客商，客商资源的集聚能够促进当地产业的进一步壮大发展，产量规模也是制定产业规划的重要依据。判断县（市、区）小龙虾已经形成产业规模的标准：小龙虾年供给量在1万吨上下，或每天能够供应20辆卡车的小龙虾货源。2018年湖北小龙虾产量接近全国的1/2。

根据县（市、区）小龙虾产量水平统计可知（图5-5），湖北年产1万吨以上，每天可供给20辆卡车（5吨/辆，下同）的县（市、区）是监利、洪湖、潜江、沙洋、石首、公安、黄梅、钟祥、天门、武穴、阳新等地；年产0.5万～1万吨，每天可供给10～20辆卡

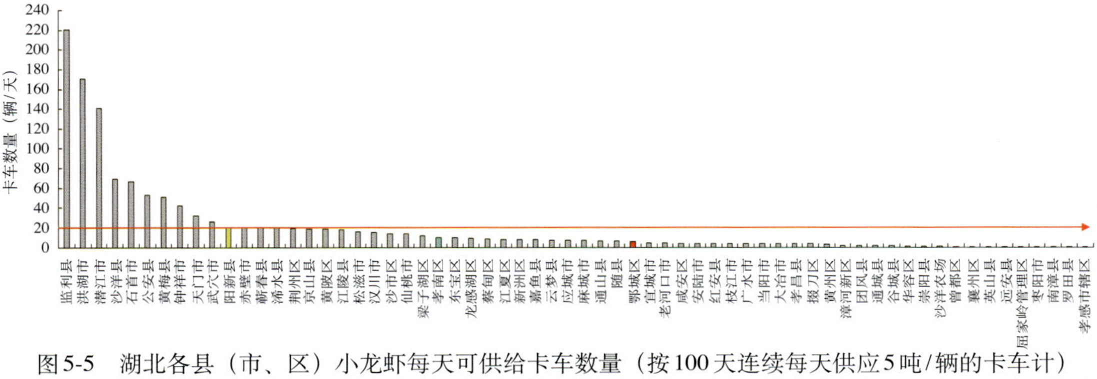

图5-5 湖北各县（市、区）小龙虾每天可供给卡车数量（按100天连续每天供应5吨/辆的卡车计）
（注：据调查要想发往北京、上海、广州、深圳等大型城市，装车量是5吨/辆，每辆车如果低于5吨，考虑运输成本，大型外商一般不会前来收购。小龙虾上市周期一般集中在3月中旬至6月底，约100天）

[数据来源：《湖北农村统计年鉴》(2018)]

车的县（市、区）有赤壁、蕲春、浠水、荆州、京山、黄陂、松滋、汉川、沙市、仙桃、梁子湖和孝南等地；年产0.25万～0.5万吨，每天可供给5～10辆卡车的县（市、区）有东宝、龙感湖管理区、蔡甸、江夏、新洲、嘉鱼、云梦、应城、通山、随县和鄂城等地。

4.区域供给时间

长江中下游流域是中国小龙虾主产地，小龙虾集中大量供应时间是5～7月；不同地区小龙虾上市时间存在一定的季节性差异，如广东、广西、云南等地集中上市时间为4月，湖北、湖南、安徽、江西等地集中上市时间为5月，江苏、上海、山东、河北等地集中上市时间为6月。

三、小龙虾消费市场分析

1.餐饮消费市场

（1）市场分布。国内市场小龙虾消费主要集中在华北、华东、华南和华中地区等大中城市，北京、武汉、上海、南京、长沙、杭州、苏州等城市的年消费量均在万吨以上，西南、西北、东北等地区有待发展。据2019年美团发布的《小龙虾消费大数据报告》显示：2018年广东、浙江、江苏、四川、上海等位居小龙虾交易量前5；广州、北京、上海、深圳和成都是小龙虾交易量的前5名城市。

（2）消费主体。小龙虾受众以20～39岁的年轻群体为主，50岁以上及19岁以下的消费群体相对较少。外卖小龙虾以80后、90后为主流消费群。

（3）消费渠道。国内以传统夜宵大排档、品牌餐饮企业主打菜品、互联网餐饮三种消费方式为主，且80%小龙虾以堂食渠道（包括夜宵摊）售卖，20%通过互联网外卖渠道销售，外卖订单中餐饮现场制售约占55%，小龙虾加工企业供应占45%左右。小龙虾消费的发展方向呈现以下变化：一是小龙虾餐饮消费场所由路边大排档逐渐向室内餐厅转移；二是由夜宵主食向晚餐主食逐渐转变；三是小龙虾人均消费达84元，已经出现平价餐饮向品质餐饮转型（美团点评数据研究院，2016）；四是小龙虾互联网外卖消费市场份额快速上升，消费场景由住宅、校园、写字楼向综合商场、娱乐场所等拓展；五是零售业态和消费方式将在数据信息驱动下实现由"货—场—人"到"人—货—场"的转变，更加注重消费者的情景式体验（《餐饮业小龙虾消费报告2018》）。

（4）消费口味。餐饮小龙虾的做法有上百种，最受欢迎的是十三香、蒜香、麻辣/辣等传统主流口味，这3种口味占据了总推荐菜品的46%。不同城市生活饮食习惯不同，对小龙虾口味的偏好也不尽相同，如上海人偏爱十三香的同时，会挑选冰镇、冰爆小龙虾尝鲜；江苏人喜欢蒜蓉小龙虾；青岛人多喜欢啤酒小龙虾和爆炒小龙虾；北京人会选择香辣和莴笋两种口味；广州人偏爱油焖小龙虾，其他各种口味也喜欢。但目前小龙虾消费口味正呈现从最初的重麻、重辣、重油、重色刺激味蕾转向品鲜型、健康型，促进了从小龙虾+调料时代向小龙虾+本味时代的转变，熟烩、冰镇、清水、蒜蓉小龙虾渐成市场主流。

（5）品牌文化。区域公共品牌目前已经形成了以"盱眙龙虾"为代表的江苏品牌，以"潜江龙虾"为代表的湖北品牌,以"南县小龙虾"为代表的湖南品牌等;企业品牌已经形成了以"楚江红、霸气龙虾、虾皇"为代表的湖北品牌,以"太明龙虾、红透龙虾"为代表的江苏品牌,以"渔家姑娘"为代表的湖南品牌等;小龙虾餐饮业目前已经形成四大派系,即鄂派油焖大虾、湘派口味虾、苏派十三香、川派卤煮麻辣小龙虾;餐饮品牌目前已经形成了以"十三香龙虾"为代表的江苏盱眙品牌,以"金陵鲜韵"为代表的南京品牌系列,以"冰镇汤料虾"为代表的湖南南县品牌以及以"油焖大虾"为代表的湖北潜江品牌;代表性的节庆文化品牌如安徽合肥龙虾节、盱眙国际龙虾节、潜江龙虾节等[《中国小龙虾产业发展报告(2019)》]。

2. 小龙虾加工及市场

小龙虾加工分为初加工和精深加工。小龙虾初加工是围绕如何让更多人"吃",延伸出冷藏包装、熟食加工、即食加工、肢解加工、真空包装等专业加工,代表产品如虾酱、虾黄、虾尾、清水虾和调味虾等。精深加工重点是围绕小龙虾废弃虾头、虾壳形成的甲壳素生产链,同时壳聚糖、氨基葡萄糖盐酸盐等甲壳素衍生制品生产也逐渐拓展至医药产品领域。目前小龙虾加工企业主要有三类,一是传统水产加工企业扩产成为小龙虾深加工企业,如江苏宝龙、湖北交投莱克、洪湖德炎等;二是早期进行深加工研发的小龙虾品牌,依托虾区建设多个工厂,目前自产自销,如堕落虾;三是借助虾产地工厂OEM代工,如信良记。

近几年小龙虾精深加工稳步推进,形成了甲壳素、壳聚糖、几丁聚糖胶囊、几丁聚糖、水溶性几丁聚糖、羧甲基几丁聚糖、甲壳低聚糖等系列产品,并出口日本、欧美等国家和地区。据不完全统计,2017年仅湖北和江苏两省,甲壳素及其衍生产品的年产值就超过25亿元。

3. 小龙虾进出口贸易

1999—2017年,全球小龙虾年贸易量总体呈现平稳趋势,大约4万吨。亚洲是全球最主要的出口地,美洲和欧洲是全球最主要的进口地,且进口量和出口量变化呈现高度相关(图5-6)。

我国小龙虾出口市场主要集中在美国和欧洲(如丹麦、瑞典、荷兰、英国、比利时、德国等),占出口的80%以上。2017年,受国际关税、反倾销、原料虾价格上涨以及国内市场强劲需求拉动,小龙虾加工主要由国外需求的冷冻虾向国内需求的虾尾、清水虾、调味虾等转型。

我国小龙虾进口来源国家主要是埃及,约占总量的80%。2017年,小龙虾进口量和进口额比2016年分别下降54.12%和87.01%,长期来看,小龙虾进口呈现稳中有降趋势(图5-7)。

我国小龙虾出口量与全球小龙虾出口量变化一致。总体来看,经过近20年的发展,我国小龙虾在全球出口贸易中的比重有所上升,从1999年的47.86%上升到2017年的81.35%(图5-8),地位显著提升。

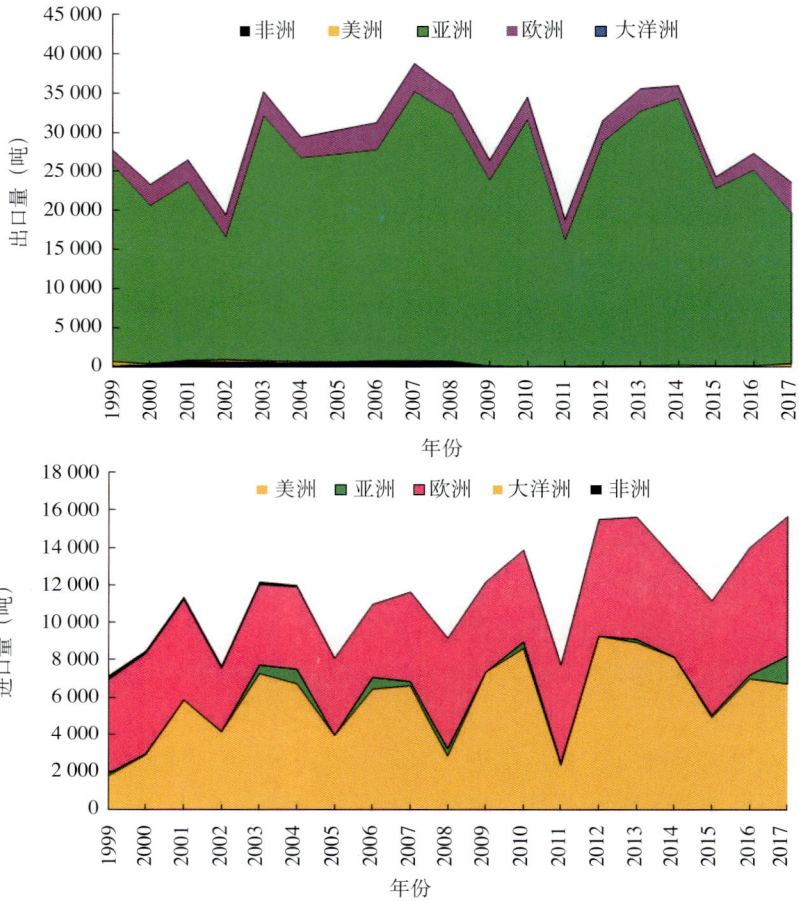

图5-6 全球小龙虾进出口贸易量

（数据来源：FIGIS - Time-series query on: Commodity Trade and Production http://www.fao.org/fishery/statistics/en）

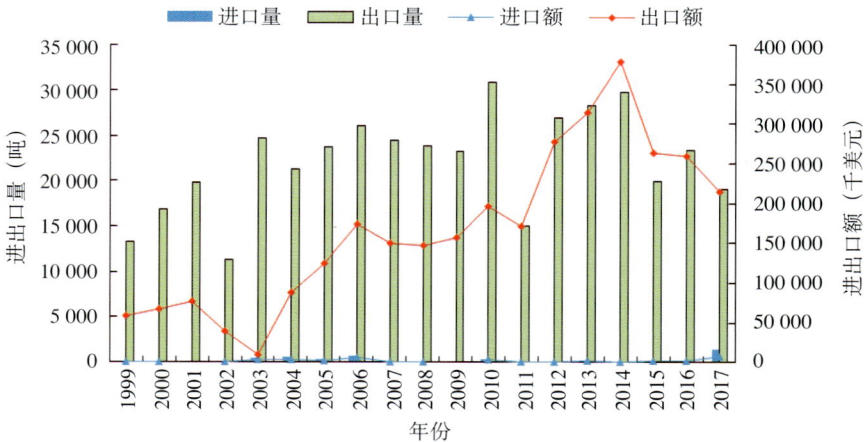

图5-7 1999—2017年中国小龙虾年进出口量和进出口额变化

（数据来源：FIGIS - Time-series query on: Commodity Trade and Production http://www.fao.org/fishery/statistics/en）

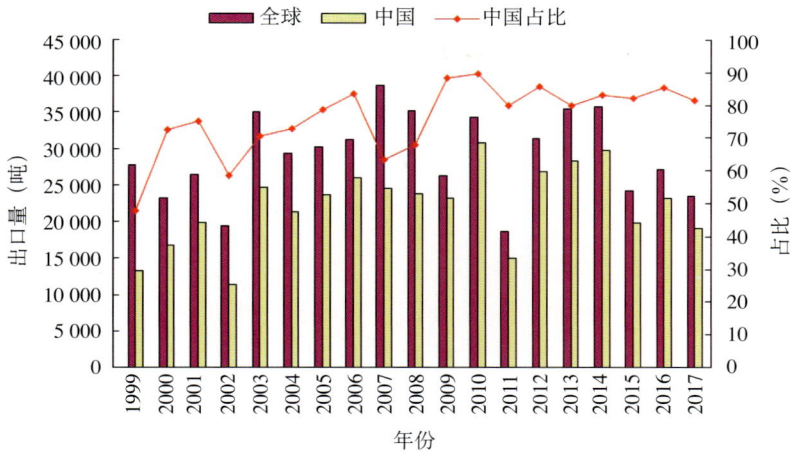

图5-8 我国在全球小龙虾出口中的地位变化

（数据来源：FIGIS - Time-series query on: Commodity Trade and Production http://www.fao.org/fishery/statistics/en）

四、小龙虾供需平衡及趋势

小龙虾供给分为国内养殖和捕捞及国外进口。2014—2018年小龙虾供给量增长很快，2018年达到1 641 056.126吨，比2014年增加951 361.125吨，年均增长率为18.93%，其中国内生产捕捞量和进口量均呈现快速上升趋势（表5-1）。

表5-1 中国小龙虾供需平衡情况（2014—2018年）

	类别	2014年	2015年	2016年	2017年	2018年
供给	总产量（吨）	689 661	765 507	899 058	1 129 708	1 638 662
	进口量（吨）	34.001	125.681	207.239	1 435.906	2 394.126
	供给量（吨）	689 695.001	765 632.681	899 265.239	1 131 143.906	1 641 056.126
	总产量占比（%）	99.995	99.984	99.977	99.873	99.854
需求	消费量（吨）	663 814	748 787	879 331	111 3384	1 630 293
	出口量（吨）	29 778	19 946	23 309	19 116	10 801
	需求量（吨）	693 592	768 733	902 640	1 132 500	1 641 094
	消费量占比（%）	95.707	97.405	97.418	98.312	99.342
供需差量（吨）		− 3 896.999	− 3 100.319	− 3 374.761	− 1 356.094	− 37.874

注：进出口数据来源于Infobean数据库产品细类中小龙虾一项的统计，总产量包括养殖和捕捞量。

供给差量=供给量−需求量。

数据来源：《中国小龙虾产业发展报告（2019）》。

小龙虾需求分为国内消费和出口。2014—2018年小龙虾需求量呈现快速上升，2018年达到1 641 094吨，比2014年增加947 502吨，年均增长率为18.80%，其中国内消费作为需求主要渠道，且消费量快速上升，2018年为1 630 293吨，是2014年的2.456倍，国内消费量占需求量的比重从2014年的95.707%上升为2018年的99.342%，说明国内小龙虾消费地位上升；出口量呈现下降趋势，2018年为10 801吨，比2014年减少18 977吨（表5-1）。

小龙虾供需差量整体呈现逐年缩小趋势，2018年供需差量为−37.874吨，比2014年的−3 896.999吨减少3 859.125吨，说明我国小龙虾突出供需矛盾正在得到逐渐解决。小龙虾供给和需求都是在2016年进入新的快速上升阶段，年均需求增速逐年增大，说明我国小龙虾需求市场正处于快速扩张阶段，产业发展正处于上升阶段，这归因于国内小龙虾市场消费需求的快速上升，说明我国国内小龙虾市场需求潜力还有很大上升空间。年均供给增速也呈现逐年增大的趋势，说明我国小龙虾供给市场也正处于快速扩张阶段，归因于国内小龙虾生产捕捞和国外小龙虾进口的快速上升，特别是国外小龙虾进口的快速上升进一步表明我国小龙虾需求市场还远远没有达到饱和（图5-9）。

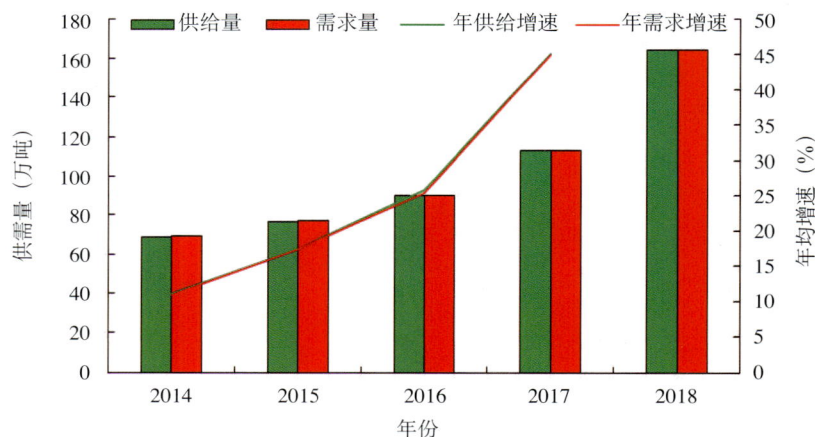

图5-9　2014—2018年中国小龙虾供需增速情况
（数据来源：《中国小龙虾产业发展报告（2019）》）

第三节 "双水双绿"产业链分析

当前湖北农业发展正在进入转型升级、实现高质量发展的关键阶段。聚焦"双水双绿"产业深入分析产业链构成，明晰产业链中各环节现状问题，有利于促进湖北加快实现农业大省向农业强省的转变。

一、"双水双绿"全产业链组成

1.水稻产业链组成

水稻产业链分上中下游3个部分（图5-10）。上游产业链是围绕水稻种植生产的农资供应环节，由化肥、种子、农药、农机等组成。中游产业链是围绕水稻种植生产和社会化服务环节，包括种植、收获、烘干、储存、运输等。下游产业链是围绕稻谷及其副产物加工环节，包括稻谷初加工和精深加工，稻谷初加工是指通过对稻谷进行清理、脱壳、碾米、烘干、分级、包装等简单处理，制成成品粮及初制品，具体包括大米等；稻米深加工是以大米、糙米、碎米、米糠、稻壳等为原料，采用多种技术生产米制品食品等。除了常见米制品食品，米糠还可以用于生产米糠油、米糠醋等，稻壳可以用于发电。

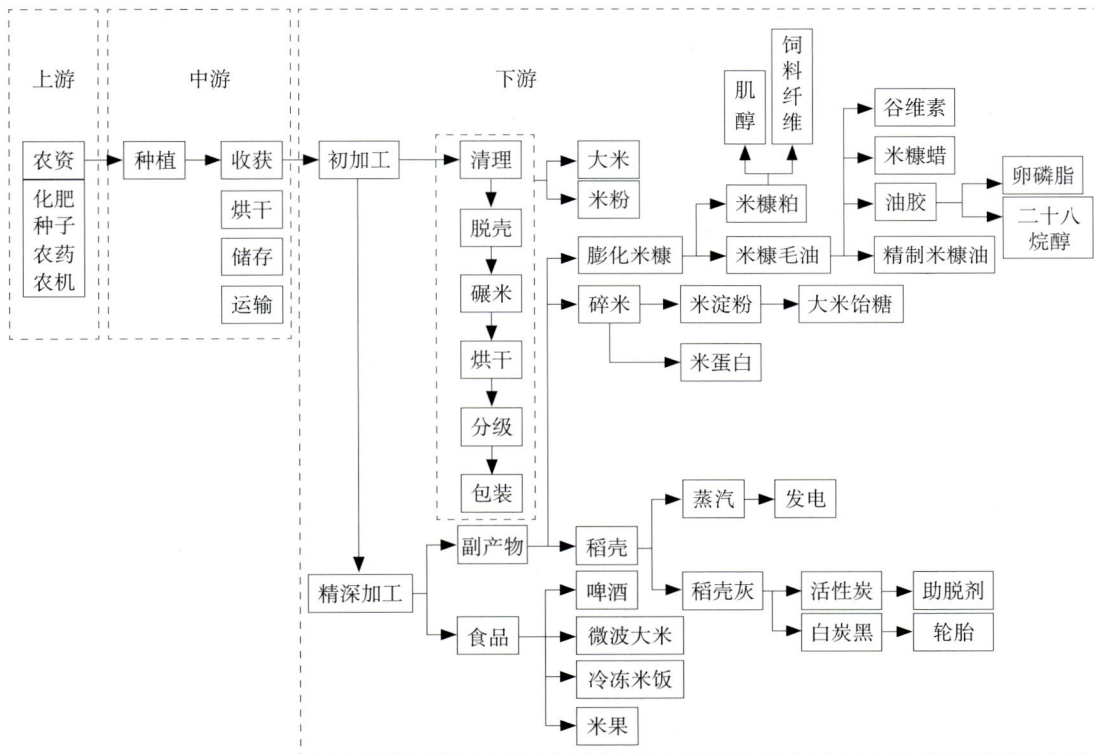

图5-10 水稻全产业链结构

2.小龙虾产业链组成

小龙虾全产业链分3个部分（图5-11）。上游产业链是以苗种繁育、小龙虾养殖和小龙虾捕捞为主。中游产业链是以小龙虾物流产业和小龙虾加工为代表。

下游产业链是以小龙虾餐饮、节庆文化、互联网电商和小龙虾休闲垂钓度假旅游等为代表。

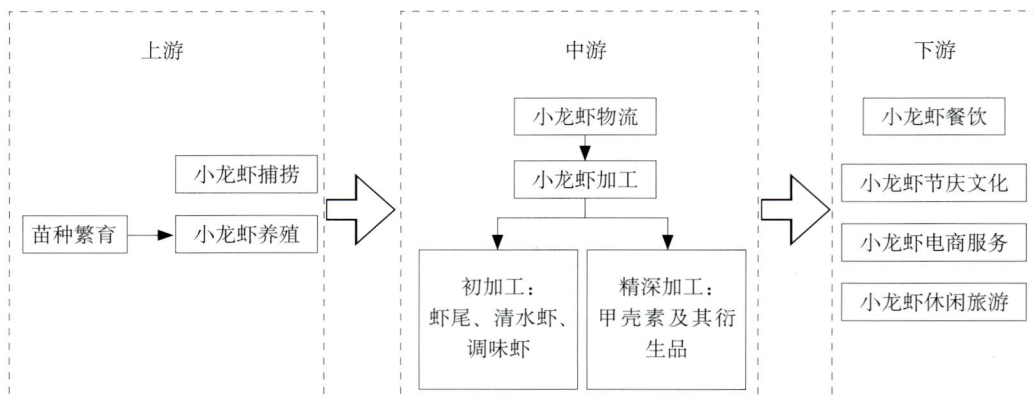

图5-11 小龙虾全产业链结构

二、产前农资供给分析

稻虾模式产业链前端主要是生产农资供给，涉及饲料、肥料、农药、种子种苗、材料等。目前生产上仍比较混乱，一方面生产过程缺乏技术标准，导致投入品应用不规范；另一方面生产资料本身缺乏质量标准或质量监管，导致生产效率下降、产品品质无法保证。"双水双绿"的基本特征之一是生产过程绿色，产前农资供给及产业链建设是绿色稻米、绿色小龙虾的重要保障。

目前湖北水稻种子及农资供给市场品类繁多。①水稻品种，常规稻品种有黄华占、华润2号、鄂香2号、中籼91等，杂交稻品种有两优系列、泰优系列、超优系列等，但是针对稻虾种养的专用型水稻品种供给严重不足；②化肥供应以常规品类为主，常用品牌如中农化肥、中化化肥、金大地、金正大、撒可富、澳特尔、史丹利等，但也涌现出三宁金钛能、永壮虾稻专用肥、中化虾稻宝等稻虾专用肥料；③农药方面以氯虫·噻虫嗪、苯甲·丙环唑、氯虫苯甲酰胺、吡虫啉、苏云金杆菌等高效低毒农药为主。小龙虾农资供给包括种苗、饲料及其他各类物质等，种苗主要依靠稻田自繁自养，饲料种类繁多，常见有正大、通威、海大、安佑、渔人舟、大北农等品牌，同时因为冬春季小龙虾养殖涉及清塘、消毒、改底、培肥、调水、补钙、防病等步骤，因此投入品十分繁多。

稻虾共作模式生产成本4 500元/亩左右，其中农资饲料、肥料、药品、材料等成本占79.3%，由于小龙虾养殖效益好，经营者为了获得高产量，不断增加投入，稻虾共作成本较早期农资投入增加3.7倍；农资经销商、生产商也瞄准商机，一方面投资加强新农资的研发，另一方面在农资的推销宣传上加大投入，不断推高农资成本，既增加了生产成本，也给产品质量带来威胁。

"双水双绿"产业模式对农资的生产、供应和使用提出了更高要求，安全放心的农资供给是绿色优质农产品供给的重要保障。为了保证稻米、小龙虾产品绿色，除了投入减量、提高效率、保障生产过程清洁绿色外，绿色农资供给是重要环节。

（1）保障农资质量是关键。研发应用有机、绿色、生态肥料和高效、低毒、环保型农药，加快推广低毒低残留农药及肥药组合套餐，加大优质高效、绿色环保农资产品的生产、供应和推广，促进农资精准投入、精细管理和高效利用。

（2）建立有效管理是重点。加强农资质量监管，严禁不符合标准的产品流入市场；建立农资质量安全追溯平台，加大农资质量追溯、农资物联网建设力度，做到"产品可识别、状态可记录、信息可查询、去向可追踪"。

（3）提高服务能力是有效措施。利用物联网、云计算、大数据等信息技术推进农业生产智能服务体系建设，农资企业加大农资物联网建设，参与生产指导，提高投入品使用效果及效率。

三、产中生产服务分析

1.种苗繁育

在小龙虾种苗繁育方面，湖北先后支持莱克集团建立了全国最大的小龙虾人工诱导繁育规模化工厂育苗基地、全国最大龙虾苗种选育和繁育中心。2016年成立了湖北省小龙虾产业技术研究院，2018年成立了华中农业大学"双水双绿"研究院，2019年"双水双绿"研究中心落户荆州等。这些举措推动了湖北小龙虾良种繁育由最初的稻田人工繁养一体走向规模化人工诱导稻田专门育苗，再走向稻田小龙虾苗种选育改良3个不同发展阶段，当前正在步入小龙虾遗传改良专业化育种新阶段。湖北当前阶段小龙虾种苗供应绝大多数仍然是以传统池塘自然繁育和农户稻田自繁自养为主，虽然能够缓解苗种数量不足的问题，但是由于连续近亲交配，小龙虾种质逐渐退化，表现为抗病性不强、个头不大、头大尾小、出肉率不高、肉质松散、品质档次不高等问题；同时传统自繁自育供苗模式极易受到春季多变天气影响而出现一定时期的虾苗供需矛盾、规格大小不一等问题；且小龙虾种苗以短途就近供应为主，苗种质量不稳定，捕捞、运输、放养后的小龙虾种苗和成虾成活率也较低。目前小龙虾种苗繁育规模化程度仍然较低。小龙虾种业体系建设方面亟须加强小龙虾遗传育种、良种选育、规模化人工繁育和野生种质资源保护等方面的工作，实现小龙虾种业育繁推一体化发展。

在稻虾田专用水稻品种筛选繁育方面，工作起步虽然较晚但进展很快，近年来华中农业大学、湖北省农业科学院等单位积极筛选适合稻虾种养的优质专用水稻品种。2019年湖北成功繁育出首个稻虾共作专用稻品种虾稻1号，填补了稻虾专用水稻品种的空白。由于小龙虾的引入致使水稻生长环境发生变化，水稻品种要求具备抗倒伏、抗病虫草害、高产、品质优、生育期适中、米质优良等性状。当前阶段湖北稻虾种养模式水稻品种呈现以下问题：一是品质好的品种易倒伏，如玉针香；二是品质好的品种产量中等偏低，如鄂香2号或天源香粳，产量稳定的品种但品质中等，如丰两优系列、隆两优系列和徽两优系列等;三是水稻种子市场品种繁杂,如监利地区用于稻虾种养模式的水稻品种有香丰、黄华占、徽两优898等;四是稻虾种养模式水稻品种多达上百个,水稻产量和品质不突出,加工难以标准化,严重制约水稻品牌培育。

2. 小龙虾养殖服务

湖北稻虾种养模式依次经历了稻虾连作、稻虾共作两个阶段。2013年之后湖北稻田养虾进入快速发展阶段,养殖规模迅速扩大,2018年建成了200多个千亩基地、12个万亩示范区,创建了8个万亩国家级稻渔综合种养示范区,也制定了《潜江龙虾"虾稻共作"技术规程》等技术体系,推动了稻虾产业的规模化开发、标准化生产。但当前阶段湖北稻虾种养模式小龙虾养殖服务仍然存在以下方面问题:一是工程建设不规范,湖北部分地区没有考虑当地资源条件差异,机械地模仿以潜江市为代表的适合江汉平原地区的稻虾共作模式,无论田块面积大小均按3~4米沟宽开挖,致使10~20亩等较小规模的面积田块环沟开挖面积超标;二是缺乏长远发展的战略性规划,不考虑当地水土条件盲目开挖,在未经技术指导的前提下,各类旱土改水田、池塘改水田,导致无序发展;三是部分地区水电路等公共基础设施不健全不配套,导致生产经营风险和生产成本偏高,出现诸如因冬春季节养虾需水增多而使得局部地区水资源供给不上、道路不通畅且雨水天气后泥泞而使人和机械难以下田作业、稻虾田间电路不通畅而无法实现电力抽水和田间照明等问题;四是由于受比较效益影响,农民在实际开展稻虾种养过程中常出现水稻粗放化栽培、小龙虾过量投肥投饲的现象,又因受技术和观念影响,为了防控小龙虾病害而大量投放渔药、增强因子等投入品,使水体水质不利于水稻生长,虾稻争水争地等矛盾突出,违背了稳粮增效、粮渔双赢的发展初衷,违背了稻田种养生态农业绿色发展大方向。

3. 专业合作及技术服务

水稻专业化服务包括整田、育秧、移栽、病虫害防控、机械施肥、机械收割和烘干仓储等,小龙虾专业化服务包括病害防控、小龙虾收获、小龙虾分拣销售等。当前生产技术服务存在以下方面问题:一是专业服务人才匮乏,由于稻田种养同时涉及水稻种植和水产养殖,大部分农户及基层农技推广人员都是"种水稻的不懂水产养殖,会水产养殖的不会种水稻";二是农机农艺融合不够,稻田种养由于田间工程和茬口衔接等问题,对稻田机械提出了新的要求,目前尚没有开发出与稻虾种养相配套的农机,部分稻虾种养田块甚至放弃水稻机械化收割,不符合农业机械化发展趋势;三是信息化支撑能力不强,信息化是智慧农业的标志,物联网技术在部分稻田种养示范区得到应用,但应用面积仍不够广,数据信息的深度挖掘使用更少;四是产销信息对接不完善,由于当前稻虾经营主体仍然是以小农分散生产经营方式为主,生产规模小,组织化程度不高,容易出现产品同质化严重、交易成本高、市场价格波动大等导致效益低下;同时销售渠道单一、层次不高,产销信息渠道不通畅,导致稻虾田稻谷优质不优价、产品销售半径小、品牌影响力不强、优质产品难以得到市场消费者认可。

四、产后加工物流分析

1. 大米加工

由于大米行业进入门槛低，2017年我国大米加工企业比2012年增加了663家，累计为3 427家。湖北有大米加工企业1 300多家，大米加工能力位居全国首位，代表性企业有国宝桥米、禾丰粮油、洪森实业等。当前大米加工以小生产、小作坊、小商贩为主，少有大型品牌企业和领军企业，市场集中度相对较低。绝大多数大米加工企业以中低端大米加工为主，虽然中高端大米的销售价格相对较高，生产效益要好于无序竞争的低端大米，但是由于众多小型大米加工企业资本实力不足，难以整合大米产供销全产业链及保证大米产品质量，从而难以打造高端大米品牌，同时由于当前中高端大米市场管理秩序混乱，价格形成机制也不健全，绿色优质水稻科技支撑力度不够，中高端市场需求还没有达到一定程度，致使没有强大资金实力和产品科技支撑，以及整合全产业链能力弱的小型企业根本无法参与中高端市场竞争，只能在中高端大米市场洪流中退去，最终为了生存只能以量取胜抢占当地中低端大米市场。水稻生产成本不断上升引起加工企业收购价格不断上升，同时大米加工企业日益增多，加之居民消费需求转变致使中低端大米产能过剩，中低端大米市场日渐形成了低价—低档—无品牌—低价的恶性循环，大米加工企业的利润空间不断被压缩。随着经济全球化的日渐深入，中国农业将进一步融入世界体系中，中国巨大的市场消费力将吸引越来越多的国际大米品牌粮商的进入，将进一步导致大米加工企业竞争压力加大。

2. 小龙虾加工

2018年，湖北规模小龙虾加工场数量已经达到20家，加工能力达到20.46万吨，远远高于其他省份。但当前也存在着小龙虾初加工产品同质化问题日趋严重的现象。目前小龙虾加工以熟食初加工为主。由于小龙虾加工企业增多，而以欧美市场为主体的熟食初加工市场需求能力有限，小龙虾初加工产能过剩现状日趋明显。初加工问题焦点集中表现在有原料有产能没市场，市场供过于求，国内市场有待进一步开发挖掘。同时随着人们生活水平的提高，国内市场日益成为初加工企业的市场主体。以小龙虾加工龙头企业莱克集团为例，2013年小龙虾加工产品100%销往海外市场，到2014年莱克集团40%小龙虾初加工产品销往海外市场，60%销往国内市场。

3. 精深加工

为了解决小龙虾初加工后产生的大量废弃虾头和虾尾壳等副产物，湖北潜江华山水产食品有限公司与武汉大学联手于2007年成立甲壳素工程技术研究中心，成功从虾壳中提炼出了甲壳素、氨基葡萄糖盐酸盐等产品，推动了小龙虾向精深加工方向发展，建成了甲壳素深加工产业集群，2016年甲壳素产值达到了20亿元。但从湖北整体角度看，产品的精深加工和开发力度仍显不够，小龙虾综合利用率偏低，二次增值产品较少，品牌优势难以充分显现。

4.物流仓储

从虾农到餐厅，小龙虾的"上桌"之路往往要历经批发商、物流商等环节，这不仅导致中间差价的产生、物流成本的提升，还受到冷链物流体系成本的影响。目前，小龙虾物流绝大多数是普通货运车，一般依靠冰块和喷水降温。小龙虾运输损耗率受气温影响较大，冷链物流体系不健全致使运输损耗率较高，最终成本通过发货方转移至消费者。同时，目前的物流体系市场标准及规范化程度不高，一些虾贩子用死虾掺好虾，导致小龙虾品质出现下降等问题。

五、产业服务及三产融合分析

1.交易平台

虽然湖北围绕小龙虾市场交易建成了潜江中国小龙虾交易中心、监利龙庆湖小龙虾交易中心等线下大型小龙虾交易市场，以及涌现出潜江虾谷360垂直电商平台、潜网电商等线上电商物流平台，但当前阶段小龙虾生产端和餐饮消费端主体仍然呈高度分散化态势，致使餐饮企业采购小龙虾的方式也分为多种：直接从农户处收购，订购一定量的小龙虾或者收购散货，还有一些企业从当地的批发商或中间商采购，小龙虾的供应链较散乱。同时，对于大多数小龙虾餐厅，尤其是单店经营餐厅老板，由于小龙虾产业上下游信息的不通畅，他们随时准备争抢虾源。另外，虾农无法直接对接餐厅，经销商又对虾的产量以及天气对虾的影响无法准确判断，导致反馈给餐厅的信息有误，最终使虾农与餐厅的利益双双受损。

2.品牌文化

湖北围绕稻虾产业在产地、小龙虾加工、电商物流、小龙虾餐饮、稻虾米等方面积极打造了系列品牌，围绕小龙虾产业也形成了潜江龙虾节、监利龙虾节、洪湖龙虾节等节庆文化，但当前阶段品牌文化建设总体呈现以下问题：一是品牌多而不强，品牌档次不够、产品区分度不强，缺乏叫得响的区域公用品牌，目前湖北各地方都形成了局部性区域品牌，如潜江的"潜江龙虾"、监利的"监利龙虾"、钟祥的"香稻嘉鱼"、宜城的"宜城大虾"等，但比江苏"盱眙龙虾"等国际大品牌还有很大差距，影响力明显不足；二是稻虾品牌建设不协同，目前围绕小龙虾基本建立了从生产、加工、物流、餐饮、电商等一体化品牌网络，但围绕稻虾共作中的稻虾米各地品牌创建基本处于初级阶段，虽然湖北开展稻虾种养模式的公司也围绕稻虾米开发了一些品牌（表5-2），但因为宣传力度不够、宣传形式单一和宣传范围较小等导致存在有牌无名的窘境，同时虽然标榜的是稻虾米，但这些稻米与普通大米相比在口感、品种以及外观上等无突出优势与区别，更多宣传的是因为稻虾种养少施化肥和少打农药而产生的绿色安全价值，这虽然使部分稻虾米售价比普通大米高，但是稻虾米优质与口感优良等性状却均有待进一步提高。

表5-2　湖北有关稻虾米的品牌

品牌	品种	区域	出品
虾乡稻	鄂中5号（常规）	潜江	湖北潜江虾乡食品有限公司
稻虾人家	丰两优1号	潜江	潜江华惠春农产品种植专业合作社联社
金圣稻虾香米	兆优5431	多地	湖北金禾圣公司
蛙稻米	鹭润香粳	潜江	潜江白鹭湖春润农业专业合作社联社
洪森稻虾香米			湖北洪森实业集团有限公司
鳅稻米	鉴真4号	天门	湖北天海龙公司

3. 餐饮消费

湖北大力支持小龙虾餐饮发展，形成了潜江油焖龙虾、蒜蓉虾，监利辣卤小龙虾等一批餐饮菜肴，培育出虾皇、小李子、一号虾铺、亮亮蒸虾等餐饮龙头企业。但是当前阶段小龙虾餐饮企业仍然面临着小龙虾周年供应的季节性痛点。季节性痛点不仅表现在产量供给春夏多秋冬少，还表现在品质供给春夏高秋冬差，而秋冬季节市场需求旺盛，导致出现"有价无货"。餐饮界基本出现"赚4个月、平4个月、亏4个月"的现象，一到淡季小龙虾餐馆基本歇业、转行或倒闭。淡季小龙虾供应短缺致使消费减少，但小龙虾餐馆要维持店面经营及支付厨师和店员的工资，这部分成本常常转嫁于消费者而使小龙虾销售价格居高不下，消费者吃虾成本逐年上升。如何实现小龙虾周年供应是餐饮行业的迫切需求。

4. 三产融合

近年来湖北围绕稻虾产业为核心积极推进三产融合发展，涌现出"华山模式""福娃模式"，推进产城融合；也建设了潜江稻虾产业园和监利福娃稻虾产业园，促进产业集聚发展，还打造了潜江龙虾城等，促进了餐饮、文化、休闲、购物等方面发展。但是当前阶段湖北稻虾产业侧重于小龙虾产业，如与稻虾种养相关的教育、休闲、观光、康养、农耕体验等内涵还未开发出来，电子商务、交易中心、大数据中心、龙虾小镇、稻虾田园综合体、稻田公园、稻虾文化城等还有待开发打造。

第四节　湖北省"双水双绿"风险及对策

当前稻田种养发展面临着良好的产业发展环境，虽然湖北将"双水双绿"作为推进稻田种养转型升级，促进水稻和水产产业高质量发展的重要举措，但也面临着一系列的发展风险。明晰湖北"双水双绿"产业发展风险，加紧制订对策举措，对于维护产业健康持续发展具有重要意义。

一、政策和管理风险及对策

1. 政策风险

稻田种养拓宽了农业和渔业的发展空间,实现了"一水两用、一田双收",既能调动农民积极性,防止稻田撂荒闲置及"非粮化"和"非农化"等而保障国家粮食安全,也能够通过稻田水产实现农民增收,还能减肥减药促进农业绿色发展。从保障国家粮食安全角度看,关于稻田种养会威胁国家粮食安全问题的争论点主要在于:一是水产避难所开挖占据一定稻田,大面积发展势必造成水稻耕种面积减少从而威胁国家粮食安全;二是由于水稻和水产比较效益悬殊情况下,农民极易将稻田变现成鱼池开展淡水养殖,出现只养虾、不种稻,即使种稻,只种收不管理,致使稻虾田水稻单产偏低从而威胁国家粮食安全;三是由于长期开展稻田种养对区域水土资源的影响尚不明显,不尊重自然区域条件特点而大面积快速发展稻田种养对稻田耕地质量、水资源总量可能产生不利影响,这些影响可能不利于稻田耕地的可持续耕作从而威胁国家粮食安全。

目前小龙虾产业市场正处于"洗牌"阶段,以湖北监利为例,2019年稻田养虾农户中90%左右处于基本亏本或未盈利状态,仅有10%左右的农户实现盈利,且主要是依靠售卖小龙虾种苗而非成虾获利。如果农户特别是流转成百上千亩的新型经营主体可能会因经营利润不足、金融资金周转跟不上而出现大面积毁约退田的风险,新型经营主体与流转农田的农户之间可能会出现关于稻田租金难退还、改造稻田难复垦等一系列深层矛盾问题,同时处于破产边缘的新型经营主体将可能减少实际稻虾种养面积以维持生产,这可能会造成大量稻虾田撂荒,水稻实际种植面积减少,粮食生产不安全风险上升。

2. 相关对策

粮食安全始终是"双水双绿"产业发展的立足点与出发点。对于上述争论点一,坚持水稻种植与水产养殖并重发展,严格遵守《中华人民共和国土地管理法》《基本农田保护条例》等相关法律、法规以及《高标准农田建设通则》(GB/T 30600—2014)和《稻渔综合种养技术规范》(SC/T 1135—2017)等技术规范的管控要求;对于上述争论点二,加强宣传、坚持底线思维,制订推广"双水双绿"种养模式技术体系,促进绿色标准化生产,加强稻田种养经营体系创新,促进研产加销一体化发展,健全优质优价市场体系,提高稻田种养水稻效益,推动水稻高质量发展,保障国家粮食安全;对于上述争论点三,突出规划引领作用,按照稻田种养适宜条件有序发展,避免盲目开挖,同时加快稻田种养尤其是稻田养虾为主导的种养模式大面积长期发展对稻田土壤结构及肥力、区域水文循环、温室气体排放及生物多样性等方面的影响研究,提出措施以维护稻田土壤的可耕性。

健全利益机制,降低经营风险。完善企业、专业养殖大户和农户之间的合作机制,通过建立紧密的利益联结机制,平衡相关主体的权益。通过探索农户的土地权资本与企业的货币、技术等资本共同投入机制，探索新型主体收益与农户土地租金挂钩制度，同时设立风险保障基金，建立合伙企业、农业专业合作社等组织结构紧密的利益共同体，降低农户风险，提高农户收益，激发农户参与积极性，实现合作共赢，降低违约风险；加强对基地生产经营主体的信用评价与管理，与银行合作建立一套信用识别、信用评价、信用激励和违约控制评价与管理体系，开展诚信示范合作社和诚信示范大户评选活动，优先为诚信示范合作社和诚信示范大户提供信息、金融、营销和科技服务，营造诚信经营的氛围，降低基地的投资运营风险。

二、技术和生产风险及对策

1. 技术和生产风险

稻田种养结合水稻种植和水产养殖，涉及田间工程改造、水稻种植、水产养殖、环境调控等多项技术。绝大多数小农主体受教育程度低，从业专业素质不高，也没有相关知识基础，而高素质农民也主要是具有小资本的返乡人士，出现有资金没技术，既不会种稻也不会养虾的窘境，他们的技术来源主要是农资渔资服务商，主体接受技术培训不系统，应对复杂问题容易出现盲目投药情形，不仅增加生产成本还增加生产风险，特别是当前小龙虾养殖面临"5月魔咒"，随着5月气温上升，小龙虾疾病进入暴发期，尤其是对小龙虾产业可能造成致命危害的小龙虾白斑综合征，目前仍无有效应对措施。因此经营主体仍然面临着较高技术风险。

2. 相关对策

制订种养技术体系，加强社会化服务。对于经营主体养殖技术欠缺问题，制订推广"双水双绿"种养技术体系，让主体生产有章可循，以高素质农民为重点培育懂生产、会管理、善经营的复合型农业人才，以合作社及中介服务组织为重点培育涵盖机耕机收、病虫害专业防控、水稻烘干、小龙虾冷藏等不同方向的专业化人才，以强大的社会化服务体系支撑高素质农民经营，从而降低生产技术风险，推动标准化、专业化、绿色化生产；对于病虫害及品种退化问题，加强稻虾田适宜品种选育、小龙虾遗传改良选育、稻田种养水稻和小龙虾病虫草害发生规律及机制等涉及生产风险方面的研究，以科学技术和科研成果作为支撑降低生产风险。

三、市场和社会风险及对策

1. 市场和社会风险

尽管优质水稻和绿色小龙虾需求消费逐年攀升，但湖北绝大多数地方稻虾种养时常出现"稻谷提质不增效、好米卖不出好价"和周期性的"小龙虾增产不增收""有价无市、有市无价"等问题，特别是小龙虾市场云波诡谲，"一苗难求""一虾难求""虾苗成灾""虾贱伤农"等现象频频发生。说明水稻优质优价体系有待完善，小龙虾市场建设有待加强。对于水稻市场问题，原因可能存在以下方面：一是稻虾种养模式水稻品种多、杂、乱，品质不突出；二是优质稻绿色生产技术体系不健全，没有产品质量标准及鉴定手段；三是经营组织程度不高，致使农民在品种选择、栽插管理、化肥饲料和农药渔药投入、收获烘干等方面呈现粗放化趋势；四是仓储物流加工体系不利于小规模优质稻加工生产；五是高档优质稻米品牌开发不足。对于小龙虾市场，原因可能存在以下方面：一是小龙虾季节性供应强，大面积稻田小龙虾集中上市致使区域性供过于求；二是小龙虾产销信息渠道不通畅，市场价格形成机制不完善，致使不法商贩扰乱市场秩序；三是快速发展稻虾致使本地产能充足而加工餐饮及线上线下市场需求能力有限；四是质量生产检测保障体系有待完善，品牌建设不突出。

同时当前小龙虾行业整体仍处于混乱阶段，不论是苗种供应与生产养殖端、加工与流通端、销售及餐饮端等都缺乏行业标准，致使饲料、原料、运输、价格、制作、卫生等多层次标准不一，导致产品质量良莠不齐，关于小龙虾"龙虾门""洗虾粉"方面的食品卫生安全事件时有发生，同时受养殖模式多元化、投入品无序化、农户管理粗放化、自繁自育苗种供应、天气变化和气象灾害等多因素影响，小龙虾极易出现疾病频繁暴发、产量不稳定、个头大小不稳定、品质口感不稳定等情况，稻田养虾产品质量安全建设体系有待完善。

2. 相关对策

延伸产业链，扩大市场需求。围绕打通产销信息渠道，建立健全区域性小龙虾价格形成共享机制与平台，建立健全区域性小龙虾交易中心，提升线下国内大中型城市鲜活小龙虾市场需求；围绕龙头企业培育，从可能制约加工企业壮大发展的多个方面因素入手，依托科研院所和政府部门等有关单位全力支持解决，提升本地小龙虾加工企业产能；围绕农村电商，建立电商人才培养体系，完善农村网络通信、物流交通及冷链设施硬件体系，健全线上交易机制和监督机制，拓展线上市场需求能力；围绕繁荣本地餐饮发展，着重加强餐饮节庆文化培育、龙虾菜品研发、厨师及经理人等人才培养以及拓宽餐饮创业融资渠道等方面，提升餐饮市场需求拉动力。

健全质量体系，促进高质量发展。研发应用绿色品种、绿色生产技术体系和产品质量标准，加强产地环境治理，确保绿色小龙虾产品规模化、标准化、品质化、绿色化生产；加强完善小龙虾生产、冷链物流、加工餐饮等全产业链质量硬件设施建设，依托科研力量和中介协会制定完善各环节质量标准体系，建立涉及全产业链的质量监管监测追溯机制和市场准入机制，积极开展产品产地及产业链各环节的品牌认证，积极挖掘"双水双绿"产业文化，利用节庆会议、媒体网络等渠道加强品牌推介，以品牌闯市场，以品质做支撑，促进"双水双绿"高质量发展。

四、灾害和环境风险及对策

1. 灾害和环境风险

（1）稻田土壤次生潜育化风险。稻虾田由于冬春季长时间覆水养虾，与水稻单作相比，随着养虾年限的增长，稻虾田土壤剖面次生潜育化加重，并且沿着土壤剖面有向下发展的趋势，长此以往稻虾田水稻生产功能将受到严重影响。

（2）稻田水资源消耗增加的风险。FAO有关报道指出稻田种养所需的水深比传统稻作更大，稻田种养中较深的静水层会导致渗漏和渗滤增加从而显著增加需水量。在地下水位低的高塝地、沙壤土、漏水田、滩涂地等实行稻虾共作会增加水分消耗，地下水位低的灌溉稻田会增加耗水量50%～80%，沟渠、水网不完善的稻田养殖系统水分利用率也会下降，鄂东鄂中北等水源不充足的丘陵岗地甚至开采地下水养虾。

（3）水产养殖造成的水体富营养化风险。由于秸秆还田和饲料投入，稻虾共作稻田水中的全氮和全磷含量及硝态氮、铵态氮含量都高于水稻单作田，稻虾田水体养分含量显著提高，虽然有利于水稻生产，但增加了水体富营养化的风险。

稻田种养涉及田间工程的建设和配套水电路公共设施的健全，近两年稻田种养面积快速上升，受地方政府资金和国土部门的管控等限制，水电路等公共基础设施配套建设还不健全，引发以下方面问题：一是由于配套水利设施不健全，加之河道沟渠堵塞，导致虾农在冬春季节用水高峰时期常面临无水可用、有水难引、无奈打井等局面；二是面对夏季区域性暴雨，由于水利灌排不通畅，致使排灌不良、低湖地区的稻虾田被淹没，小龙虾大量死亡或逃逸；三是由于稻虾农户需要频繁抽水，尤其是春季凌晨下田补虾，电力不通无法照明，致使有些农户使用柴油机灌排，甚至私拉电线照明，极大地增加了生产安全风险和用水管水成本；四是下雨天气田间机耕道路泥泞，导致机器和车辆无法下田，尤其是在春夏季集中出虾时节严重影响农户正常作业生产。

2. 相关对策

（1）因地制宜，避免盲目发展。湖北稻田资源丰富，稻虾模式潜力大，但不是所有区域、所有田块都适合，也不是一个标准模式适合所有区域和田块条件；应根据不同区域自然资源特点，如降水资源、水利条件、地下水位、土壤类型、地形地貌及田块大小等选择不同的稻虾模式；区域可根据自身资源特点，做好顶层设计，建立适度规模标准化基地，引导区域建立相应的"双水双绿"种养体系。

（2）严格标准，保证规范化发展。研究发布地方标准，根据模式类型，规范田间工程，养殖沟面积不超过10%；控制生产投入品、保障投入品符合生产标准和要求，倡导和践行优质栽培、生态养殖理念，保障食品安全、维护生态安全。

（3）完善基础设施，转移自然风险。配套健全水电路等公共基础设施，提高排灌工程灌溉保证率和排涝标准，加强田间沟渠整治，桥涵闸配套，建设旱涝保收高标准稻田种养基地，实现生产基地区域化、标准化、规范化；针对不可控的自然灾害风险，做好风险转移，加强企业和政府、金融机构合作，发挥财政资金引导和杠杆作用，将稻田种养产业纳入政策性农业保险范畴；加强苗种体系研究与攻关，必须研究水稻种质资源，培育适合稻虾田专用型水稻品种；必须收集发掘小龙虾种质资源，开展遗传改良研究，攻关建立工厂化规模化繁苗体系，培育优质抗病小龙虾品种。

第六章
"双水双绿"稻虾共作模式与技术

湖北稻田种养中稻虾模式有绝对优势。由于操作简单、收益较高，稻虾共作模式已成为湖北最受欢迎的稻田综合种养模式。

第一节　小龙虾的生物学特性及稻虾模式

稻虾共作是在稻田中养殖小龙虾（学名为克氏原螯虾）并种植一季水稻。在水稻种植期间，小龙虾与水稻在稻田中同生共长。为了协调水稻种植和小龙虾养殖的矛盾，需在田间挖掘养殖沟，一方面保证小龙虾周年在稻田适宜季节生长繁育，另一方面避免水稻生产操作对小龙虾活动产生影响。

一、小龙虾生物学特性

1. 小龙虾的分类分布、生活史及习性

小龙虾是克氏原螯虾的俗称，分类学上属节肢动物门甲壳纲十足目蝲蛄科原螯虾属。形似虾而甲壳坚硬；成体长 5.6～11.9 厘米，暗红色，甲壳部分近黑色，腹部背面有一楔形条纹；幼虾体为均匀的灰色，有时具有黑色波纹，是淡水螯虾中的一个种。

小龙虾的"出生地"是在墨西哥东北部和美国中南部（Henttenonen and Huner，1999；Pennak，1953），后扩散至美国南部及中美洲、欧洲等地。1918年，日本首先引进小龙虾，1929年传入中国。现我国广泛分布，在湖北、湖南、安徽、江西、江苏等长江中下游地区呈集中分布。

我国长江流域小龙虾的生活史是 5～9 月雌雄亲虾开始交配，其中 6～8 月是交配高峰期，雌虾产卵繁殖在 7～10 月，主要集中在 8～9 月，10 月至翌年 2 月是抱卵虾孵化时期，经过 11 次蜕皮幼体小虾就能发育成成体（Huner et al.，1984）。小龙虾正常寿命 3～5 年，雌虾偏长（唐建清等，2003；李浪平，2006）。

小龙虾有自己独特的生活习性，如迁徙性，善于攀缘、爬行、逃跑；穴居性，善于掘洞；广栖性，在湖泊、河流、水库、沼泽、池塘、沟渠中都能栖息；避光性，在夜间活动取食；药敏性，对菊酯类、有机磷农药非常敏感；领域性，生长空间拥挤时会发生

格斗；广温喜温性，小龙虾在1～40℃能生存，18～31℃可以生长；蜕壳生长，11次蜕壳后达到性成熟；杂食性，4个时期食性不同；繁殖、护幼习性。

2. 小龙虾的食性

小龙虾生长有4个阶段，幼体、幼虾、成体、成虾，不同阶段食性有差异。Ⅰ期幼体以自身卵黄为营养，Ⅱ期幼体可滤食藻类、轮虫、腐殖质、有机碎屑；幼虾取食有机碎屑、小型浮游生物(轮虫、枝角类、桡足类)；成体具有捕食底栖生物的能力；成虾捕食甲壳类、软体动物、水生昆虫、水草等。成体小龙虾是杂食性动物，荤素都行，既可捕食水草、藻类、水生昆虫、动物尸体等，又可食用各种谷物、饼粕、蔬菜、牧草、水生植物及人工饵料。

通过不同时间段小龙虾胃肠食物饱满指数曲线变化发现，小龙虾主要摄食时间在8:00～10:00和19:00～22:00，存在昼夜变化规律，这与小龙虾昼伏夜出习性存在一定联系（徐增洪等，2012）。温晓波等（2003）发现小龙虾耗氧率夜间比白天要高（温小波等，2003）；且上午的饱满指数要低于晚上，这也是生产上白天投食占比1/3，晚上投食占比2/3的原因。小龙虾日摄食节律主要影响因子是光照，个体大小及性别对摄食影响不大（周文宗和赵风兰，2007）。成虾全年摄食，以春、夏、秋三季偏强，冬季由于水温低等在12月和1月摄食率及摄食强度很低（李浪平，2006），朱崇梅（2000）指出水温降至12℃时，小龙虾不生长，低至10℃以下，停止进食。

3. 小龙虾的掘洞习性

小龙虾掘洞行为与繁殖及温度密切相关，掘洞的目的主要是越冬（<8℃）、度夏（>33℃）和繁殖，生长期很少掘洞。研究发现7～10月掘洞数量明显高于4～6月和11～12月，温度升高能够促进小龙虾生长发育进程，夏秋时节小龙虾性成熟，交配完以后，为躲避高温及满足繁殖产卵需要，会增强行为（龚世园等，2007）。一般在水位升降幅度较大的水体和小龙虾繁殖期，掘洞较深；在水位稳定的水体及小龙虾越冬、度夏时，掘洞较浅；小龙虾的洞穴位于水面以上20厘米左右，洞穴内有少量积水，以保持湿度，洞口一般以泥帽封住，以减少水分散失。洞最长可达1米，宽可达9厘米。

掘洞行为是小龙虾生存策略之一，因为小龙虾喜阴怕阳，生性胆小，为了生存安全必须寻找庇护所，所以说掘洞行为是小龙虾自身创造庇护所的正常生存反应。陈婷等（2011）通过对比两种不同生境下小龙虾个体增重和饵料转化率，发现在洞穴庇护所下，小龙虾倾向于采取存活而不利于生长的消极保守型生存策略。在实践生产中，小龙虾养殖会种植水草伊乐藻等，一定程度上能够起到庇护所的作用，水草繁茂程度及栽种位置可能对小龙虾掘洞的数量及位置有一定影响，这或许对田埂的保护及小龙虾的生存是具有重要意义的。

4. 小龙虾的生长特性

小龙虾体重随体长增加而呈现凹形向上弯曲变化，符合幂函数曲线规律，体长6厘米以前，体重增长速度非常缓慢，雌雄虾规律相同；但之后明显加快，且雄虾超过雌虾；但7厘米以后体重增长速度迅速下降，因此，小龙虾体重增长呈S形曲线，体长6厘米是体重凹形拐点，体长7厘米是体重凸形拐点。从生态学意义上讲，捕捞规格在体长6～7厘米，即全长8～9厘米最佳，此时小龙虾体重15～20克（李浪平等，2006）。韩晓磊等（2011）研究发现小龙虾正常交配抱卵的温度为20～25℃，且小龙虾喜欢在洞穴、水草中等光线较弱的环境下交配产卵；同大多数卵生动物一样，温度对小龙虾幼体孵化具有"积温"效应，在适宜温度下，温度越高，幼卵发育进程越快，同时也能提高幼体成活率；幼卵一旦孵化成幼虾后，幼虾的体长与体重能够随着水温升高而明显加快，但幼虾不耐高温，成活率随之下降，10℃以下低温也明显不利于幼虾生长，为此，推荐25～30℃最适合幼虾的生长发育。李铭等（2006）着重针对温度与幼虾发育的关系研究所得到的结论同韩晓磊等基本类似；同时30℃以上的温度已经超过幼虾耐受温度，同时高温情况下，幼体可能也因微生物易滋生而感染致死，低温5～6℃下，小龙虾基本不进食，生长十分缓慢；进一步研究发现，在水温25℃条件下利于体长增长，而在水温28℃条件下利于体重增长，这与韩晓磊等推荐的适合幼虾发育的温度基本类似。

二、水稻及稻田环境

1. 水稻生态需水

水稻一生需要较多的水分，但其根不是水生根，为满足稻根对氧气的要求，水不是越多越好，也不必长期处在有水层的淹水环境下生长发育。在水稻种植期间有浅水与深水两个阶段，浅水期水深3～4厘米，深水期水深12～15厘米，一般要求是寸水插秧、薄水分蘖、放水搁田、覆水养胎、湿润灌浆、干田收割，田间水位必然有浅、有深、有干。水稻用水量较多的原因是其生态需水。水稻的生态需水是指用于调节空气、温度、湿度、养料、抑制杂草等生态平衡，创造适合水稻生长发育的田间环境而所需的水分。

2. 稻田水环境

稻田养殖与池塘及其他水体养殖有一定差异，稻田蓄水浅、时间不长，鱼类活动余地小，并且水温高、变化大；其天然饵料生物的组成和池塘也不同，浮游生物量有限，主要是稻田杂草、底栖生物、昆虫、水生小动物及水稻昆虫等。因此，稻田最适合养殖耐浅水、高温，杂食或草食性等鱼类；养殖鱼类对水的要求是水质肥而不浓、爽而不死，水位越高越好；通过田间工程改造，形成小范围的沟坑、水凼、宽沟等，增加蓄水量，创造更宽松的水体，使适应稻田种养的动物较多；虽然可供养殖的水产动物比较多，但具体生产中应因地制宜，可根据稻田里的水温、饵料和田块的地势、大小，因地制宜选择和调整品种及规格。稻田水浅，水中溶氧量高，且食物丰富，便于隐蔽，因此稻田环境比较适合小龙虾生长繁衍。

3. 稻田生物资源

稻田生物资源丰富，除水稻外，还有杂草、水生植物、浮游植物及动物。虽然稻田中浮游生物在种类和数量上都较养殖池塘少，但稻田浮游生物生长快、周期短，在秧苗刚插好的一段时间内，浮游生物繁殖有一个高峰期，很快可以提供丰富的饵料。与池塘不同的是，稻田中底栖动物较多，丝状藻类和各种杂草大量繁殖，并且稻田的水位浅、水温高、光照充足，正是许多水生维管束植物良好的生活环境。同时，稻田施肥，培育了丰富的饵料生物，这些饵料生物营养丰富，蛋白质含量高达64.15%~66.0%，而且氨基酸组成齐全，含有机体所需的8种必需氨基酸，各种氨基酸的比例也比较合理（刘骁蒨，2013），可作为水产养殖中的培水饵料及饲料添加成分的物质基础。

三、稻虾连作与稻虾共作

1. 稻虾连作

2001年，湖北潜江积玉口镇农民刘主权率先将小龙虾引进稻田中开展养殖，并探索出稻虾连作模式，即冬春小麦油菜季节，在稻田储水放养小龙虾，小龙虾收获后，稻季种植水稻，每年可收获"一稻一虾"。经过近十年的发展研究，针对只能收获一季虾，并且养虾和种稻时间冲突，到了插秧季节小龙虾生长规格不达标等问题，对该养殖模式进行了改进和完善，如在田间开挖养殖沟，可在水稻种植季节保护小龙虾养殖等。

2. 稻虾共作

稻虾共作是在稻田中养殖两季小龙虾并种植一季中稻，在水稻种植期间小龙虾与水稻在稻田中同生共长的种养结合高效生态模式。将稻田环沟由原来1米宽、0.8米深的小沟，改挖成4米宽、1.5米深的大沟，每年的8~9月中稻收割前投放亲虾，或9~10月中稻收割后投放幼虾，第二年的4月中旬至5月下旬收获成虾，同时补投幼虾，5月底至6月初整田、插秧，8~9月收获亲虾或商品虾，如此循环进行。从稻虾连作到稻虾共作，由过去"一稻一虾"变为"一稻两虾"，不但有效提高了稻田的综合利用率，而且克服了原有连作模式商品虾规格小、产量低、效益不高的不足。稻虾共作虽然提高了养殖效益，但也加重了水稻种植与小龙虾养殖争地、争水、争季节的矛盾。

3. 稻虾共作的优势

（1）提高了农田利用率和产出效益。稻虾共作平均一亩田产100多千克小龙虾，按规格不同，价格30~60元/千克，每亩田小龙虾收益能够达到3 000~6 000元；每亩田能够平均产稻600千克，价格1.6~2.4元/千克，每亩田水稻产值能达到960~1 440元。一年每亩田稻虾总产值能够达到3 960~7 440元（曹凑贵，2017）。

（2）提高了水资源的利用率，提高了小龙虾的产量、规格，又提高了稻米的品质。

（3）使用的是无公害农药，使用次数比常规稻田要少，生产的稻米是一种接近天然的生态稻。

（4）稻田养小龙虾需要开挖养殖沟，虽然占据了一定的稻田面积，但是一年只种一季作物，冬季涵养水土保持了地力，再通过选用优良水稻品种、合理密植等方法，保证了水稻的有效分蘖、穗数和正常穴数，水稻产量比同等面积增产许多。

（5）水稻生长过程中为小龙虾提供庇护所和食物，小龙虾产生的排泄物又为水稻生长提供了良好的生物肥，形成了一种优势互补的生物链，使生态环境得到改善，实现了生态增值。

四、区域资源条件与适宜模式

1. 主要稻虾模式及适应性

稻虾模式操作简单、收益较高，目前已经成为我国最受欢迎的稻田综合种养模式，并且已经成为小龙虾的主要养殖方式之一，面积约占全国稻田综合种养模式的一半，主要分布在湖北、安徽、江苏、湖南、江西、浙江、云南、四川等省份，并已形成典型的湖北稻虾连作、共作模式。但由于不同区域稻田水土资源条件差异大，其模式有相应变化，就湖北来看，主要稻虾模式有3种，分别适应不同的水资源条件。

（1）沟函模式。在稻田不挖沟或开挖简易围沟，配置一定的水函，沟田连通，在沟函内放养小龙虾，收稻后稻田储水养虾，每年可收获"一稻一虾"。该模式小龙虾养殖强度不大、产量不高，适合丘陵岗地、土壤条件良好、地下水位低、水资源相对不足的中小型田块，易于实行育苗和养殖分离。由于不挖沟或挖简易沟函，水稻季不养虾，对水稻生产影响小，所以是稻虾连作模式。

（2）宽沟模式。在稻田开挖环沟，宽4米，深1.5米，水稻生长期间田沟相通，稻虾共生。可实现"一稻两虾""一稻多虾"。该模式小龙虾养殖强度大、产量高，适合冲积平原、水网地带，且地下水位高、水资源充足、50亩以上的大田块。由于利用宽沟，规避了水稻栽培与养虾的矛盾，稻季小龙虾与水稻共生，所以是稻虾共作模式。

（3）生态池模式。田块小，如果采用宽沟模式，往往造成养殖面积超过稻田面积的10%，为了保证稻虾共作，可采用生态池模式。沿稻田四周开挖小沟，便于水分循环管理；并按每5亩开挖一个水池（即生态池）。该模式有利于稻虾共作，可"一稻多虾"，适应性广。由于生态池为小龙虾周年精养提供了条件，同时保持和水稻田面连通，促进了水稻与小龙虾互利共生，所以也称为稻虾共生模式。

2. 湖北资源特点及适宜模式

湖北地处长江中游，水网纵横、湖泊密布，属亚热带气候，适合水稻种植和小龙虾养殖，稻虾模式广泛分布于江汉平原、鄂东沿江平原，以及鄂中北丘陵岗地。但不同区域的资源特点不同，立地条件具有差异，要保证粮食安全、稳粮增效，不同区域的稻虾模式应因地制宜（陈松文，2020）。

江汉平原地处长江和汉江交汇区，河湖密布，水源极其丰富，年均降水量1 000～

1 400毫米，地势平坦，地下水位高，具有大面积的低湖田和涝渍排水型中低产田。该地区稻虾种养适合采用宽沟模式，部分水源不足、面积不大的田块可采用生态池模式。

鄂东南年均降水量1 300～1 500毫米，水资源丰富，沿江平原涝渍排水型中低产田适合宽沟模式和生态池模式；沿江平原外围，稻田季节性地下水位变化大，田块不大，适合采用生态池模式或沟凼模式。

鄂中北丘陵岗地年均降水量850～1 000毫米，丘陵地形，地下水位低，沿汉江中游冲垄冷浸稻田稻虾种养可采用生态池模式；灌溉方便、水资源相对充足的低塝田可采用沟凼模式。

第二节 "双水双绿"稻虾共作的内涵及要求

实际生产中，水稻种植和小龙虾养殖常有矛盾的地方，"双水双绿"就是协调其矛盾，使其协调发展，互惠互利，从而达到减少生产投入、保护生态环境、生产绿色食品的目的。

一、"双水双绿"稻虾共作的技术内涵

1.绿色生产模式

"双水双绿"的技术模式主要是稻田种养生态农业模式，发挥水稻与小龙虾互利共生作用，充分体现产业协同、种养协调。稻田种养是以水田稻作为基础，在水田放养虾、鱼、鸭等，充分利用稻田光、热、水及生物资源，通过水稻与水产、水禽动物互惠互利而形成的复合循环种养生态模式。稻田引入小龙虾等动物后，生态系统组成得到充实、环境得到改善、结构得到优化、湿地生态功能得到强化，因此稻虾是互利共生关系，稻虾共作有利稻行为和庇护作用。

2.绿色生产技术

（1）水稻绿色生产。"双水双绿"的水稻绿色生产包括投入品绿色、减量、高效、无废物、无残留。要求采用先进的工艺技术与设备，改善管理，综合利用，从源头减少污染，提高资源利用率，并在生产、服务和产品使用过程中减少或避免污染物的产生和排放。①品种替代，采用抗病虫、需肥少、优质的绿色超级稻品种；②化肥替代，用绿肥、生物有机肥替代化肥，提高饵料的肥料效应，减少或控制化学投入品的使用；③农药替代，不用化学农药或用生物农药。④水稻健身栽培，合理密植和水肥调控，构建健康群体（陈灿，2015）。

（2）小龙虾绿色养殖。"双水双绿"的小龙虾绿色养殖，充分利用稻田环境，净化水质、减少病害、健康养殖，控制虾药使用；充分利用稻田丰富完善的碎屑食物链，补充动物饲料，减少饲料投入，简单养虾；科学调节水体，种植水草，减少调水改底等物料的投入，自然养虾。

3.绿色优质产品

严格按照"双水双绿"绿色生产原则和生产目标，实行稻虾共作，生产优质、安全、营养、美味的稻虾米和稻田虾。

（1）稻虾米。依托稻虾共作模式，按照"双水双绿"相关技术标准，生产的中高档优质稻米，无农药及重金属残留，蛋白质含量6%～7%，营养素含量高。

（2）稻田虾。美味鲜嫩，无污染、无残留，健康、营养。

4.绿色生态环境

"双水双绿"全程良性循环、清洁生产，一方面减少投入品、不用化学品，无残留；另一方面，保护生物多样性、净化水体、控制面源污染。

二、"双水双绿"稻虾共作的生产目标

"双水双绿"作为一种绿色生产方式，要发挥稻虾互利共生的优势，协调水稻和小龙虾的矛盾，生产过程清洁环保；生产产品优质、安全、美味、营养；生产环境优美、无污染。因此，"双水双绿"体系的原则和绿色目标是不打农药、不施化肥、不用虾药、精准施用饲料，产品无农药残留、无重金属污染。

清洁生产目标："双水双绿"的清洁生产包括投入品绿色、减量、高效、无废物、无残留；要求采用先进的工艺技术与设备，改善管理，综合利用，从源头消减污染，提高资源利用率，减少或者避免生产、服务和产品使用过程中污染物的产生和排放。

绿色产品目标：选用绿色超级稻品种、虾稻专用品种，采用绿色新技术；生产蛋白质含量6%～7%，安全型、美味型、营养型优质稻米；生产个大、美味、鲜润、无残留的优质小龙虾产品。

环境保护目标：结合田园综合体及乡村文化建设，生产设计上美化环境；生产体系无残留、保护土壤、减少温室气体排放、改善水质。

产量效应目标：水稻产量500千克/亩以上，小龙虾产量150千克/亩，稻谷和小龙虾亩收入5 000元。

三、"双水双绿"稻虾共作的环境要求

"双水双绿"是一种绿色生产，对环境要求比较高，种稻需要保证水源充足、土质肥沃、地势向阳等因素，而稻田养殖最要紧的是保证水质安全，因此稻田养殖需要综合考虑水源、水质、土质和地势、光照等因素。

1.水源条件

水源是稻田种养的基本条件，也是稻虾共作模式成败的关键。稻田种养要求水源充足、排灌方便、水质清新。

一是水源充足。雨季不淹、旱季不涸，特别是田内的沟不能干涸，要求灌得进、排得出、落水快、避旱涝。平原地区一般水源较好，排灌系统比较完善，抗洪抗旱能力也

比较强，大多数稻田都可以种养结合；平坝地区稻田水源较好的也适合稻田养殖；丘陵山区水利条件较差的地方，如果大雨时不淹没田埂、干旱时能维持长时间抗旱能力的稻田也宜养殖。

二是排灌方便。实行稻田种养的田块必须有配套的水利设施，排灌方便，且能保证一昼夜80～150米³的排灌量；天旱（大旱30天不缺水）不干，洪水不淹（日降水量100毫米，田埂不会被水冲垮）。

三是水质清新，无污染。水质对于稻田种养绿色食品生产至关重要，一方面要求水体无污染，符合水稻、水产等绿色食品生产的水质标准；另一方面要求水体生物群落结构合理、多样性好，能有效控制有害病原菌，促进水产动物健康生长。pH6.8～8.2，呈中性或弱碱性，一般河、湖、塘、库的水都可引用（地下水、井水不宜养虾，如果养虾应曝气），这些水源水温较高，水质较肥，既有利于水稻又有利于小龙虾的健康成长。灌溉和渔业用水应分别符合《绿色食品 产地环境质量》（NY/T 391—2013）中规定的农田灌溉水质和渔业水质要求。

2. 土壤条件

一是土质肥沃。土质肥沃的稻田，不但有利于水稻生长，也有利于浮游生物繁育生长，增加水中的营养成分，进而有利于鱼类的生长。种养稻田要选择高度熟化、高肥力的土壤，呈中性或微碱性的壤土为好。新开稻田，土壤贫瘠，田间饵料生物少，养殖效果差。

二是保水保肥。种田种养要求土壤保水保肥能力强，湿时不泥泞，干时不板结，灌水后易起浆，断水后不板结，容水多，不滞水，不漏水，不跑肥。

三是土壤健康。首先必须确认是无污染农田，稻作生态环境质量评价符合《绿色食品 产地环境质量》（NY/T 391—2013）的规定，没有污染源和潜在污染源，相关产品基地必须通过国家认定后方可组织生产；其次要有集中连片的稻田，保证周边环境无污染源，无病虫害，如稻瘟病、纹枯病等。

3. 光照条件

一是光照充足。光照充足能提高水温，小龙虾生长水温为18～31℃，冬季水温高，有利于小龙虾越冬，早春活动力强，摄食旺盛，生长迅速；水温高还能促进天然饵料生物繁殖、生长，使有机物质中的营养物质释放转化。

二是地势开阔。稻田四周应开阔，无树木遮蔽。地势开阔的稻田，阳光照射时间长，稻田水温上升快，而且较高，这不仅有利于小龙虾的正常生长发育，还为稻田浮游植物、杂草等繁衍提供了条件，可以生产出丰富的天然饵料，满足小龙虾生长发育对饵料的需求，进而提高养殖产量。

三是温暖通风。要求地势向阳、温暖通风。种养结合田块应选择坐北朝南、光照充足、无大风口的温暖处；在阴坡冷浸田，水温难以达到18～31℃，小龙虾生长不好。

4. 田块大小

稻虾共作适合平原湖区地下水位高、水资源丰富的稻田，由于养殖沟要求比较宽，所占面积又不能超过稻田的10%，因此，田块面积大比较好，一般以30～50亩为宜。通常，5～15亩有利于精细化管理，15～30亩为一个单元便于稻田改造和管理。

第三节 "双水双绿"稻虾共作的技术要点

一、"双水双绿"稻虾共作的模式规范

1. 标准模式

为了保证稻虾共同生长，在田间挖掘养殖沟，沟田相通，以保证沟田水体交换、小龙虾进出（图6-1）。该模式在每年的8月下旬至9月初，中稻收割前投放亲虾，或9～10月中稻收割后投放幼虾，第二年的4月中旬至5月下旬收获成虾，同时补投幼虾。翌年5月底6月初，整田、插秧，8～9月收获亲虾或商品虾，如此循环轮替（图6-2）。

2. 模式特点

模式的主要特征：增密减氮种水稻、种草肥水养小龙虾。

主要技术环节：一沟两草、一稻两虾、一还两晒、一水两用。

一沟两草：在稻田开挖环形养殖沟（一沟）；在田埂种草，在稻田种水草（两草）。

一稻两虾：种植一季中稻，春季和秋季收两季小龙虾。

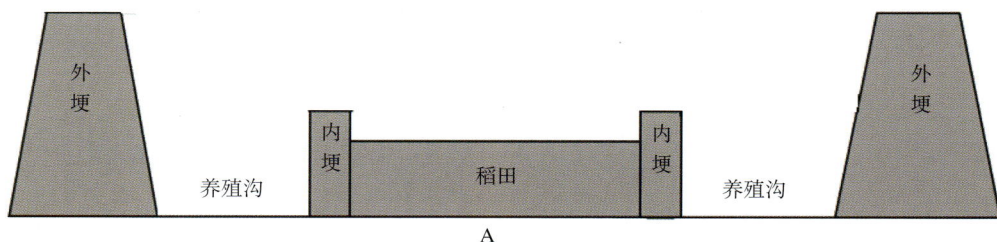

图6-1　稻虾共作田间结构示意

A.田间横断面示意　B.田间实景

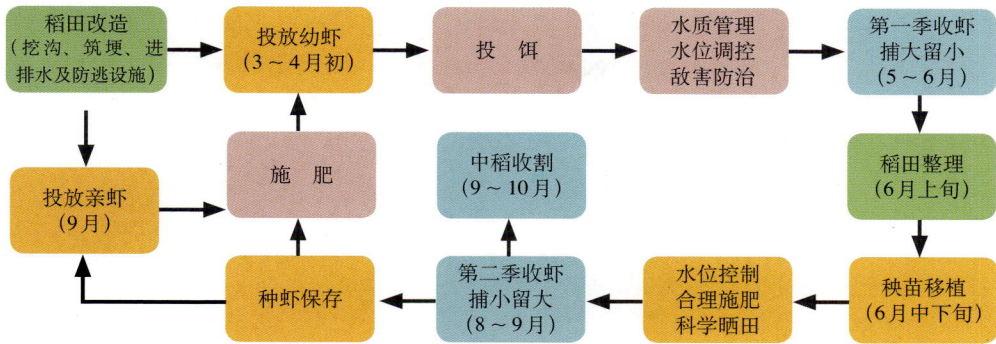

图6-2 稻虾共作模式技术流程

一还两晒：水稻收割后稻草还田；至少有两次晒田，一次在水稻分蘖末期，另一次在水稻灌浆结实后期。

一水两用：稻田工程体系沟田连通，田面与养殖沟水体互通，一方面满足水稻生产需水；另一方面满足小龙虾养殖需水。

二、"双水双绿"稻虾共作的关键技术

1. 田间工程结构技术

（1）挖沟。总的原则，围沟面积应控制在稻田面积的10%以内。稻田面积达30～50亩时，沿稻田内侧开挖环形沟，沟宽3～4米，坡比1：1.5，沟深1～1.5米。稻田面积达50亩以上的，还要在田中间开挖"一"字形或"十"字形田间沟，沟宽1～2米，沟深0.8米，坡比1：1。稻田面积30亩以下时，围沟宽度2～3米即可，中间可以不开沟（图6-1）。

（2）筑埂。利用开挖环形沟挖出的泥土加固、加高、加宽田埂。田埂加固时每加一层泥土都要进行夯实。田埂应高于田面0.6～0.8米，埂底宽4～5米，顶部宽2～3米。同时，稻田还要筑田间小埂，便于水稻种植管理，田间小埂每隔一定距离开挖30厘米宽、30厘米深的连通沟，便于小龙虾在环沟和稻田之间的活动通行。

（3）进排水设施。按照高灌低排格局，进排水口设于稻田两端。进水口用20目的长网袋过滤进水，防止敌害生物随水流进入。排水口用密眼铁丝网封闭管口，防止小龙虾外逃，保证水灌得进、排得出。

（4）防逃设施。稻田进排水口和田埂上应设防逃网。进排水口的防逃网应为8孔/厘米（相当于20目）的网片，田埂上的防逃网可选用防逃塑料膜，或用水泥瓦建造防逃设施，防逃网或防逃设施高40厘米。

2. 水稻减氮施肥技术

"双水双绿"模式稻米生产目标是安全、优质、美味、营养，绿色水稻栽培的关键是减少氮肥施用，保证稻米蛋白质含量在6%～7%。依据斯坦福公式，满足水稻产量500千克/亩，以及稻米蛋白质含量6%～7%两个条件，考虑基础地力，氮肥用量约为11千克/亩（以

纯氮计），比常规生产减氮26.7%左右；小龙虾饲料对水稻可起到肥料补偿作用，能补充肥料氮约2.1千克/亩；考虑上述两个因素，"双水双绿"模式比常规生产减少用氮40.7%左右。实际上随着养虾年限的延长，土壤供氮能力加强，施氮肥可逐年减少，约7年后维持在3千克/亩，可以保证水稻不减产。进行水稻肥料减施增效技术，氮、磷、钾肥施用量分别为氮（N）4～6千克/亩，磷（P_2O_5）2～3千克/亩，钾（K_2O）4～6千克/亩，氮按底肥：蘖肥：穗肥=5：4：1的比例施用，磷肥及钾肥只在底肥时施用，减量约75%。同时注意严禁施用对小龙虾有害的化肥，如氨水和碳酸氢铵等。

3. 一沟两草技术

（1）一沟，在稻田开挖环形养殖沟（图6-1）。

（2）两草，田埂种草，田间种植水草。

①田埂种草。冬季，预留田埂面积较大，可种植油菜、小麦，翌年3～4月可割青投入稻田养虾，5月可收获油菜、小麦；田埂面积较小的，可种植豆科作物，如豌豆、蚕豆，或豆科绿肥作物，如箭筈豌豆、毛苕子、紫云英等，3～6月可割青投入稻田养虾，6月可作为绿肥返田。春季种植香根草。香根草是一种禾本科多年丛生的草本植物，具有适应能力强、生长繁殖快、根系发达、耐旱耐瘠等特性，3月中下旬在田埂每隔3～4米单排栽种1丛香根草，每亩10～15丛，若成活率不高，翌年还可分株繁殖栽种。夏季可成行、成带种植大豆、芝麻、向日葵等；田埂面积较大的可种植南瓜等瓜果植物。

田埂种植植物可为小龙虾提供植物饲料，减少配合饲料输入，可增加生物多样性、改善稻田生态环境，保持生态稳定、维持绿色生产；尤其是田埂种植显花植物，包括香根草、大豆、芝麻等，可吸引害虫天敌，减少虫害，实行害虫绿色防控，保证绿色生产。

②田间水草种植。稻虾田种植水草既为小龙虾提供隐蔽蜕壳、遮阴栖息场所，又可提供饵料、净化水质、增加溶氧量，对小龙虾养殖及水环境保护有重要作用。水草包括沉水植物（菹草、伊乐藻、眼子菜、轮叶黑藻等）和漂浮植物（水葫芦、水花生等），沉水植物面积应为养虾稻田面积的50%～60%，漂浮植物面积应为养虾稻田面积的40%～50%，且用竹筐固定，有稻茬的可只移植漂浮植物。养虾稻田主要种植伊乐藻，12月至翌年2月栽植，田面移栽行距9～11米，株距8～9米，每株直径0.2～0.4米。水草栽种后，按照150千克/亩施用生物肥（诸如腐熟的鸡粪等），促进水草生长，水深维持在0.3～0.4米。

4. 一还两晒技术

（1）一还指稻草还田技术。水稻割穗留高秆收获，秸秆还田。收割后上浅水（8厘米深左右）配合施用秸秆腐熟剂加速秸秆无害化腐熟，为小龙虾提供天然饵料。稻草还田掌握3个环节，一是水稻收获时留高秆，留秆高度在50厘米以上；二是晒好田，水稻收获后不要急着放水，待秸秆枯黄后再灌水养虾，一般晒田时间2周左右；三是灌水的水位要求，越冬前期（9～11月），稻田水位以不超过30厘米为宜，让稻蔸上部露出水面10厘米以上，以减缓秸秆分解速度，防止秸秆快速分解破坏水质。

（2）两晒，稻田两次晒田技术。

①够苗晒田。第一次晒田在分蘖盛期，晒田的同时晒沟，此次晒田、晒沟宜轻宜短，晒田、晒沟时间为5～7天，使田面沟底中间不陷脚，田边表土不裂缝和发白。

②成熟晒田。第二次晒田在水稻收获以后，晒田的同时晒沟，此次晒田、晒沟宜重宜长，晒田、晒沟时间为10～15天，使田面产生裂缝和发白。10月中下旬到翌年6月稻田保持30～50厘米水层。

5. 绿色防控技术

选用具有抗（耐）病虫害优势的绿色超级稻品种；充分发挥自然天敌的控害作用，田埂种植芝麻、大豆等显花植物，保护和提高蜘蛛、寄生蜂、黑肩绿盲蝽等天敌的控害能力；采用深耕灌水灭蛹控螟技术防控虫害；利用性信息素诱杀害虫，按每20～30亩安装一盏杀虫灯，诱杀成虫；田边种植香根草等诱集植物，丛距4～6米，减少二化螟和大螟的种群基数等，禁止使用高毒农药和含拟除虫菊酯类成分的农药品种。

6. 水质水位管理技术

水质：采用生物有机肥调控水体肥度，保持充分溶氧量，培养浮游生物，增加水体生物量和增强光合作用，定期用生石灰调水，水体透明度控制在30～40厘米，pH8.0～8.8，水草茂盛。

非稻季水位管理：越冬前期的10～11月，稻田水位以不超过30厘米为宜，让稻蔸露出水面10厘米左右；越冬期间，要适当提高水位进行保温，水位40～50厘米；翌年3月温度回升期，为促使小龙虾尽早出洞，稻田水位一般控制在30厘米左右；4月中旬至退水种稻期间，稻田水温基本稳定，为避免温度过高，应逐渐提高水位至50～60厘米。

稻季田面水管理：水稻苗期和分蘖期进行浅水促蘖，自然落干后再灌溉浅水，干湿交替培育健壮群体，当茎蘖数达到穗数的80%时开始晒田，采用两次晒田，第一次晒田7天左右，复水后一周开始第二次晒田，两次均为轻晒；拔节至抽穗始期浅水勤灌，干湿交替；抽穗扬花期保持水层5～10厘米；灌浆期至乳熟期湿润灌溉，干湿交替，保持田面潮湿。黄熟期自然落干，直至收割前7天彻底断水。在水稻齐穗灌浆期，每隔9～12天，分3次排干养殖沟的水分，直至水稻收获后覆水养虾。

7. 小龙虾绿色养殖技术

除做好水质调控工作外，还要做好合理投饵和病害防控工作。合理投饵，要选择符合国家标准的小龙虾饲料，日投喂量为虾总重量的3%～6%，具体投喂量根据天气、水质和虾的摄食情况适度增减；病害防控，要预防为主，防控结合，在小龙虾发病季节拌喂中草药5～7天，预防"五月瘟"。

三、水稻绿色栽培

"双水双绿"绿色水稻生产主要利用稻田种养体系，按照清洁生产原理、优质栽培措施，保障稳产优质，重点把握基地的选择、品种的确定、健康群体的构建、减量施肥、水分管理、适时收获等环节。

1. 选择绿色优质稻品种

选择适宜的品种是确保品质的前提条件，作为优质食味稻米品种基本理化特性应符合以下标准：糙米含水量14.0%～15.0%，整精米率75%以上，同一品种糙米平均厚度越厚越好，蛋白质含量6.0%～7.0%，直链淀粉含量16%～19%，淀粉糊化特性的最高黏度和崩解值分别在300BU和150BU以上。优质食味稻米品种的筛选可以按以下方法进行：采用快速成分流动分析仪分析稻米直链淀粉、蛋白质含量，采用淀粉糊化特性分析仪（RVA）分析淀粉糊化特性，采用高压灭菌锅烧杯快速煮饭法，结合可定时式电饭锅的应用评价食味。同时应根据生产目标和种植区域综合考虑品种的产量水平、抗病、抗虫、抗倒伏以及生态适应性等特点，保证品种在各种环境条件下都能稳定发挥其优质特性。从目前生产所应用的品种情况来看，大多数优质食味稻米品种均为常规稻品种，产量水平并不高（亩产300～500千克），稻米蛋白质含量5.5%～7.5%，食味值80分以上。在"双水双绿"模式中因需考虑到与水产养殖的配合问题，往往还要求品种生育期120天左右。

2. 构建健康群体

健康的群体和理想的株型有利于品质的改善，生产优质稻米的理想株型应具备以下特征：有效茎数比率高，主茎（秆长+穗长）长的主茎，低节位发生的粗大分蘖多，二次枝梗穗粒数少。使低节位分蘖稳定发生，首要条件是移栽时秧苗植伤率低和移栽成活率高。促进移栽后秧苗返青成活，重要的是培育壮矮、茎叶质量大而充实（苗茎叶干物重与苗高的比值大）、发根力强的健苗，以及控制适宜的插秧深度（2～3厘米）。培育移栽后成活率高的健苗，须减少播种量，增加幼苗叶龄，科学合理地进行苗床水分和温度管理。同时，避免移栽时发生极端高温和低温，以促进返青成活，使有效茎数增加，也有利于低节位的强势分蘖发生。栽插密度也间接影响品质。在极端稀植的情况下，因为植株密度低，所以高节位分蘖发生多，为了补偿单位面积穗数不足，二次枝梗穗粒数增加。这些高节位分蘖和二次枝梗生产的稻米千粒重小，蛋白质含量高，食味品质变差。反之，栽培密度越大，单位面积穗数越多，平均每穗获得的氮素量减少，蛋白含量降低，直链淀粉含量也降低，因此，从提升食味品质的角度来讲，应适当密植。

3. 减施氮肥

水稻优质栽培中氮肥施用量及施用时期与稻米品质关系密切，氮肥用量过多容易使稻米中蛋白质含量增加而影响食味品质；同时，穗肥氮施用时期过晚、用量过多，不仅引起稻米中蛋白含量增加，还会使植株贪青、倒伏，影响品质和产量。因此适当减少氮肥的施用量是提高品质的有效措施。减少氮肥的施用量可以从减少氮肥的总施用量和减少穗肥氮施用量两个方面着手。另外，要注意的一点是一般的水稻品种对于食味品质形成所需要的最适宜氮施用量要比产量形成所需要的最适宜氮施用量略低一些，因此在减施氮肥的同时需要考虑品质改善与产量形成之间的平衡关系。

（1）优质栽培氮肥精确定量。根据目标产量确定氮肥总施用量，可用斯坦福（Stanford）的差值法求取，其基本公式为：

$$目标产量施氮量 = \frac{目标产量需氮量 - 土壤供氮量}{氮肥利用率}$$

通过对该公式参数的转换，将公式中目标产量需氮量转换为籽粒含氮量/氮素收获指数，即在该公式中既体现对产量的要求，也体现对稻米中氮含量（蛋白质含量）的要求，通过该公式可以计算品质与产量平衡改善条件下的施氮量，转换后的公式为：

$$目标品质和产量施氮量 = \frac{\dfrac{籽粒含氮量}{氮素收获指数} - 土壤供氮量}{氮肥利用率}$$

（2）优质栽培穗肥施用量的调整。水稻自幼穗形成期正式进入生殖生长期，植株吸收和前期积累的氮素开始往穗部转移。此时追施氮肥，尤其在生育中后期追施，势必增加稻米中的蛋白质含量。剑叶期以后追施的氮肥向稻米的转移率更高。水稻在生产过程中是否需要追肥，依然需要综合考虑产量和品质的平衡关系，要根据水稻植株营养诊断决定，如果营养诊断籽粒数不足时就必须考虑追肥，另外，幼穗叶色值与稻米蛋白质含量之间存在显著正相关关系，因此通过叶色诊断，可确定在蛋白质含量不过高的范围内确保产量的施肥方法。相关研究指出，幼穗形成期叶片中氮含量高于3.2%时，表明氮肥施用过多，会导致食味不良，此时需调减或不施穗肥；氮含量低于3.2%时，表明氮肥施用过少，会导致产量不足，此时需调增穗肥施用量。

在"双水双绿"模式中，水产养殖饵料和物料投入，以及秸秆还田等会改变土壤的供氮能力，但同样可以通过以上精确定量施肥方式在"双水双绿"模式中实现品质和产量平衡改善的目标。

4.水分管理

生产优质稻米，抽穗前水分管理尤为重要，即在分蘖数达到最高峰前后，停止灌溉实施晒田至稻田土壤表面出现龟裂再进行灌水。在分蘖数达到最高峰前后进行充分晒田，可以向土壤中供给氧气，使土壤的还原状况得到改善，同时，也可以控制无效分蘖发生，抑制植株徒长，从而增强根系活力，增加有效茎的比例，防止倒伏，这与形成理想株型密切相关。抽穗后水分管理重点是要防止早期断水，直到抽穗期后30～35天实行间歇灌水，即每隔4～5天进行一次排水和灌水，以保持土壤水势在pF1.5左右。也可以在水稻抽穗20～30天之后采取土壤饱水管理，即维持稻田水分在饱和状态（土壤水分在pF1.0以下）。通过抽穗期后间歇灌溉或饱水管理，可以维持植株体内正常水分，保持根系旺盛吸水能力和叶片光合作用，从而抑制籽粒含水量下降，避免成熟中断现象发生，即通过适宜间歇灌溉维持根系活力的同时，可以防止水稻植株源和库机能的减退。

5. 适时收获和干燥

水稻产量构成要素中的穗数和穗粒数在抽穗期之前就已确定，所以在千粒重的增加停止后，即使延期收割产量也不会增加。千粒重停止增加时稻谷的含水量约为25%。因稻谷含水量与糙米含水量基本一致，当稻谷含水量在25%以下时，产量不再增加但糙米水分含量开始减少，米饭物理特性开始变差。综上，在糙米含水量25%时收割，无论从产量还是从食味角度考虑都是最佳的。收获后的水稻，首先以稻谷状态直接进行干燥，稻谷干燥的目标是确保储藏性，如果直接储藏，会因呼吸作用造成能量消耗和淀粉分解。同时，也会因为发霉或细菌及昆虫等危害而出现腐败或食害。这不仅使外观品质遭到损坏，还会使食味品质大大下降。对于食味品质来说，最适宜的糙米含水量是14%～15%，因为糙米和稻谷含水量基本一致，所以在干燥稻谷时含水量也应掌握在15%左右，优质食味米干燥温度因收获时稻谷含水量多少而不同，稻谷含水量及干燥温度越高，稻米食味品质越容易下降。生产优质食味米，在稻谷含水量25%左右时收获，然后在45～50℃的通风温度下进行干燥，达到含水量15%左右，即可以保持稻米较优的品质。

四、小龙虾养殖

1. 种苗投放

在就近的养殖基地或有资质的种苗场选购种虾或虾苗，要求体色鲜亮、附肢齐全、无病无伤、活力强、大小规格整齐。亲虾运输时间越短越好。目前有两种养殖模式。一是投放亲虾养殖模式。每年的8～9月底，中稻收割前15天往稻田的环形沟和田间沟中投放亲虾，每亩投放20～30千克，规格30～35克，雄性个体宜大于雌性个体，亲虾按雌、雄比2～3∶1投放。二是投放幼虾养殖模式。如果是第一年养殖，错过了投放亲虾的最佳时机，可以在第二年4～5月投放幼虾，每亩投放规格为2～3厘米的幼虾1万尾左右或3～5厘米的幼虾0.5万～0.8万尾。如果是续养稻田，应在6月上旬插秧后立即酌情补投幼虾。投放时将虾筐反复浸入水中2～3次，每次1～2分钟，使亲虾或虾苗适应水温，温差不超过2℃。

2. 水质管理

水质管理关键要把握好"肥"和"活"两点。一是施肥。小龙虾每年秋冬季繁殖一次，当年8～10月和翌年3月每月施腐熟的农家肥100～150千克/亩培肥水质，透明度约25厘米，保持水体中浮游生物量，为幼虾提供充足的天然饵料；4月以后，水温升高，停止施有机肥，加强投喂和水质监测，透明度30厘米以上，高温季节保持水质清新有活力。二是pH。小龙虾的养殖水体酸碱度维持在pH7.5～8.5，有利于小龙虾的蜕壳生长，4～8月每亩用生石灰5～10千克，化浆全池泼洒。三是投放水生动物。沟内投放一些有益生物，如水蚯蚓（0.3～0.5千克/米^2）、田螺（8～10个/米^2）、河蚌（3～4个/米^2）等，既可净化水质，又能为小龙虾提供丰富的天然饵料。四是水草。冬季11～12月栽种伊乐藻等水草。五是水位与水温。稻田水位控制基本原则是平时水沿堤，晒田水位低，虾沟为保障，确保不伤虾。具体为越冬期前的10～11月，稻田水位控制在20～30厘米为宜，既能够让稻蔸露出水面10厘米左右，使部分稻蔸再生，又可避免因稻蔸全部淹没水下，导致稻田水质过肥而缺氧影响小龙虾的生长；越冬期间，要适当提高水位进行保温，一般控制在40～50厘米；翌年3月，为提高稻田内水温，促使小龙虾尽早出洞觅食，稻田水位一般控制在30厘米左右；4月中旬以后，稻田水温已基本稳定在20℃以上，为使稻田内水温始终稳定在20～30℃以利于小龙虾生长，避免提前硬壳老化，稻田水位应逐渐提高至50～60厘米。

3.饲料投喂

稻田内的水草、腐烂的秸秆、浮游生物、水生昆虫等都是小龙虾的天然饵料，从投放虾苗到越冬前，每天只需在17:00投喂一次，投喂饵料为水草，占虾体重量的2%～5%。越冬前的10～11月，水稻收割时留下的稻秆小型碎屑培育的浮游生物也可以作为已孵化幼虾的冬季饵料。水温降低到10℃以下时，小龙虾开始打洞越冬，很少出来活动吃食，所以越冬期间不需要投食。

翌年3月上旬水温高于15℃开始投食，每天17:00～18:00投喂一次，投喂饵料为麸皮、饼粕、油糠、大豆和一些用3%食盐水消过毒的动物性饲料等，占虾体重量的2%～5%，每半个月投喂一次水草，每亩120千克左右。4月中下旬开始，小龙虾进入快速育肥时期，可在7:00～8:00增投一次食物，早上投食量占全天投食量的1/3，傍晚投食量占全天投食量的2/3。水温高于30℃，小龙虾进入洞穴避暑，很少出来活动吃食，所以在此期间不需要投喂。投喂食物要观察水质的变化以及小龙虾的活动，如果水体透明度降低或小龙虾活动异常，有病害发生时可以少投或不投。所有投喂饵料都应符合GB 13078和NY 5072的要求。

4.防控天敌及病害

对于鸟类、水禽等，主要办法是进行驱赶。为防控鼠类、青蛙、水蛇和鸟类等小龙虾敌害，可设置稻草人驱赶鸟类，设置老鼠夹子捕捉老鼠，进、排水口安装过滤网防止青蛙和水蛇进入。

放养前用生石灰清除稻田有害病菌，每亩用量75千克。小龙虾病害易发生在3月初气温回升时，当气温连续1周达到15℃以上就要开始消毒。一般每亩将25千克生石灰撒到水面上，每隔1周消毒一次。重复3～4次后，若小龙虾无异常可恢复至半个月消毒一次；若发现小龙虾虾足无力、行动迟缓、伏于水草表面或浅水处等异常状态，要施用生物农药杀死病原菌，治疗过程应按NY 5071要求操作。

5.捕捞收获

（1）捕捞时间和工具。第一季捕捞从4月中旬开始，到5月中下旬结束，按"捕大留小"原则捕捞。第二季捕捞从8月上旬开始，到9月底结束，按"捕小留大"原则捕捞。捕捞工具主要是地笼（2.5～3.0厘米网孔）。捕捞方法：开始捕捞时，不需排水，直接将地笼放于稻田及虾沟之内，隔几天转换一个地方，当捕获量渐少时，可将稻田水排出，使小龙虾落入虾沟中，再在虾沟中集中放笼，直至捕不到商品小龙虾为止。

（2）亲虾留种。由于小龙虾人工繁殖技术还不完全成熟，目前还存在着买苗难、运输成活率低等问题，为满足稻田养虾的虾种需求，建议在8～9月按捕小留大原则开展捕捞，目的是留足下一年可以繁殖的亲虾。要求亲虾存田量每亩不少于15～20千克。

第四节　"双水双绿"稻虾共作需注意的问题

稻虾共作充分利用了稻田水面、土壤和生物资源，是一种利渔利稻的先进生产方法，但实际生产中，由于涉及水稻种植和小龙虾养殖两大产业，常有矛盾的地方，如养分及营养需求、水分要求、争地争水等，研究认为稻田种养模式具有"双刃性"。因此，必须正确认识其矛盾，协调稻虾关系才能保证其可持续发展。

一、培肥土壤与土壤破坏

1. 改善土壤肥力

稻田养殖鱼虾，特别是稻虾共作适合在地下水位高的低湖田、落河田进行，要求养殖沟常年有水，且水资源充足。低湖田、涝渍地由于常年淹水、地下水位较高，往往造成稻田土壤次生潜育化，成为冷浸田、烂泥田。由于动物的活动，一些稻田养殖可以缓解这些不良效应。对不同养虾年限的稻田土壤分析表明，稻虾共作稻田土壤活性有机碳含量变化较大，其中易氧化态有机碳含量高于常规水稻单作田，水溶性有机碳含量低于水稻单作田；稻虾共作可以增加土壤营养物质，如全氮、全磷、总钾的含量显著提高（表6-1），土壤肥力得到了有效改善。其主要原因是小龙虾在稻田的活动，如取食、排泄、打洞等，以及养虾对于土壤微生物群落和功能多样性的影响。

表6-1　稻虾共作与水稻单作土壤活性有机碳库和营养物质含量

处理	活性有机碳		养分物质		
	易氧化态有机碳 （毫克/千克）	水溶性有机碳 （毫克/千克）	全氮 （克/千克）	全磷 （克/千克）	全钾 （克/千克）
稻虾共作	5.55 a	110.5 b	1.01 a	1.11 a	13.20 a
水稻单作	3.43 b	138.5 a	0.32 b	1.02 b	11.45 b

注：同列数据后不同小写字母表示在0.05水平存在显著差异。

2. 加重土壤次生潜育化

稻虾共作对稻田土壤存在一些不良的影响，对地下水位不高的优质稻田土壤影响更为明显。图6-3显示了稻虾共作对稻田土壤剖面结构及理化特性的影响，稻虾共作田土壤颜色偏暗，根系密度增高，土壤结构更为紧密、潜育化明显；随着养虾年限延长，稻虾田的土壤潜育层增厚，养虾年限5～6年及以上还会出现潴育层。图6-4表明稻虾共作土壤脲酶活性和过氧化氢酶活性均低于常规水稻单作。

图6-3 稻虾共作与水稻单作的土壤剖面

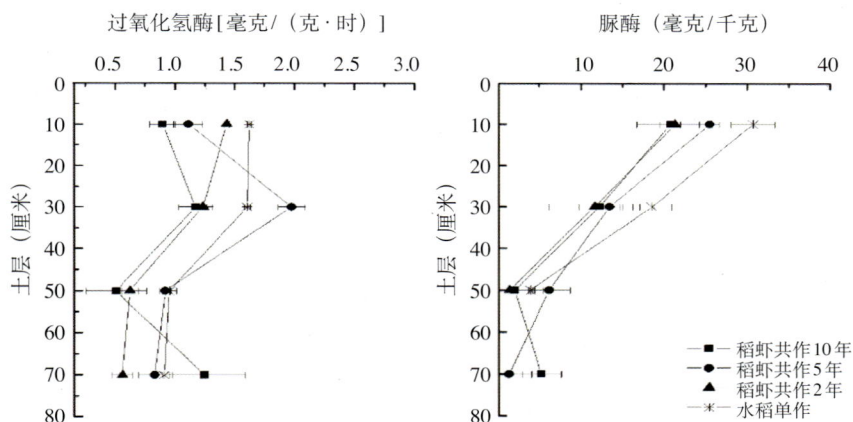

图6-4 稻虾共作与水稻单作的土壤过氧化氢酶和脲酶活性

二、资源利用与水环境影响

1.涵养水源

传统稻田水层是开放式的，分蘖后期、成熟期要排水晒田，平时水多即排、水少即灌，水分利用率不高；稻田养殖沟周年蓄水，与田面水沟通，整体储水功能增强，沟渠连通、排蓄结合，水分循环是封闭式的，水稻生产所需的排水和灌水主要来自养殖沟。地下水位高的低湖田、落河田实行稻田种养，水分利用率提高；地下水位低的灌溉稻田、丘陵岗地的垄田和山垄田实行稻田种养，有利于稻田蓄水，提高水分利用率。一些丘陵地区采用稻虾共作，每公顷稻田蓄水量可增加3 000米^3，大大增强了抗旱能力。

2. 加大水资源消耗

有研究表明，地下水位低的高塝地、沙壤土、漏水田、滩涂地等实行稻田种养会增加水分消耗，地下水位低的灌溉稻田增加耗水量50%～80%，一些水源不充足的丘陵岗地不宜实施稻田养殖，沟渠、水网不完善的稻田养殖系统水分利用率也会下降。大面积的田间养殖工程系统，会影响区域水文循环和水分利用，这种影响不容忽视。

3. 净化水质

稻田动物活动及其新陈代谢影响水体的溶氧量和养分，稻鱼和稻鸭模式的稻田水体溶氧量分别比水稻单作增加56.0%和54.0%，有利于水质净化。稻田生态种养模式也减少了农药和化肥的施用量，减轻了由于重施农药和化肥造成的农田环境污染。稻虾共作田间水草种植也增加了水中的溶氧量，有利于净化稻田水体。实际生产表明，稻虾共作与水稻单作总的生产成本相近，稻虾共作模式成本中占比较高的是虾苗和饲料，水稻单作成本中占比较高的是肥料和农药，稻虾共作模式肥料成本降低了79.5%，农药成本降低了50%，有利于保障水质。

4. 增加面源污染

实际生产中，由于秸秆还田和饲料投入，稻田养殖田面水的氮、磷含量，硝态氮、铵态氮含量都高于水稻单作（刘卿君，2017）。经营者比较重视养殖动物的产量，往往投放较多的饲料，使稻田水体养分含量显著提高，虽然有利于水稻生产，但同时也增加了水体富营养化的风险（图6-5）。

A   B

图6-5　稻虾共作不合理物料投入增加水体富营养化的风险
A.养殖沟水体水质较好　B.养殖沟水体富营养化

三、病虫害防控与危害

1. 控制部分病虫草害

多数研究表明，稻田种养有利于控制病虫草害，但稻田湿地生物多样性复杂，引进个别养殖动物，不一定能控制所有病虫草害。稻田引进养殖动物加上田间环境变化，一些物种的优势度会下降，另一些物种的优势度会上升。如稻虾共作模式，随着养虾年限的延长，虫害明显减少，稻飞虱、二化螟、稻丛卷叶螟等得到控制（表6-2）。但是，从表6-2中也看到，随着稻虾共作年限的延长，水稻茎基腐病显著加重，强润（2016）研究也表明稻虾模式水稻纹枯病、稻瘟病病情指数提高（表6-3）。

表6-2　稻虾共作稻田病虫害发生情况

稻虾共作年限 （年）	稻飞虱 （个/米²）	枯心率 （%）	卷叶率 （%）	蜘蛛 （个/米²）	稻曲病 （株/米²）	基腐病 （%）
0	380	5.2	9.8	20	24	5.2
1	634	3.2	5.4	22	22	5.6
2	350	1.9	4.9	20	20	17.8
3	0	0.5	10.7	25	3	19.3
6	0	0.8	2.2	28	7	28.9

表6-3　各处理水稻乳熟期纹枯病、穗瘟、稻曲病病情指数统计分析

处理	纹枯病	穗瘟	稻曲病
稻虾模式	38.50aA	24.25aA	0.90abAB
稻鱼模式	25.30cC	18.30bB	0.81bAB
稻鳖模式	32.10bB	23.15aAB	0.96abAB
稻鸭模式	14.25eD	16.05bB	0.68cB
常规稻作	8.75fE	6.70cC	0.35dC
不施农药	21.8dC	25.90Aa	1.08aA

注：同列数据后不同大小写字母分别表示在0.01和0.05水平存在差异。

2. 影响除草

稻虾共作对田间杂草的控制效果也不能高估。从调查结果看，养虾后稻田杂草总量减少（图6-6），但随着养虾年限延长，部分杂草迅速回升，如千金子、稗和莎草等，部分杂草得到控制，如通泉草、空心莲子草和鳢肠。

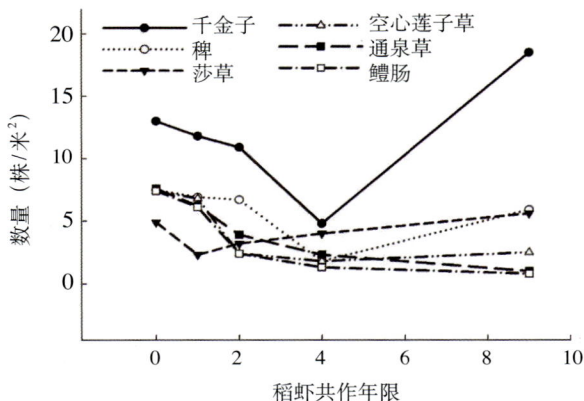

图6-6　稻虾共作系统杂草数量的变化

四、生物多样性与环境影响

1. 生物多样性影响

稻田种养模式引入养殖动物,一方面改变了食物营养关系;另一方面改变了田间结构、耕作制度及田间管理方式,稻田生态平衡会从旧的平衡转向新的平衡,因此会对稻田病虫草及生物多样性产生影响。一般来说,传统水稻单作稻田保持较高的生物多样性,实施稻田养殖后,由于田间工程的实施,稻田生物多样性下降,但随着系统发展,生物多样性会逐步恢复和提高。研究结果表明,稻虾共作模式,4年以后才能逐步回升(图6-7);稻田昆虫受模式影响较小,田间工程实施一年后即开始恢复,昆虫总数随稻虾年限越长呈先降后升的趋势,中性昆虫数量最多,植食性昆虫次之,寄生性昆虫最少(表6-4);稻虾共作多年后保持较高的天敌数量,如蜘蛛,但部分稻田杂草回升也较快,特别是在水稻直播条件下,部分恶性杂草会成为优势种(郭瑶,2020)。

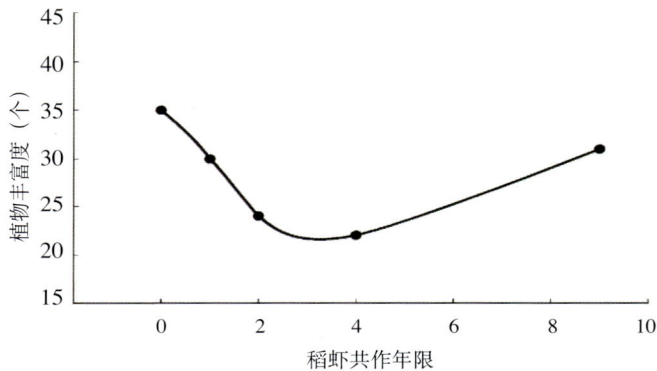

图6-7 稻虾共作系统物种丰富度的变化

表6-4 稻虾共作田和水稻单作田昆虫数量

稻虾共作年限 (年)	植食性昆虫 (个/米²)	捕食性昆虫 (个/米²)	中性昆虫 (个/米²)	寄生性昆虫 (个/米²)	总数 (个/米²)
0	21.0cd	6.3cd	24.0b	1.3 c	52.6 b
1	20.3de	5.0de	20.0cd	0.3 e	45.6 c
2	18.7e	4.1e	18.0d	0.7d	41.5 c
3	23.3bc	7.0c	21.7c	1.5 bc	53.5 b
4	25.4b	9.0 b	32.0 a	1.7b	68.1a
9	29.3a	11.7a	31.3 a	2.3 a	74.6 a

2. 大范围稻田耕作改制的生态环境效应

大面积实施稻田种养,实际上是一种区域性耕作制度改革,一些县市稻田种养面积往往占总稻田面积的50%，有的县市超过80%，集中连片的生产区往往从几千亩到几万亩，甚至几十万亩。这些大范围耕作制度改革必然影响区域稻田湿地结构及功能。研究表明，稻田种养由于引进动物的活动、种养田间工程及农艺的改变，对稻田水文循环、土壤特性、温室气体排放及生物多样性产生明显影响。田间尺度的改变必将形成区域效应（图6-8），如田间调查表明，稻虾共作稻田二化螟越冬幼虫基数为零（肖求清，2017），大面积集中连片将可有效控制二化螟的危害，那么其他生物的多样性将会怎么变化。平原湖区，稻虾共作模式在田间尺度上缓解了稻田涝渍问题，那么区域水文循环将如何变化。因此有必要探索长江中下游大面积稻田耕作改制对区域湿地生态功能及生态过程的影响机制。

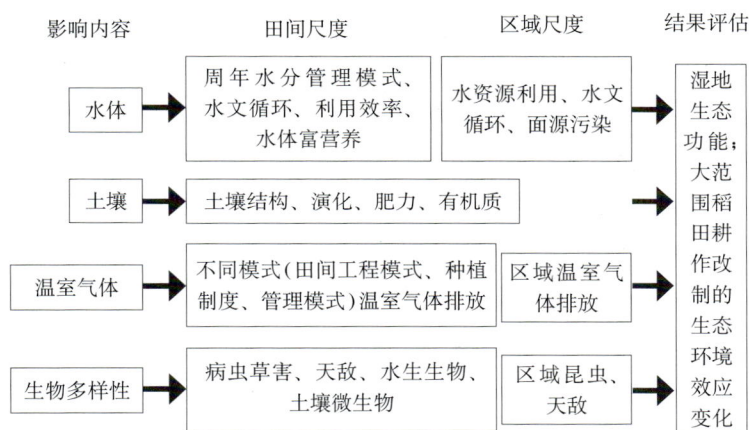

图6-8 大范围耕作制度改革的生态影响

第七章
稻田种养模式发展案例及借鉴

我国有着悠久的稻田养鱼历史，稻田种养是在传统稻田养鱼模式基础上逐步发展起来的生态农业模式，是农业绿色发展的有效途径。近年来为适应产业转型升级需要，经过不断技术创新、品种优化和模式探索，全国各地稻田种养产业形成各自发展模式和特色，如"南鄂北辽"分别是指湖北潜江的稻虾模式在南方具有代表性，辽宁盘锦的稻蟹模式在北方具有代表性。总结这些稻田种养产业发展经验，借鉴发展案例，对于明晰湖北"双水双绿"产业发展定位，探索出具有湖北特色的"双水双绿"产业发展路径具有指导意义。

第一节 国内外稻田种养模式及经验

稻田种养广泛分布于世界各地，尤其在东南亚地区十分盛行。世界各地在长期实践的基础上形成了自身特色和发展模式，积累了丰富而成熟的经验，如中国浙江青田稻鱼系统、东南亚IAA系统等一批代表性模式，其中我国浙江青田稻鱼共生系统于2005年入选联合国全球首个农业非物质文化遗产。

一、国外稻田种养模式及经验

国外稻田种养发展模式多样，在北美洲、欧洲、非洲、亚洲及中美洲等地均有分布，其中稻田养虾分布于北美洲、欧洲及东亚和南亚等地，发展各具特色。

1. 北美洲稻田养虾产业模式

北美洲稻田养虾的代表性地点为美国路易斯安那州和加利福尼亚州。美国路易斯安那州小龙虾因捕捞业的繁荣而闻名，最早报道于18世纪，20世纪40年代后期开始在路易斯安那州南部的阿查法拉亚（Atchafalaya）盆地开展池塘小龙虾单一化养殖，20世纪60年代出现小龙虾—水稻轮作模式，80年代后期走向商业化。90年代后，随着大米和其他农产品价格下降，以及农业成本的不断上升，许多农民将小龙虾养殖业视为综合种养体系中不可缺少的一部分，小龙虾的收入成为总体收入的主要组成部分。2004年，路易斯安那州小龙虾产量占美国的95%，2010年小龙虾产值超过1.8亿美元（12.24亿元，按

2010年美元兑人民币汇率计算），养殖面积48千公顷（72万亩）。

　　路易斯安那州的小龙虾养殖有3种模式：①小龙虾池塘养殖模式；②水稻—小龙虾连作模式；③水稻—小龙虾—大豆轮作或水稻—小龙虾—休耕模式（赵朝阳等，2009；Mcclain，2004）。路易斯安那州的小龙虾养殖一般不依赖颗粒饲料或补充饲料，水稻、高粱以及苏丹草是有效的饲料作物。路易斯安那州农业的两大优势产业是小龙虾和水稻，5～9月是水稻生长季节，11月至翌年6月是小龙虾生长收获季节，3～5月是小龙虾集中上市时期，同中国长江流域季节分布相同，同属北纬30°附近。路易斯安那州90%以上的小龙虾养殖区位于西南部地区（养殖面积占比45.7%）和中南部地区（养殖面积占比49.4%），南部的沼泽和湿地尤其是广阔的阿查法拉亚盆地是小龙虾捕捞业发展的起点。小龙虾的来源有野生和养殖两个系统，以2010年为例，路易斯安那州小龙虾养殖量占总产量的87%，克氏原螯虾和白河小龙虾是该地区两种主要的虾，其产量占美国总产量的90%。路易斯安那州小龙虾主要市场是本地和墨西哥湾沿岸地区，农民将绝大多数的小龙虾卖给批发商，批发商在批发店或加工厂按大小分级后卖给消费者、加工商或零售商，大规格小龙虾流入餐馆，较小规格小龙虾进入加工厂制作成虾球和虾仁。当前路易斯安那州小龙虾产业面临着两方面问题，一是市场问题，表现在4～8月季节性集中上市和来自中国等地大量廉价小龙虾的进口冲击；二是种苗及生产问题，表现为小龙虾种苗退化，多变天气影响小龙虾稻田繁殖和生长从而影响产量和市场需求的规格品质。

　　加利福尼亚州的稻田养虾模式是由于小龙虾主动入侵稻田而形成的。加利福尼亚州水稻种植主要位于质地优良、排水不良的萨克托门托山谷的红壤湿地，4月种植水稻，9～10月收获水稻，灌溉依靠山间融冰水，为了满足水稻种植面积扩大的需求，修建了水箱（一种灌溉渠系，为小龙虾夏季生存奠定了基础，相当于小龙虾的避难所）。因为属地中海气候，11月至翌年4月是雨季，加之农民习惯冬季泡田，稻田为小龙虾提供了主要栖息场所与良好生境，利于小龙虾的繁殖生长。加利福尼亚州的稻田养虾是一种粗放养殖天然捕捞模式（Brady Scott，2013）。

　　早在20世纪20年代，小龙虾就入侵了加利福尼亚州的水稻田，20世纪50年代农民将其当作农业害虫；20世纪80年代，加利福尼亚大学戴维斯分校召开了第五届淡水小龙虾国际研讨会，确定了将甲壳类作为重要食物资源而非农业害虫的研究思路；20世纪70年代，越南难民在美国西部海湾地区定居，部分居民从事螃蟹、虾、海鲜零售与餐饮，创造了辣煮小龙虾美食；20世纪70～80年代，加利福尼亚小龙虾主要面向欧洲市场，如瑞典、法国、西班牙和土耳其等；20世纪90年代，受国际货币汇率与海外市场变化的影响，加利福尼亚小龙虾市场由瑞典转向旧金山湾、饵店、宠物店及农贸市场，并填补了路易斯安那淡季市场小龙虾需求的空白；2000年，墨西哥沿岸的越南裔美国人把路易斯安那州小龙虾美食菜肴如煮小龙虾、煮虾、炸鲇鱼、软壳蟹、玉米棒和红薯薯条等传播到加利福尼亚奥兰治县小西贡地区，扩大了加利福尼亚的小龙虾市场；2004年，位于美国得克萨斯东南部的一个小镇——Seadrift的一位餐饮老板开了一家煮蟹餐厅，受到欢迎，越南裔美国人模仿其将煮沸的螃蟹和亚洲卡津(Cajun)美食迅速扩展到太平洋沿岸的其他越南裔美国人聚居地，如洛杉矶、萨克拉门托、圣迭戈和圣何塞等地，至此，亚洲的卡津菜从美国局部地区走向全美；同时另一家起源于奥兰治县的亚裔小龙虾连锁餐厅的热辣多汁小龙虾，也已经蔓延到拉斯维加斯、奥兰多和华盛顿特区。亚洲卡津美食菜肴的文化传播拓展了小龙虾市场。2004年以后，经媒体大量报道宣传小龙虾产业链，并通过音乐与美食举办节庆文化日，加利福尼亚的小龙虾逐步拓展到全美市场。

2. 欧洲稻田养虾产业模式

欧洲稻田养虾代表性地区是西班牙和葡萄牙。螯虾在欧洲历来就具有很重要的商业价值，这与其深厚的饮食文化密不可分。19世纪中叶，北美无丝酵母菌侵入欧洲本土小龙虾，致其大面积死亡，原产北美的小龙虾于1973年首次被引进西班牙中部的巴达约斯地区和瓜迪亚罗河流域以增加欧洲螯虾市场的供应，目前集中分布在葡萄牙和西班牙，广泛零星分布于中欧和西欧，如奥地利、比利时、英国、法国、德国和荷兰等地。

1974年，小龙虾首次入侵西班牙水稻重要种植区域——塞维利亚地区(Anastácio，1993)。1979年西班牙南部的小龙虾数量增长失控，入侵了该地区的所有稻田(Fishar，2006)。1986年数据显示西班牙南部塞维利亚稻田每年捕获3 000吨小龙虾，也是伊比利亚半岛唯一特定的小龙虾生产区(Fishar, 2006; Gutierrez-Yurrita et al., 1998)。西班牙大部分小龙虾供给来自瓜达尔基维尔河流域稻田和沼泽地，稻田养虾中小龙虾的产量达到1 100千克/公顷（73.33千克/亩）。

西班牙小龙虾的生长在稻田或沼泽地中，旱季掘洞，雨季出现在稻田中(Ackefors，2000)。与美国路易斯安那州相似（轮作），3～4月移植水稻，6月水稻株高达到25厘米时，按55～65千克/公顷的密度投放成年种虾，8月稻田排水收获水稻，10月稻田再次覆水，11月至翌年4月收获小龙虾(Caffey et al., 1997)。

1990—1991年，小龙虾入侵葡萄牙下蒙得戈及其支流阿伦卡和普拉纳托流域的主要水稻种植区域。小龙虾的掘洞、取食、竞争等活动，对稻田灌溉系统、水稻以及水生生态系统产生严重影响。最初葡萄牙广大水稻种植户把小龙虾视为害虫，认为其掘洞会对稻田造成严重破坏；在化学药剂控制无效后，逐渐将小龙虾作为生物资源，并通过合理控制帮助水稻生产，同时实现小龙虾的丰收。

3. 东南亚稻田养（对）虾模式

东南亚稻田养虾分布在湄公河三角洲流域。湄公河流域既是越南对虾的重要生产地（占越南对虾总产量的76%），也是水稻种植的重要功能区(Dang and Danh, 2008)。越南稻虾种养产业开始于20世纪80年代，之前一直只栽培水稻，因海平面上升导致农业经常受到含盐量较高的海水侵袭，旱季稻田土壤盐碱化问题日益严峻(Tho et al., 2013)，致使该区域由"雨季种水稻、旱季种旱稻"的农作制度逐渐转向"雨季种水稻、旱季养殖对虾"的农作制度。湄公河三角洲流域气候特点：5～12月为雨季，12月至翌年4月为旱季，8～12月大部分地区处于淹没状态(Leigh et al.，2017)，导致11月至翌年2月种植旱稻，4～7月种植水稻。湄公河流域分为深水区(1.5～3.0米)、半深水区(0.6～1.5米)和浅水区(<0.6米)。湄公河三角洲南部的浅水沿海地区以水稻—海水虾轮作模式为主，即旱季利用海水养虾，雨季利用雨水冲洗稻田降低土壤盐分含量从而种植水稻。旱季常见养殖对虾品种有黑虎对虾、草虾（斑节对虾）和基围虾（自然品种）3种。稻虾轮作模式多分布在受盐水侵袭的地方，养殖方式为天然养殖，不添加复合饲料，水稻提前20～25天育苗然后移栽。目前研究发现：水质差和食物供应不足是影响虾生产的主要因素，高盐度是影响水稻生产的主要因素（Catherine Leigh et al.，2017）。目前东南亚稻虾养殖发展面临的主要威胁：①白斑病，水质问题，急性肝胰腺坏死病等；②水稻生产受海平面上升和盐渍化入侵；③水稻病毒病威胁，以及耐盐碱水稻的产量偏低等。

4. 南亚稻田养虾模式

南亚稻田养虾主要分布在孟加拉国和印度。孟加拉湾地区以水稻—罗氏沼虾（对虾）模式为主，存在水稻—对虾共作和轮作两种模式（Ahmed and Garnett，2010）。水稻—对虾共作系统是8～12月种植水稻，2～8月养殖对虾，多分布于地势低洼、水资源便利、土壤肥沃的地区，由种养土地面积趋紧、劳动力丰富的家庭从事。水稻—淡水对虾轮作系统是雨季（6～11月）养殖淡水对虾，旱季（1～5月）种植一季旱稻，多分布于水位较深的低洼易涝、易受海水入侵、土壤贫瘠、劳动力资源匮乏、资金不充裕、较少改造的地区。此外，稻田堤坝种植作物，如冬季的胡萝卜、番茄、洋葱、长豇豆、菠菜、豌豆等，夏季的秋葵、甜瓜等（Ahmed et al.，2010）。

孟加拉国的对虾养殖产业起源于20世纪60年代，由于气候条件适宜，以及丰富的饲料、种子、水和廉价劳动力等资源使虾养殖业迅速扩张，加上对虾养殖利润高、国际对虾需求市场广阔，能够提供丰富的就业机会以及创造大量外汇收入等，引起了国家政府和国际发展机构的关注。20世纪80年代后期首次出现将淡水对虾引入稻田养殖，90年代得到快速发展，当时主要分布于孟加拉国西南部沿海湾低洼稻田地带。但是对虾产业的发展也给孟加拉国的社会、经济、环境等带来诸多严峻挑战：一是土地利用发生变化，单一化咸水鱼塘，常年养殖对虾，土地盐碱化后不利于农业生产，水稻、香蕉、饲料作物和蔬菜等均不能种植，牲畜养殖、水果产业等均受到影响，农业收入抗风险能力降低；二是基本生存受到严峻威胁，农田改为咸水鱼塘，常年咸水养虾使得稻田盐碱化，无法种植水稻，农民粮食生产受到严峻挑战，同时对虾养殖相对于水稻种植劳动力需求减少，致使农民向非农转移就业，农民就业不稳定性风险上升，生计受到严峻挑战；三是土地的资本化使得养殖大户和外部企业控制了土地，并赚取大部分利润，贫穷和边缘化的农民无法承担对虾养殖的初始成本，致使贫富分化问题日益严重；三是生态和环境恶化，高度集约化的养殖方式需要大量化学品维护，因废水处理成本高，虾池污水的直接排放污染了土壤和水，造成富营养化，引起土壤退化、水污染、水生底栖生物多样性下降（Ahmed et al.，2011）。

水稻是印度南部农业不可分割的一部分。印度稻田养虾主要分布在西南部的喀拉拉邦库塔纳德地区（库塔纳德湿地系统是由4条河流组成的洪泛区，面积1 100千米²）。基本模式是水稻—对虾—鱼(鲤)轮作。对虾品种是河对虾，这是东南亚和南亚土生土长的虾。该地区地势低洼，稻田边上留有育苗池，平均海拔0.5～2.5米；3～10月鱼、虾在低洼地养殖，鱼、虾收获后抽水，11月至翌年2月种植水稻，水稻收割前40～60天育苗（Chellappan et al., 2013）。印度水稻种植系统属于小规模、劳动密集型的小农经营方式，印度农村经济形态主体是小农自给自足式经济。印度稻田种养系统概念不仅仅是水稻和水产的结合，其强调的是将大田作物和蘑菇种植与奶牛、猪、家禽、蜂、山羊养殖等适当结合起来，即种植业和养殖业的适当结合，又称为IAA（integrated agriculture aquaculture）系统。从发展的角度看，印度稻田种养系统对促进肥料和饲料循环利用、增加农业系统产品产量、提升农民收入、降低单一水稻种植经营风险、带动家庭劳动力就业、改善农村小农家庭的生计、保障资源有限的小农和边缘农民家庭粮食和营养安全具有重要意义。但印度稻田种养发展也面临着一系列问题：一是由于小农家庭经济基础条件差、土地规模小且碎片化严重制约稻田种养系统涉及的土地平整和大量基础设施的建设；二是稻田种养系统涉及水稻、水产、园艺、畜牧等多种专业化种养技术，存在技术推广效果不佳的问题；三是小农为开展农业生产和维持家庭经济收入必然需要多样化农业生产的多种物资供应和销售市场的构建，但当前无法满足这种需求从而影响了稻田种养系统的健康发展（Annie et al., 2019）。

二、国内主要稻田种养模式及经验

国内稻田种养分布较广，有水就有稻，有稻就有稻田养殖，北到东北三省，西到宁夏引黄灌区，南到西南山区。稻田养虾主要分布在华中地区和华东地区，涉及淮河流域、长江流域、汉江流域、洞庭湖流域、洪湖流域、鄱阳湖流域、洪泽湖流域，各地实践形成了良好的模式和经验。

1. 辽宁盘锦稻蟹共作模式

辽宁盘锦地处东辽河和辽河两大河流入海口，水域面积广阔，是我国北方地区河蟹的主要自然繁育和育肥区域。20世纪90年代，盘锦水产科技人员在全国率先突破河蟹大规模人工育苗技术和稻田养殖技术，使河蟹养殖在盘锦得到了大规模推广。2017年河蟹养殖面积达到160万亩，其中稻田58万亩，苇田80万亩，水库、坑塘、沟渠22万亩，全市河蟹产业从业人员达到18万人。稻蟹种养的成蟹养殖面积28万亩，扣蟹养殖面积30万亩。稻田蟹产量2 360万千克，实现产值8.1亿元；稻蟹种养水稻产量34.8万吨，占全市水稻总产量的36%。盘锦大米是辽宁盘锦特产，中国国家地理标志产品。

盘锦稻蟹综合种养模式分为扣蟹（幼蟹）养殖和成蟹养殖两种模式。扣蟹养殖，平均单产60千克/亩左右，部分采取高密度养殖方式的养殖户单产可以达到100千克/亩。全市年产扣蟹1 000多万千克，除了供应本地养殖所需，还远销吉林、黑龙江、内蒙古、宁夏、新疆、陕西、四川等地，是我国北方地区河蟹苗种的主产区。由于扣蟹市场价格近几年波动较大，同时秋季和春季价格也有较大差异，正常养殖效益为400～1 000元/亩。

近年来，盘锦充分发挥国家级生态示范区和国家有机食品生产示范基地优势，大力建设绿色、有机稻米生产基地，重点推进百万亩优质水稻工程，实施"稻蟹共生、一地两用、一水两养、一季三收"的蟹稻共生原生态种养模式。盘锦计划通过土地要素流转、托管、股份制等方式，形成以合作社为主的新型农业经营主体，推进组织化生产；将新型农业经营主体与农垦企业、河蟹龙头企业形成以土地为核心的利益联结机制，推动稻蟹种养产业生产、管理、经营规模化；推行大米、河蟹标准化生产体系，通过标准化生产管理，实现大米、河蟹产业优质化、生态化；发挥大米协会、河蟹协会的作用，严格管理盘锦大米、盘锦河蟹商标授权经营，依托重点龙头企业，建立盘锦稻蟹种养产业联盟，逐步实现统一定价、统一标准、统一营销、统一追溯。

2. 江苏稻虾模式的发展

江苏稻虾模式发展比较快，主要得益于小龙虾产业的发展。20世纪60～80年代，小龙虾逐渐成为苏中、苏北百姓餐桌上的佳肴，20世纪80年代末，江苏淮安、盐城等小龙虾自然资源丰富的地区开始发展捕捞加工业，产品出口欧美地区，到20世纪末，逐步发展成为江苏主要出口水产品之一，全国70%以上小龙虾加工企业在江苏。进入21世纪，随着盱眙"中国龙虾节"的连续成功举办，全国迅速掀起龙虾红色风暴，风靡国内餐饮市场，吃食小龙虾成为时尚消费，江苏龙虾餐饮文化走向全国（陈焕根等，2018）。

江苏稻田养虾起步比湖北潜江等地晚，是在湖北潜江模式的启发下发展起来的，并适应当地实际生产情况，自成江苏模式，其稻田选择、田间工程、苗种选择及日常管理和捕捞方式与湖北均有较大差别。江苏重视保护稻田，保证粮食产量，主体模式类似稻虾连作，田间结构简易。2019年初，盱眙小龙虾"一稻三虾"种植模式取得突破性进展，改变了传统稻虾连作中小龙虾轮捕轮放的养殖模式，避免了小龙虾近亲繁殖种质退化、疾病传播蔓延、养殖塘产量不可估测无法精准投料饲喂以及存塘虾大小不一而无法分级捕捞等突出问题，并得到大力推广；盱眙县把稻虾共作综合种养作为农业转方式调结构、产业优模式增效益的重要抓手，并率先组建了全国第一家龙虾产业发展局，将稻虾共作推广作为业务工作的重中之重。盱眙县农业部门还将稻虾共作作为精准扶贫的重要抓手，在专项资金补助和土地流转等方面给予重要支持。江苏稻田养虾集中分布在宿迁、淮安和盐城，代表性县市是盱眙、泗洪、兴化等地，采用"一次放养，多年收获"的养殖模式，形成了饲料加工、苗种繁育、成虾养殖、成品加工、销售、特色餐饮、调味品种植与加工等为一体的小龙虾产业链。

江苏省稻虾模式也面临一些问题，一是模式本身，采用"一次放养，多年收获"的稻虾连作+共作繁养一体化模式，由于纬度相对长江中下游地区偏高，春季气温回升慢，致使小龙虾生长缓慢，上市迟；同时小龙虾种苗以稻田繁养一体化为主，苗种数量难以控制，致使年际产量不稳定；加之稻田小龙虾长期近亲繁殖导致种质退化，出现小龙虾越养越小、效益越养越差的现象。二是市场及稻虾协同问题，随着稻田养虾大面积快速发展，小龙虾市场价格与往年同期相比呈现下降趋势，而生产成本呈现上升趋势，稻田养虾效益下降；江苏的"虾强稻弱"明显，追求产量和品质的小龙虾精养较多，同时江苏围绕小龙虾已经建立了完善的产业体系，但水稻层面处于起步阶段，绿色稻米的价值未发挥出来。

3. 湖南稻虾模式的发展

湖南洞庭湖区与江汉平原"四湖"地区条件相似，稻田种养也以稻虾模式为主。2017年，湖南稻田种养面积达332.25万亩，稻田种养水产品产量达19.02万吨，其中小龙虾产量达13.57万吨，位居全国第三；湖南稻田养虾主要集中在洞庭湖周边，代表县市诸如南县、华容、临湘、沅江等地。湖南稻虾形成了以南县为核心区，辐射带动沅江、大通湖、资阳、赫山等周边县（市、区），带领10万农户联合共建稻虾生态种养示范基地100万亩，辐射环洞庭湖300万亩基地。环洞庭湖区稻虾种养模式有3种（王冬武等，2018）。

一是稻虾轮（连）作模式。该模式为新发展养殖户普遍采用的模式，技术要点是种苗一次放足、定期起捕，或多次放苗、轮捕轮放。虾苗外购，4月放种，5月底起虾，6月中旬前收完，后放水整田种稻，稻种以直播为主。技术特点是田块较小、田间工程标准不高，管理粗放，人工投饵较少，经济效益不高。

二是稻虾轮作+共生模式（一稻三虾）。该模式以南县为主，实现了繁养一体化，一些传统养殖大户普遍采用此模式。技术要点是一般在水稻收割后投放虾苗或抱卵虾进行孵幼养殖，养殖至第二年4月小龙虾上市销售，一直收获销售到6月中旬，再种植一季稻。技术特征是一季稻套养春季虾苗、夏季食用虾、秋季种虾模式。技术特点是充分利用小龙虾不同生长发育期需求特性，以时间换空间，确保小龙虾在稻田水体常年密度不高，挖掘稻田有效承载能力。

三是稻田-池（藕）塘耦合连作模式。技术特点是能充分利用稻田、池塘两类水体的光热时间分布差异，最大限度为小龙虾提供适宜生存条件，延长生长育肥时间，提高成虾规格，错开上市高峰，提高养殖效益。一些房前屋后有堰塘资源的农户开始尝试利用此模式。

4. 安徽稻虾模式的发展

安徽稻虾综合种养技术起源于20世纪70年代，2007年以前一直处于小农经济发展状态；2007年安徽启动实施了小龙虾进稻田工程，经过10多年的探索发展，面积逐步扩大；近几年稻虾种养面积迅速增加，至2017年达到90万亩，全省稻虾种养小龙虾产量达到12.08万吨。

全椒县是安徽稻田养虾的起源地。2006年，全椒县赤镇小龙虾经济专业合作社的成立是安徽探索规模化、高效化稻虾生态种养的开端。2006—2010年，安徽将小龙虾进稻田作为实施渔业"三进工程"，着力推广稻虾连作、稻鳅（青虾）间作。至2010年达80万亩，水产品总产量达7.3万吨，产值达3.2亿元。2012年，安徽庐江、长丰、霍山、郎溪等大力推广稻虾种养模式。2013年，小龙虾市场火爆，养殖效益继续攀升，全椒县稻虾模式全部达到亩产稻谷500千克，亩产小龙虾100千克，亩均增收2 000元。2014年，全椒县稻虾生态种养面积达5万多亩，小龙虾年产量约5 000吨，领跑全省。2016年，以"互联网＋"稻渔综合种养为现代生态农业产业化主攻方向，带动形成水产养殖、畜禽养殖、农作物种植循环协调的现代生态农业产业圈。

安徽稻田养虾分布在沿江江南、江淮之间以及沿淮区域，集中在淮河与长江之间的安徽中南部，代表性地区诸如全椒、霍邱、长丰、宣州等地。稻田养虾主要有两种模式。一种是稻虾连作种养模式。每年8～9月中稻收割前投放亲虾，或9～10月中稻收割后投放幼虾，翌年4月上中旬至6月上中旬收获成虾，6月整田插秧，6～10月水稻种植生产，如此循环轮替。一般每亩可产小龙虾75～100千克，水稻500千克，亩利润2 000元。另一种是稻虾共作模式。每年8～9月中稻收割前投放亲虾，或9～10月中稻收割后投放幼虾，翌年4月中旬至5月下旬收获成虾，视情况补投放幼虾，5月底至6月初整田、插秧，8～9月收获亲虾或商品虾，种一季稻，收两季虾，如此循环轮替。稻虾共作种养模式一季稻两季虾，4～6月一般可收获小龙虾150千克左右，8～9月可以再收获50千克，亩产水稻500千克，亩利润3 000元（蒋军等，2018）。

5. 江西稻田种养模式及发展

江西稻田养鱼比较早，拥有1 000多年的历史。中华人民共和国成立后，稻田种养面积从1949年的4万亩发展到1983年的19.28万亩，到1990年的67.4万亩再到2018年突破100万亩。20世纪50～80年代以平板式稻田养鱼为主，80年代中期出现沟池和沟垄养鱼，90年代实施稻渔工程进入标准化阶段，2010年后进入产业化、规模化发展阶段。2018年，江西稻田种养突破100万亩，位居全国第五，产值达到170亿元，亩均增收1 600元以上，创建了10个整县推进示范县，创建了"鄱阳湖"牌稻渔品牌。

江西稻田养虾模式主要分布于环鄱阳湖周边地区，重点分布于彭泽、进贤、新建、南昌、都昌、永修、湖口、瑞昌、柴桑、共青城、庐山、余干、鄱阳、万年、丰城、樟树、高安、泰和、吉水、会昌、南城、余江、铅山等县（市、区）。稻田种养模式主要有稻虾连作和共作模式，主要分布于冬闲田地区。技术要点是选择集中连片的百亩以上或几百亩单季稻田，以40～50亩为一个养殖单元进行田间工程建设；每个单元对田埂加固，开挖环沟和田间沟，建设进排水口的防逃设施，环沟和田间沟面积占稻田面积的10%以内。种植水草（苦草、轮叶黑藻、伊乐藻等），投放种虾或虾苗，科学投喂和管理，对稻田进行综合种养。该技术模式可产优质小龙虾70～170千克，亩纯利润可达1 500元以上，经济效益十分可观（江西省水产推广总站，2018）。

第二节 县域稻虾产业模式分析

2018年全国小龙虾养殖产量前30名的县（市、区），主体来自稻虾模式。湖北拥有

15个县（市、区），其中湖北监利、洪湖和潜江常年稳居前三位，第四是江苏盱眙，第五是湖南南县，这些县（市、区）的稻虾产业化各具特色。

一、湖北省潜江市稻虾产业模式

潜江位于湖北中南部、江汉平原腹地，地跨东经112°29′～113°01′、北纬30°04′～30°29′，东通武汉、南连监利、西邻荆州、北接荆门，是武汉城市圈、鄂西生态文化旅游圈、长江经济带、汉江生态经济带等湖北"两圈两带"战略的重要节点城市。境内地势平坦，平原地貌占比98.66%，北有汉江、东有东荆河，境内地表水、地下水资源总量为462.45亿米³，河渠纵横、水利设施完善、蓄洪排涝能力强；属亚热带季风气候，光温资源充足、雨热同期、土壤肥沃、水资源极其丰富，非常适合小龙虾生长；境内耕地108万亩，稻田61万亩。

1. 潜江稻虾成为全国典范

潜江充分发挥水资源丰富的优势，从养殖、种植，到加工、贸易，再到餐饮、服务、物流等，采取"科技推动、政策促动、龙头带动、部门联动、培育中介、做强餐饮、品牌驱动、严控质量、信息拉动、以节会友"等措施，推动一二三产业融合发展，完善小龙虾全产业链，打造世界小龙虾产业之都。经过十多年的培育和发展，潜江小龙虾产业已形成集科研示范、良种选育、苗种繁殖、生态养殖、加工出口、健康餐饮、冷链物流、精深加工、节庆文化、产城融合等于一体的产业融合发展格局。2015年全市小龙虾养殖面积达到2.33万公顷，其中稻田综合种养面积2.10万公顷，比2010年增加1.32万公顷；小龙虾产量达到6.00万吨，比2010年增加3.49万吨；小龙虾养殖产值达到18.0亿元，比2010年增加14.3亿元；小龙虾苗种销售10亿尾，苗种产值1.2亿元；小龙虾出口创汇1.40亿美元，比2010年增加0.49亿美元；小龙虾全产业链综合产值达150亿元。从事养殖、物流、加工、餐饮等服务行业就业人员7万人。

2. 从稻虾连作到稻虾共作

创造了稻虾连作模式。2001年，潜江积玉口镇的农民开始利用低洼冷浸田养殖小龙虾，发明了稻虾连作种养技术。早期的稻虾连作技术主要是解决野生小龙虾稻田寄养的问题，将高峰期捕捞的小龙虾寄养在低洼稻田，第二年春末上市。该技术的主要特点是每年6月上旬，按水稻栽培技术进行中稻栽插、管理，9～10月投放虾种，投放虾种后按照小龙虾养殖技术进行管理，翌年4～5月收获小龙虾，即种植一季中稻，养殖一季小龙虾。这样解决了低洼冷浸中稻田冬春两季闲置的问题，实现了稳粮增效。

稻虾连作模式提供了大量虾苗和商品虾，但在后期市场对小龙虾的需求难以得到满足。为了更好地挖掘养虾稻田的潜力，发挥稻田养虾的经济和效益，潜江市委、市政府鼓励基层科技推广人员大胆创新，2013年，创新出了稻虾共作生态种养模式。稻虾共作生态种养模式是在稻虾连作基础上发展而来，变过去"一稻一虾"为"一稻两虾"。稻虾共作生态种养能充分利用稻田资源，将水稻种植、小龙虾养殖有机结合，通过土地和水资源的循环利用，全程使用频振式杀虫灯，减少农药用量和化肥施用量，达到水稻、小龙虾共同生长。稻虾共作可亩产小龙虾150千克左右，亩均纯收入4 000元左右，具有很好的稳粮增收效果和显著的经济、社会、生态效益。随后，稻虾共作模式在潜江，以及湖北其他县（市、区）乃至全国适宜地区推广。

3. 潜江稻虾产业的主要做法与成就

（1）政策促动，壮大了经营主体规模。市委、市政府支持新型农业主体大力发展稻虾共作生态种养。2013年，市政府根据全市水和稻田的资源条件，科学规划，合理布局，集中连片，规模经营，同时出台了各种支持政策，对新发展稻虾共作生态种养模式的养殖户按照每亩40元的标准予以补贴；2014年，又对新发展的千亩连片基地每亩给予40元的补贴；2018年，全市稻虾共作面积已达54万亩，潜江小龙虾产量近9.21万吨，养殖产值（含苗种产值）54亿元，建成了13个万亩和60个千亩集中连片稻虾共作标准化生态种养基地，形成了布局合理、集中连片、产销功能齐全的潜江小龙虾养殖新格局。

（2）科技支撑，积极推进标准化养殖技术。潜江市政府重视与科研院所的科技合作，通过与华中农业大学、武汉大学、中国科学院水生生物研究所、湖北省水产科学研究所、湖北省农业科学院等科研机构的密切合作，开展了小龙虾良种选育繁育、营养饲料需求、小龙虾综合种养模式、小龙虾甲壳素和衍生物的精深加工、小龙虾产品保鲜技术等方面的技术创新，鼓励科技人员创新创业、创办领办经济实体，建立了多元化的信息服务渠道，增强小龙虾产业科技信息化支撑能力。在小龙虾养殖、繁育、加工、餐饮技术上形成了18项标准，包括《潜江龙虾"虾稻共作"养殖技术规程》国家行业技术规程，《潜江龙虾虾稻轮作养殖技术规程》《虾稻共作养殖技术规程》（DB24/T 1193—2016）、《虾莲藕共作技术规程》（DB42/T 1395—2018）、《虾蟹鳜池塘生态养殖技术规程》（DB42/T 1436—2018）等7项湖北省地方标准和10项潜江市地方标准。在技术扶持上，结合国家农业标准化生产有关规定和质量要求标准，制订和完善了《水产养殖用药管理实施方案》，以多种形式开展科技入户工作，并建立了水产养殖登记制度、处方制度、用药记录制度、休药期制度、渔药准入制度等5项制度。目前，潜江小龙虾养殖基地坚持标准化生产，均符合绿色食品生产要求，是全国小龙虾标准化养殖示范县。

（3）平台构建，形成全国小龙虾交易中心。潜江大力推进互联网+小龙虾行动计划，构建区域一体化、内外一体化、线上线下融合发展的小龙虾产业发展新格局。建立了虾谷360、京东潜江馆、牛牛网、翼之虾等网上交易平台，潜江小龙虾每年互联网销售过10亿元。依托潜网小龙虾贸易公司，建成了目前全国最大的小龙虾专业交易市场——潜网小龙虾交易中心，已开通物流直达专线到全国所有省会城市，18小时内可将鲜活潜江小龙虾供应到全国300多个城市。有效建立起农户、合作社等与外界的联系，及时将养殖的小龙虾发往全国各地。交易中心在高峰期日均交易量可达600～800吨，2018年销售鲜活小龙虾13万吨，销售额达48亿元，密切了龙头企业、市场与农户的利益联结关系，带动了企业增效和农民增收，被评为全国农业农村信息化示范基地。

（4）品牌打造，提升产品内涵。潜江市政府聘请专业品牌策划公司谋划出台《打造"潜江龙虾"区域公用品牌行动方案》，出台"黄金30条"，推动"潜江龙虾"区域公用品牌可持续发展。注册了"潜江龙虾""潜江虾稻"国家地理标志证明商标，"潜江龙虾"被认定为中国驰名商标。开发了潜江龙虾APP，开通了"潜江龙虾""潜江虾稻"微信公众号，建成潜江稻虾品牌信息服务平台，设计、推广"潜江龙虾""潜江虾稻"二维码。在生态龙虾城开展双品牌运行试点，对9家企业进行了"潜江龙虾""潜江虾稻"区域公用品牌授权，并建立了统一标识、授权编号、网上查询、年度年检制度。

通过"走出去"等方法，抓住北上广深等消费旺盛地区，举办"潜江龙虾走进深圳"等推介活动，加快品牌输出；实施合作联盟，结成战略合作伙伴，统一推广潜江稻虾标准化种养技术，统一宣传、使用"潜江龙虾""潜江虾稻"区域公用品牌。持续在中央电视台、新华网、湖北电视台、《湖北日报》等主流媒体宣传报道潜江龙虾区域公用品牌，全方位提升了"潜江龙虾"的品牌影响力。同时，通过10多年的"中国潜江龙虾节"活动，围绕"展示稻虾成果，促进乡村振兴；传播稻虾文化，提升生活品质"的宗旨，充分展现了潜江市稻虾产业发展的辉煌成果，向世界宣传潜江龙虾文化，提升产品内涵。

4.潜江稻虾发展的主要经验

（1）创新驱动。机制创新，把创新与产业融合相适应的经营机制和有利农民增收的利益机制相结合，形成科研院校、龙头企业、专业合作组织、种养农户等共同参与的生产经营格局，如按照"三权分置"办法进行土地流转，实施迁村腾地工程，以稻虾共作模式，加快土地流转，推动农民就地就近城镇化，推进产城融合，把小龙虾元素融入城市建设之中；模式创新，潜江农业、水产科技人员经过多年实践，对稻虾连作、稻虾共作等十多种模式进行了创新；科技创新，开展产学研、农科教合作，潜江以莱克水产、华山水产为主的5家企业与武汉大学、华中农业大学等科研院校深度合作，在潜江建立院士专家工作站、博士工作站，着力解决制约产业融合发展的技术难题；政策创新，创新组织管理模式，创新投资政策，采取直接投资、以奖代补、先建后补、贷款贴息等多种形式，整合涉农资金，形成发展合力，同时在税收、用水用电等方面出台优惠政策；金融创新，着力打造涵盖银行、保险、证券以及互联网金融的立体金融支撑体系，设立小龙虾发展基金，积极推行欣农贷、虾农贷等金融产品，对小龙虾养殖设施设备贷款给予贴息支持，积极探索开展小龙虾农业保险等，解决经营主体的后顾之忧。

（2）开拓进取。向上拓展、向下拓展、横向拓展，延伸产业链（图7-1）。向上拓展解决种苗瓶颈，莱克水产通过建设小龙虾良种选育繁育中心项目，带动小龙虾良种选育、苗种繁育，已建繁育基地面积760公顷，2015年已供苗10亿尾，2016年可供虾苗达30亿尾，为促进小龙虾产业可持续发展奠定了良好基础；向下拓展延伸产业链条，华山水产从精深加工入手，加快甲壳素及其衍生品的研发，进一步延伸了小龙虾产业链，提高了小龙虾产业竞争力和产品附加值；横向拓展，实现稻虾共同提升，潜江在大力发展小龙虾的同时，坚持虾和稻双轮驱动，积极支持虾乡稻大米的发展，支持大米加工企业打造

"虾乡稻"优质大米品牌；融合拓展，打造以潜江生态龙虾城为核心的餐饮品牌集群，按照"互联网+"的模式，在淘宝、京东、一号店等电商平台推出"虾小弟""虾尊""虾皇"等潜江小龙虾十多个线上品牌近百个品种，产品销量每年以200%的速度递增，在巩固国际市场的基础上积极开拓国内市场，带动了交通、物流和旅游业的协调发展。在潜江建成了全国唯一的小龙虾专业培训学校，面向全国进行科研、养殖、烹饪、电子商务等专业培训。同时，大力打造小龙虾节庆文化，提升小龙虾产业内涵。潜江还被评为"中国节庆品牌示范基地""中国最具地方特色物产节会""中国最具魅力节庆城市"。

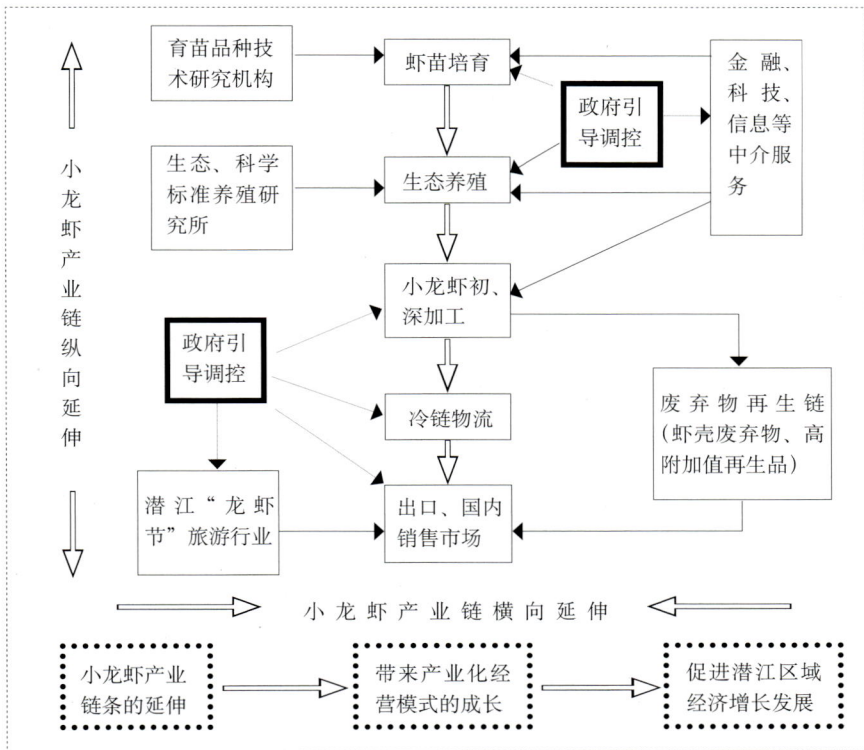

图7-1 潜江小龙虾产业链延伸结构示意
(刘姝蕾, 2014)

（3）科学谋划。为了把小龙虾产业做大做强做远，潜江市牢牢把握发展农业现代化的战略机遇，科学编制小龙虾产业发展"十三五"规划。以转变发展方式为主线，以增加小龙虾产品有效供给和促进农民持续增收为核心，以增强小龙虾产业科技创新能力为基础，以提高小龙虾产业综合生产能力、抗风险能力和市场竞争能力为主攻方向，加快潜江小龙虾产业经营体制机制创新，致力打造"潜江龙虾""潜江稻虾""潜江虾稻"品牌，着力推进潜江小龙虾全产业链向集约化、标准化、规模化、精细化、市场化、品牌化、现代化方向发展。强化政策、科技、设施装备、人才和体制支撑，构建结构合理、功能完备的潜江小龙虾产业发展体系，以打造小龙虾产业繁育、养殖、餐饮、加工、节会、品牌、营销、设施等八大升级版,筑牢潜江"全国虾王"地位。

二、湖北省监利县稻虾产业模式

监利位于湖北中南部,荆州北岸,江汉平原腹地。境内地势平坦,属河湖冲积平原;地处东北亚热带东部季风区中心和北纬30°黄金气候带上,光温资源充足、雨热同期、土壤肥沃、水资源极其丰富;境内耕地面积264.5万亩,水田面积222.39万亩,适合稻田小龙虾养殖低湖田面积约100万亩,具有良好的资源优势和生态优势,享有"鱼稻之利",是"鱼米之乡"的典型代表。

1. 监利"双水双绿"产业模式概况

2018年监利被确立为湖北"双水双绿"产业发展先行区,监利主动将实施"双水双绿"战略与全县经济社会发展四大目标有机融合,把"双水双绿"产业作为工业倍增的资源补充、农业转型的主要方向、城乡同治的产业基础和民生共享的增收来源,大力推进农业供给侧结构性改革,实现农业农村高质量发展。截至2018年,全县水稻面积232万亩,稻谷产量128万吨;虾稻共作面积80万亩,小龙虾产量13.06万吨。稻与虾总产量分别位居全国县级第一。

2. 监利"双水双绿"产业体系的建设

监利自古以来盛产水稻和水产品,是全国闻名的农业大县。2013年监利启动实施水产业供给侧结构性改革,福娃集团建成全国最大稻虾基地3万亩,引领示范促进了监利稻田种养发展,虽然稻虾模式发展起步晚于潜江,但在市场和政策的双重因素驱动下,监利稻虾种养已经由最初的十几万亩发展到2018年的80万亩,小龙虾产量年年攀升,多年位于全国县级第一。总结其发展模式,主要体现为"两大支撑,三大体系,四大工程",即政策及平台支撑、科技支撑;生产体系、加工体系、三产融合体系;品牌建设工程、产业文化建设工程、产业链建设工程、产业园建设工程(图7-2)。

(1)"双水双绿"产业体系建设。以水稻和水产两大主导产业,坚持供给侧结构性改革为主线,努力构建"双水双绿"产业体系。模式布局方面,调减双季稻,增加中稻,大力推广再生稻和稻田种养新模式;产品结构方面,大力发展绿色水稻和绿色水产,构建全产业链产品质量体系;产业发展方面,按照"做强一产、做优二产、做活三产、三产融合"发展思路,以产业园建设推进产业集聚发展,不断延伸产业链,推进水稻小龙虾精深加工,以稻虾田园综合体、稻虾文化城和稻虾品牌建设为抓手促进产业融合发展,已经初步形成了集科研示范、品种繁育、绿色种养、加工出口、餐饮物流、节庆文化等于一体的绿色水稻和绿色水产产业链。

(2)"双水双绿"生产体系建设。以稻虾种养模式为重点,强化物质装备基础,按技术标准统一规划整改,不断完善水电路等基础设施建设,打造"双水"科研、中试和推广三大产业类型基地;依托华中农业大学"双水双绿"研究院和"双水双绿"科技研发中心,积极开展"双水双绿"良种选育、模式创新与关键技术集成、产品保藏保鲜、精

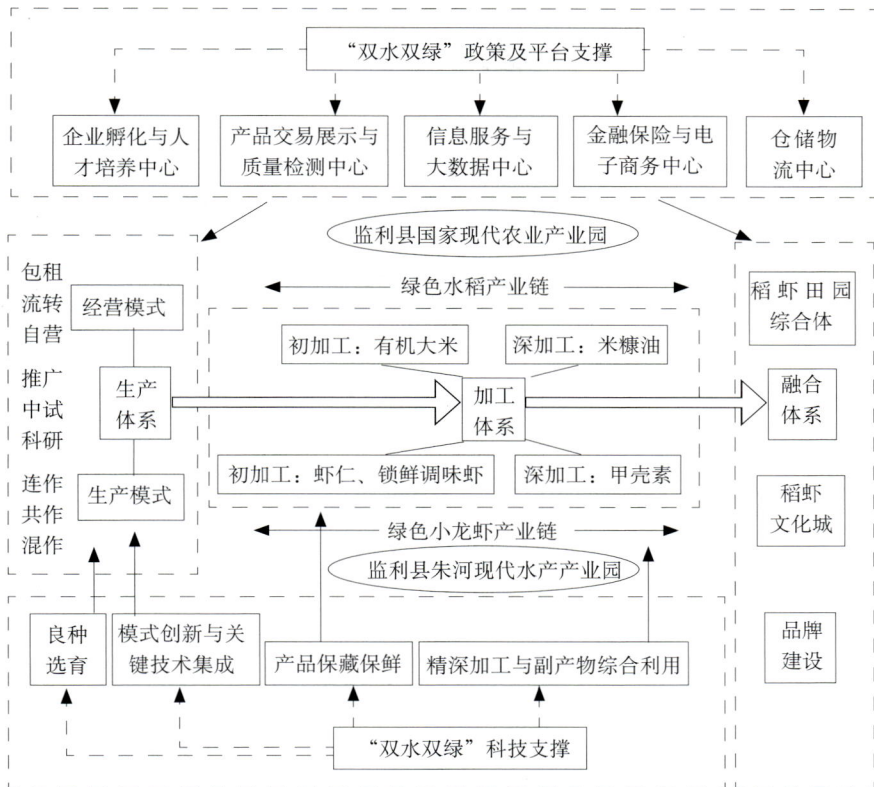

图7-2　监利"双水双绿"产业发展模式结构示意

深加工与副产物综合利用等科研攻关；政府部门大力开展生态健康养殖行动，建立严格外来投入品管理制度，推动绿色清洁生产。

（3）"双水双绿"经营体系建设。大力推广企业+合作社+基地+农户产业网格经营模式，完善利益联结机制，实现小农户与大市场对接；依托华中农业大学和"双水双绿"产业服务中心，开展企业孵化与人才培养、产品交易展示与质量检测、信息服务与大数据分析、金融保险与电子商务、仓储物流等方面的服务；大力发展中介协会和农业生产社会化服务组织，推动经营标准化、专业化、品牌化。

3.主要做法及经验

（1）重视决策咨询，做好顶层设计。监利聚焦绿色水稻和绿色水产，制定了《监利县"双水双绿"产业发展规划(2018—2025年)》，提出"双水双绿"产业实现两年全覆盖、三年效益翻番的目标，结合监利"双水双绿"产业发展现状，构建"一带两心两园三区"区域农业总体布局，集中力量建设八大工程等重点项目、实施四大体系建设任务。

（2）发挥政策及平台的支撑作用。近3年，县财政对稻虾共作基地给予"以奖代补"3 500万元，全县选定22个连片1 000亩以上高标准稻虾共作示范点给予基础设施配套以奖代补,扶持新型经营主体11家发展生态种养模式,扶持5家小龙虾市场平台建设;社会资本等方面,与美好集团开展县企合作,以"1+N"模式集中流转给美好集团旗下的美亿农业用于"双水双绿"开发,建设改造高标准稻虾基地;保险政策方面,县政府实施小龙虾保险财政补贴试点政策,支持太平洋财险、人保财险和中国人寿财险等3家保险公司对稻虾种养模式实施保险补贴。

(3)重视科技合作,发挥科技引领及支撑作用。深化县校深度合作,将福娃集团高标准稻虾田500亩提供给华中农业大学"双水双绿"研究院做科研和高效示范基地,着力打造全球小龙虾繁育示范高地。监利县政府与华中农业大学签订"1+4"县校合作框架协议,推动人才、项目和产业三方面融合发展,开展资政服务,联合开展人才培养与交流,协同开展农业科技创新,协助推进产业融合发展等。优化技术培训,借助产业扶贫工作平台,组建稻虾共作技术巡回培训班,覆盖全县各乡镇开展"双水双绿"种养模式产业培训,提升农民种养技术水平。

(4)提升产品品质,加强品牌建设。品质建设是品牌创建的根本。监利围绕以下方面提升产品品质:一是落实河湖长制,整治农业面源污染,确保产地绿色;二是实施农资监管,推进农药化肥减量增效,强化投入品管理,确保过程绿色;三是抓好优良品种推广,提升水稻和小龙虾良种优质率;四是抓好质量安全培训,召开质量安全培训会,开展小龙虾质量安全行动,强化质量安全执法。同时监利围绕宣传策划、美食开发、品牌运营等方面推进品牌创建,举办一年一度的监利稻虾文化节,注入了"双水双绿"产业发展内核,"监利小龙虾红遍天下,监利大米香飘万家"的品牌宣传理念逐步深入人心。

(5)延长产业链,三产融合发展。推进种养加销深度融合,工商资本与农业资本融合流通,兴建规模化小龙虾交易市场,全县小龙虾产地交易市场达到60多家,大米销售企业达到70多家。建立稻虾产业园、现代农业产业园和朱河水产产业园,大力培育龙头企业,不断扩大小龙虾加工产能,补齐加工短板。以餐饮为突破口,积极招商引资,打造小龙虾餐饮一条街,扶持小龙虾餐饮企业做大做强,补齐服务短板。大力兴建规模化小龙虾交易市场,支持冷链物流、电子商务等与农业融合发展,补齐产业间融合短板。

三、湖南省南县稻虾产业模式

南县位于长江中下游洞庭湖区腹地、湘鄂两省边陲,隶属湖南省益阳市。境内地处北纬29°,年平均气温16.6℃,年均降水量1 235毫米,日照时数为1 374～1 776小时,无霜期为262～276天,有效活动积温为5 089.0～5 350.0℃,土地肥沃、地势平坦、水质优良。拥有耕地面积58.4千公顷(87.6万亩),水域面积29.3千公顷(43.95万亩),其中适合发展稻田养虾、苇田养虾和莲田养虾等产业的低产冷浸水稻田23.3千公顷、苇田600公顷、莲田466.67公顷,合计24 366.7公顷(36.55万亩)。农业人口54.7万人,占总人口数的77.59%,是典型农业大县(刘一明等,2019)。南县素有"洞庭鱼米之乡"之称,是

"中国稻虾米之乡"，有"湖南省稻虾看洞庭湖区，洞庭湖区稻虾看南县"的美誉。

1. 发展概况

南县是湖南稻田养虾的起源地。南县稻虾共生产业发展的历程经历了稻田寄养（2000—2011年）、稻虾轮作（2012—2013年）、稻虾共生（2014—2015年）以及近年来"一稻三虾"四个大的阶段。2000年南县在全国实施第二批生态农业示范县项目建设大背景下开始示范推广低洼稻田稻虾生态种养循环农业模式及技术。2001年，南县三仙镇开展稻田寄养，全镇示范面积达到1 200公顷。2002—2011年，南县稻虾综合种养处于缓慢发展期。2012年，稻田寄养逐步转为稻虾轮作，开始有计划、规模化开展稻虾生产。2014年，南县出台规划及政策，构建"两带""三区"产业化发展稻虾种养新格局。2015年，南县小龙虾养殖面积突破10万亩，其中稻虾生态种养面积7.3万亩。2016年，南县稻虾种养一产产值达15.6亿元，带动二三产业产值5亿元，实现综合产值20.6亿元。2017—2019年，南县周边沅江、大通湖、资阳等县市小龙虾养殖相继兴起，逐步形成了带动环洞庭湖区农业和农村经济发展的大产业。

2. 主要经验及成效

近年来，湖南南县按照"政府引导、企业带动、示范推动、大户联动、农户参与"的发展思路，构建以龙头企业为引领，合作社、家庭农场、专业大户为主体，以订单农业为纽带，以农村电子商务建设中心为平台，大力发展稻虾生态种养产业，稻虾产业已逐步形成种养加、农工贸一体化，一二三产业融合发展的大格局（钱炬炬等，2018；严岳华等，2019）。

（1）立足资源发展优势，大力发展稻虾产业。2016年出台了《关于加快推进稻虾产业发展的实施意见》，县委县政府成立南县稻虾产业发展工作领导小组，明确"一带三园三区"定位，依据"因地制宜、集中连片、合理布局、规模发展、优质高效"的发展原则，通过奖补扶持、推进土地流转、整合涉农资金、组织技能培训等多种举措，引导农民进行稻虾生态种养。2018年，南县稻虾种养面积达33.3千公顷（49.95万亩），年产小龙虾7.61万吨、稻虾米24万吨，合计产值35亿元，从事稻虾养殖户近4万人，虾稻产业带动从业人员达13万人，其中小龙虾经纪人3 000余人，带动就业机会8 000个。

（2）加快推动土地流转，建设稻虾产业基地。出台《南县农村土地经营权流转奖励办法》等，引导农民以土地承包经营权入股稻虾种养合作社，结合水稻生态种养绿色高产创建、新增粮食产能工程、农业综合开发等项目的实施，统一按照"路相连、渠相通、旱能灌、涝能排"的标准，开展稻虾种养示范基地建设，建成一批稻虾生态种养产业示范村、示范大户以及科技示范区和旅游观光园。培育发展稻虾种养专业合作社近400家，打造了7个高标准集中连片万亩稻虾示范基地、22个千亩稻虾产业示范园和1个千亩小龙虾种苗繁育基地。

（3）产学研相结合，助力稻虾绿色发展。坚持科技兴农，抓住湖南"万民科技人员服务工程""省科技特派员"等科技帮扶政策，南县顺祥水产食品有限公司等 5 家企业先后与湖南农业大学、湖南省水产科学研究所、湖南省水稻研究所等科研院所合作建立"3+1"产学研合作模式，创建 10 个产学研基地，研发适合稻虾种养的优良品种，开发出"一稻三虾"模式（即一季稻套春季虾苗、夏季食用虾、秋季种虾模式），制定了《南县虾稻轮作技术规程》《南县虾稻种养技术规范》《南县克氏原螯虾池塘养殖技术规程》等湖南省地方规程和《湖南省好粮油 稻虾米》（T/HNAGS 004—2018）产品团体标准，构建县乡村三级稻虾种养技术服务体系。实现了稻虾标准化生产，稻谷产量 9 315 千克/公顷，小龙虾鲜虾产量 2 220 千克/公顷，平均综合产值 6.63 万元/公顷，稻米优质率达 70%。

（4）完善利益联结机制，促进产加销一体化。在发展方式上，以规模连片为主，农户散养与订单养殖结合；在经营模式上，采取公司+合作社+基地+农户、公司+基地+农户等产业化经营模式，实行订单生产，与农户建立利益联结机制，实现农户与企业"双赢"。目前南县稻虾生态综合种养协会牵头与湖南顺祥水产科技发展有限公司、国安米业有限公司等企业强强联合，走科研+专业合作社+农户+企业+互联网之路，将科研推广、专业种养、市场销售等有机结合，形成线上线下、产供销一条龙的无缝连接。

（5）培育稻虾龙头企业，做强精深加工。2016 年以来，南县启动"1+10"特色农业产业园建设，建成精英稻虾产业园、泽水居虾+N 田园综合体、大郎城稻虾产业园等 20 多个以稻虾产业为主的现代农业特色产业园，促进了产业集群发展，同时打造了稻虾产业公共服务产业园，逐步建立大米质量大数据中心，构建稻虾米全程质量可溯源体系。大力招商引资，支持企业转型升级，培育龙头企业，努力构建以常规加工为基础、精深加工为核心的完整产业链，推进稻虾种养加、农工贸一体化，深入开展小龙虾加工技术创新升级，实现年产稻虾米 5 万吨，年上市小龙虾 20 万吨以上，年加工小龙虾突破 20 万吨。目前以顺祥食品有限公司为龙头构建了以小龙虾为特色、以淡水鱼类健康食品加工为主业的全价值链经营体系，加工产品远销欧洲、美洲、亚洲 30 多个国家和地区，年出口创汇 3 000 多万美元，被授牌"全国小龙虾养殖加工研发中心"。

（6）搭建交易服务平台，实现线上线下一体化。建立湖南小龙虾现货交易中心、洞庭湖区优质稻虾米交易集散中心、小龙虾餐饮品牌输出与文化展示中心，建设"洞庭虾世界"小龙虾产地交易市场，建成集小龙虾研发、养殖、交易、餐饮、旅游、深加工等功能于一体的产业聚集区、引领区，形成"以旅游带小龙虾，以小龙虾促旅游"的发展路径。以南洲物流园为核心，建设农村县乡村三级电子商务平台，形成完善的电子商务网络体系。依托农村电子商务村级服务站，建好淘实惠、农村淘宝、供销 e 家、村邮乐购等涉农网点，实现全县行政村全覆盖。

（7）做强稻虾品牌文化，实现稻虾高质量发展。围绕"南洲稻虾米"公用品牌创建，南县大力开展"三品"认证，制定公用品牌准入制度，建立涉及品种、生产技术、加工过程、稻米品质、包装规范等各方面质量标准。2018 年，南县被命名为"中国稻虾米之乡"，"南洲稻虾米"获得中国地理标志商标认证。围绕企业品牌创建，全力推进"三品一标"农产品认证，创建国家绿色食品原料(水稻)标准化生产基地。顺祥食品有限公司的淡水小龙虾已被认定为有机食品，淡水小龙虾品牌"渔家姑娘"被认定为中国驰名商标、湖南国际知名品牌、湖南著名商标、湖南名牌；"绿态健""今知香"等已成为湖南省内优质大米知名品牌；"麻河口油焖龙虾""宁婆婆龙虾"等餐饮品牌逐步被外界熟知。同时发展小龙虾主题餐饮店400多家（含夜市），研发菜品30多种，打造一批特色餐饮美食名店。

第三节　企业稻虾产业发展模式

近年来，湖北围绕稻虾产业发展，大力培育龙头主体，涌现出了一批稻虾代表性企业模式，代表性的有华山水产模式和莱克水产模式。

一、华山水产模式

2012年湖北潜江熊口镇立足于稻虾种养产业探索出一套企业、农户、集体三方共赢的经营体系和"产城互动"的城镇化路径，称为"华山模式"（图7-3）（湖北省三农研究院调研组，2015）。"华山模式"起源的背景是基于不同主体的发展需求，对于潜江市华山水产食品有限公司（以下简称华山公司），随着公司小龙虾业务壮大发展，为保证稳定的生产需求需要建立大量高标准稻虾基地，以提供充裕优质的小龙虾加工原材料；对于

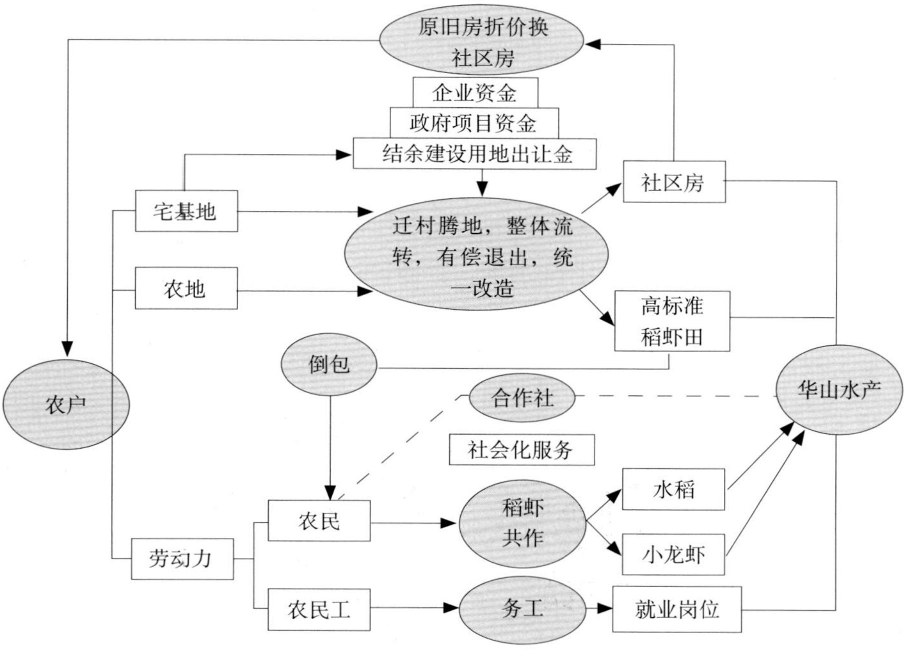

图7-3　华山模式的主要做法示意

政府需要投入大量资金进行土地整治和高标准基本农田建设，落实"藏粮于地"战略，保证粮食安全，提高农民收入；对于农民等生产经营主体，2013年稻虾共作模式提升了稻虾田经济效益，农民迫切需要整合零碎田块实施稻虾田工程改造，开展稻虾共作标准化规模经营。

1. 华山模式的做法

（1）返租农户土地，建设高标准基地。2012年华山公司取得国土部门土地整治自主权，按照"迁村腾地、整体流转"工作思路，以1元/米²价格反租农户土地经营权，按企业发展规模和稻虾生产需求进行大规模连片土地整治，按40亩一个单元打造高标准稻虾基地，健全配套水电路等公共基础设施。

（2）倒包稻虾基地，农民成为生产主体。新建的260个稻虾共作高标准生产基地按每年1.1元/米²（其中0.1元/米²作为合作社技术培训和公共服务等经费）价格以倒包形式返租给想要开展稻虾共作生产的流转农户，实现了在"三权分置"制度下使农户成为统一经营方式下的二级经营主体。

（3）成立专业合作社，促进标准化生产。在农户返租倒包基础上，实行公司+合作社+农户的经营体制，华山公司负责土地整治和基地建设、虾苗育种基地和育秧工厂建设、统一标准化生产指导、稻谷和小龙虾统一收购、小龙虾深加工开发。农资合作社和绿途稻虾共作合作社按照华山公司产品要求开展专业社会化服务，具体是提供全程的机械化耕种服务和农资供给、技术培训，实现"六统一"的经营管理，已经倒包华山公司稻虾基地的农户按照专业合作社要求开展标准化稻虾养殖，没有参与倒包的农民，安排进入华山公司务工，或者由社区安排岗位，同时有经营意愿和能力的农户可在镇区和社会专业市场、创业园区创业。

（4）建立风险防控机制，保证稻虾经营生产。一是建立土地流转资金增长机制。每年土地租金的"保护价"随国家粮食收购价格变动，保证流转农户的土地租金只增不减。二是强化水稻政策性保险。由镇政府牵头，华山公司支付保金，按每亩稻虾田公司投保3.5元、政府财政补贴10.5元给水稻种植购买保险，每亩最高赔付200元。三是由华山公司为基地购买商业保险。按每亩投保20元、财政补贴20元、最高赔付800元的要求保证稻虾基地不抛荒不作他用。这三重保障有效提高了基地防范重大生态经营风险的能力。

（5）镇企相互合作，就地实现城镇化。为安置迁村腾地过程中村民居住问题，潜江市国土资源局以华山公司为主导，在镇区建设华山赵脑综合社区，原旧房折价换面积。社区建设除政府提供部分基础设施投入和项目支持外，主要按照市场化运作，赵脑村迁村腾地共腾出宅基地和集体建设用地660亩，其中160亩用于新社区，多出500亩增减挂钩指标，其出让收入投入社区建设。

2. 华山模式的效果

从现代农业发展角度看：①耕地增加，迁村腾地过程中共增耕地2 300亩；②土地增产，水稻种植面积增加，每年水稻增产500多万千克，同时增产小龙虾1 240吨；③田地增效，稻虾共作同比一季中稻亩均纯收入增加3 000元，合作社统一服务，每亩可降低生产成本163元。从乡村振兴角度看：①农民增收，倒包农户家庭平均收入超10万元，人均收入达16 800元，同比增幅达44.6%；未倒包农民，可到华山公司务工或社区就业，月平均收入2 500～3 000元；②集体增效，通过土地流转租金、基地经营管理、合作社股份收益，村集体每年增收100万元，可以更多地承担村民社保、村公益事业、扶贫救危等职能，综合服务效能大大提高；③企业增效，每年稳定获得200万千克小龙虾和480万千克稻谷，原料得到保障；未开展倒包农户可前往公司上班，使公司生产有稳定的劳动力来源；④农民身份地位转变，可分享城镇基础设施和公共服务，迁居华山赵脑综合社区的村民除土地流转租金收入外，农居房变为城镇商品房，财产价值提升，面积宽裕的还可以通过出租挣一份财产性收入；⑤建新居，建基地，改善了农村生活环境。

3. 华山模式的启示

（1）实施"三权分置"，所有权归村集体，经营权归市场化的企业，承包权归农民。大的工商企业资本流转土地经营权，联合国土部门，使土地整治跟着农业高效模式走。

（2）稻虾共作高效模式解决了土地流转"非粮化"和产品绿色安全问题。

（3）机械化程度低、劳动与管理投入强度大的模式适合采取"返租倒包"经营方式。

（4）合作社推动生产标准化，为企业提供了高品质原料，为产品品牌创建打下良好基础。

（5）龙头企业带动，完善保障机制降低风险，以"返租倒包"的方式让农民参与到生产经营中来，使农民、公司、基地利益紧紧捆绑在一起，充分调动农民生产积极性，实现农民有效益、农业有产出、企业有原料。实现小农户与现代农业的有效衔接关键在于利益关系的重塑，核心在于尊重农民地位，发挥农民自身优势，充分让农民"平等参与、共同分享"农业现代化成果。

（6）公司、农户与合作社形成"经营共同体"，充分发挥各自优势，分工合作。企业搞加工注重市场开拓，合作社提供技术支撑搞好社会化服务，农民按照标准高效生产，专业分工降低管理难度，最大限度地降低成本、减少矛盾、提高效率，与单打独斗的经营主体相比具有整体优势。

二、莱克水产模式

湖北莱克集团是湖北唯一一家集小龙虾良种选育、人工繁育、健康养殖、科研检测、精深加工、外贸内销、电子商务、出口贸易及协会服务等一体的农业产业化国家重点龙头企业，是全国最大的小龙虾加工出口企业，小龙虾加工量和出口创汇连续13年保持全国同行业第一，享有"世界龙虾看中国、中国龙虾看湖北、湖北龙虾看莱克"的美誉，被誉为"小龙虾产业发展的标杆"（《农民日报》，2016）。

1. 莱克模式做法

（1）良种繁育。2008年，莱克集团率先开展小龙虾工程化繁育研究，利用中央财政现代农业项目建立了全国首个最大的小龙虾人工诱导规模化工厂育苗基地。2013年在湖北省支持下按照"政府主导，企业主体"市场化运作方式，依托湖北小龙虾良种选育繁育中心建设项目，建成全国最大的龙虾苗种选育和繁育中心，拥有小龙虾育种车间1万多米^2，种质资源库150亩，自主核心生态扩繁基地4万多亩，实现了智能化、工厂化、规模化人工繁育，年产优质虾苗30亿尾。2014年湖北省小龙虾良种选育繁育中心有限公司成立，建立了湖北莱克集团院士专家工作站，努力打造世界级小龙虾良种选育繁育中心。

（2）生态养殖。2013年大力推广稻虾共作新模式，引领中国稻渔种养新革命。推出了小龙虾池塘繁殖养殖一体化、小龙虾与肉食性名优鱼类时空分隔混养、小龙虾稻田繁殖养殖一体化以及小龙虾、名优鱼类和中稻共作等4种新型高产高效模式。通过公司+基地+农户的产业化经营模式，建设龙虾养殖+精准扶贫模式示范区，辐射潜江及周边县市种植养殖基地300万亩，精准扶贫5 000户，带动6万多户农民。先后荣获"第一批国家级稻渔综合种养示范区""全国现代渔业种业示范场""国家水产健康养殖示范场"，一直在努力树立全国现代农业小龙虾综合养殖基地典范。

（3）科技研发。2005年莱克集团成立湖北唯一的克氏原螯虾工程技术研究中心，聚焦小龙虾精深加工开展自主科研。2010年湖北莱克现代农业科技发展有限公司成立，推动小龙虾产业现代化、科技化进程。"十二五"期间，莱克集团与中国科学院水生生物研究所、中国水产科学研究院长江水产研究所、湖北省水产科学研究所、华中农业大学等科研单位深入开展产学研合作，成立了"湖北莱克集团院士专家工作站""湖北省克氏原螯虾工程技术研究中心"，开展小龙虾良种选育、人工繁育、生态养殖、精深加工、综合利用及新产品开发等关键技术研究与示范。莱克集团先后被评为"国家高新技术企业"，获得了2项湖北省科技进步三等奖、1项中国水产科学研究院科技进步三等奖、3项发明专利、5项使用新型专利、16项外观设计专利，自主创新改造10多种生产设备。

（4）精深加工。莱克集团立足于小龙虾精深加工，2003年实现小龙虾工业化加工生产，同年取得自营进出口权，依托克氏原螯虾工程技术研究中心不断开展小龙虾加工及综合利用，开发了欧式茴香虾、美式辣粉虾、麻辣整肢虾、十三香整肢虾、清水原味虾、单冻虾尾、块冻虾仁等系列小龙虾产品，产品出口美国、俄罗斯、日本、韩国及欧盟和中东等20多个国家和地区，小龙虾出口创汇额占同行业总额的50%。同时销往北京、上海、广州等29个省级行政区。年加工能力达20万吨，是全国最大小龙虾加工及出口企业，实现了季节性产品全年不间断供应，一直在努力打造全球最具影响力的小龙虾加工企业。

（5）冷链物流。2010年，成立湖北莱克冷链物流有限公司，完善了公司冷链物流体系，"十二五"期间响应潜江市委、市政府号召，抓住了潜江"大园区"建设扩规升级历史机遇，在潜江市工业园建成江汉平原最大的农产品加工及冷链物流园，实现年冷链物流能力达10万吨。

（6）电子商务。2015年，成立湖北楚江红电子商务有限公司，开启互联网＋莱克新模式，进行线上天猫、京东、微信等全领域覆盖，提供渠道定制化生产，力争打造互联网＋小龙虾的全网第一品牌。

2. 莱克模式的启示

（1）按照"抓中间、促两端"发展思路，把握产业链核心要素，不断延伸产业链，降低单一产业环节经营风险，增强公司发展稳定性。

（2）发展专一，只针对小龙虾做深做精，不断把握国外和国内市场发展变化，调整市场发展方向。

（3）重视科技创新，围绕小龙虾良种选育、人工繁育、生态养殖、精深加工、综合利用及新产品开发，立足自主科研，结合相关科研力量，大力开展产学研合作，提升公司创新水平，解决小龙虾产业发展问题，不断满足市场产品消费需求。

（4）把握地区发展机遇和需求导向，积极争取国家省市政策和财政项目资金，建设产业基地、科技中心和加工冷链园区，不断完善提升围绕公司小龙虾产业链的各环节水平。

三、贺兰田园综合体模式

宁夏贺兰作为塞上江南鱼米之乡的代表，利用紧临银川市区的区位优势以及109国道和京藏高速便利的交通优势，在国家大力推进农业田园综合体政策背景下，依托万亩优质有机稻米和生态渔业生产基地，聚焦生态休闲农业，融汇循环农业、创意农业、农事体验等，打造了集休闲、游乐、观光、度假、创意、研发、会展于一体的新型农业综合体——贺兰田园综合体模式（银川市政府，2017；杭州聚星文化，2017）（图7-4）。

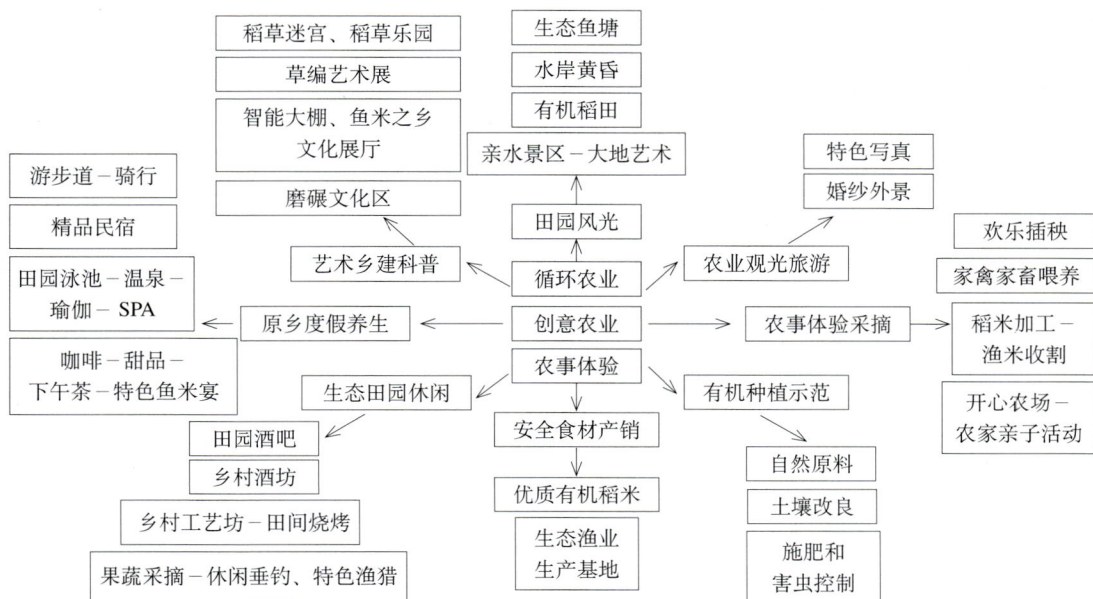

图7-4 宁夏贺兰稻渔田园综合体产业模式框架结构示意

1. 贺兰田园综合体模式的做法

（1）设计理念。借鉴美国建筑大师杜安尼"新田园主义空间"理论，充分利用生态资源，将土地、农耕、有机、生态、健康、阳光、收获与生活体验交融，人与自然紧密结合，打造现实版的桃花源。

（2）布局理念。以田园风光为大场景，将农业观光旅游、农事体验采摘、有机种植示范、安全食材产销、生态田园休闲、原乡度假养生、艺术乡建科普等众多资源，按照世界田园生活的领先模式合理规划，致力于世界田园生活在中国的特色实践。

（3）规划布局。形成"一园六区多点"的空间布局，一园即总面积3 600亩的稻渔空间主体公园；六区即特色民宿度假区、大地艺术观赏区、有机水稻种植区、生态渔业养殖区、大米加工展示区、绿色果蔬采摘区；多点即观景塔、玻璃栈道、田间学校、便利服务店、智能育秧大棚、光明渔村、自助烧烤、自行车道等。

（4）策划经营。运营采取互联网+思维，除了线上推广，还举办丰富、趣味、科技感十足的线下系列体验活动，让更多的人走进田园，融入自然，享受有机生活。

（5）产业模式。通过产业互融互动，把农业技术、农副产品、农耕活动、休闲娱乐、养生度假、文化艺术等有机结合，拓展农业原有的研发、生产、加工、销售产业链，使单一的农业及农产品加工成为休闲生活的载体，发挥产业价值的聚变效应。

（6）农业生产。聚焦绿色高效农业，开展智能化低碳高效养殖、稻渔循环生态立体种养技术示范，对稻田实施工程化改造，采用工厂化育秧、旱育稀植等先进技术，通过环沟养鱼和稻田养鸭、泥鳅、小龙虾、田螺、蟹等，构建稻渔共生互促系统，提高资源利用率、劳动生产率和单位产出率。

（7）农业加工。"提一带三"，在园区建设"粮食银行"，建立产品质量信息追溯体系，创新有机水稻和水产产业联合经营模式，完善社会化综合服务。发展水稻和水产品加工、包装，开发鲜米汁、炒米、米醋、锅巴等特色产品，延伸产业链，把产品变为礼品，提升产品附加值。利用互联网平台和冷链市场，打造广银米业、科海渔业特色品牌，带动休闲、销售、创意等在园区集聚发展。

（8）三产融合。聚焦休闲旅游促三产融合。依托"生态环境、鱼米之乡、银北旅游通道"三大优势，把握"一带一路、大众旅游、消费时代、创新发展"四大机遇，充分挖掘农业的生态、休闲、文化功能，发展设施农业+休闲体验、渔业+多元娱乐、大田创意景观、田园风光+度假庄园等农业与旅游、教育、文化等产业深度融合的休闲、科普、体验、创意产业，推动农业产业链、供应链、价值链重构和演化升级，打造一二三产业相互渗透、交叉重组、融合发展的农村全产业链，实现稻渔种养"百千万"（亩产百斤鱼、千斤稻，亩均产值过万元）目标。

2. 贺兰田园综合体模式的启示

（1）突破传统种植的价值瓶颈，采用复合、生态、循环的方式，大幅提升了土地利用的附加值。

（2）使得颓败荒芜的民居旧貌换新颜，乡村环境重新焕发新的活力。

（3）提供更多的就业机会、更优的创业机遇、更广的发展空间，让原居民无须背井离乡便可安居乐业。

第四节　新型经营主体种养经营模式

一、不同经营主体优劣势分析及案例

当前稻虾经营主体有企业公司、合作社和家庭农场、小农户等三大类，由于稻虾养殖进入门槛低的原因，目前稻虾经营主体以小农户为主。

1.小农户经营模式

优势：一是自家经营，不存在道德风险等问题，开展稻虾共作可调动生产积极性，达到亩产高、效益高的良好效果；二是小农户投入成本相较于大公司经营较低，尤其是劳动力和土地租金等方面。

劣势：一是接受稻虾生产技术培训的机会较少甚至没有，技术来源主要是技术产品服务培训和农民间经验交流，养殖理论和技术欠缺；二是获取市场供求信息渠道相对较窄，主要依靠微信和当地交易市场，易受收购贩子价格操纵；三是地块破碎、单元面积小，技术力量不足，周边环境水体污染，家庭因病及老龄化等原因面临劳动力不足，初期投入成本高、抗风险能力差等诸多原因常常导致失败。

2.公司经营模式

优势：一是公司相对于合作社和小农户有更多固定资产可以抵押贷款，具有雄厚的资金优势；二是生产技术方面相对成熟，更易实现标准化生产，提供高品质产品；三是具有市场优势。

劣势：市场化经营致使土地流转租金相对较高，公司租地开展稻虾种养同比亲朋好友间200～300元/亩的租金要高出600元/亩左右；二是用工成本高，存在道德风险，生产监督成本高。

目前公司经营模式分为两种，一是公司+技术员+工人+基地，二是公司+农户+基地。第一种是依托政府项目和自身资金开展田间工程改造，依靠公司技术员指导，雇工生产，稳定保证货源供应，但容易造成粗放化管理生产，较适合粗放化、机械化、规模化及全程社会化服务程度高的作物种植，如水稻等。以监利福娃集团3万亩稻虾田为例，2015年福娃集团在新沟镇周边乡村流转2 000亩稻田，采用公司+基地+工人经营模式开展稻虾种养，在获得利润后继续扩大规模，流转28 000亩开展稻虾种养，但因为面积扩大后带来的问题，诸如技术人才不足致使田块产品产量差异大、员工监管难度大、员工积极性难以调动等，致使这种经营方式最终失败。第二种依托政府项目和自身资金开展土地平整和稻虾田田间工程改造，以返租倒包形式由农户自己经营，能够激发农民生产积极性，通过订立产销合同，公司随行就市收购农户生产的小龙虾产品和水稻产品而进行经营。

3.合作社、家庭农场、大户经营模式

合作社、家庭农场、大户是具有发展潜力的一大类经营主体，这部分主体未来在数量上和质量上都比较占优势，他们的边际收益处于较高水平。大户将土地经营权流转给合作社，合作社对土地按照稻虾田田间工程要求进行改造，然后再返租给有能力农户形成家庭农场，家庭农场可以雇佣具有劳动能力的农户从事农业生产，带动解决劳动能力弱的就业问题，同时采用合作社的生产技术、农资服务等经营农场生产农产品，通过合作社产品销售渠道销售产品（图7-5）。

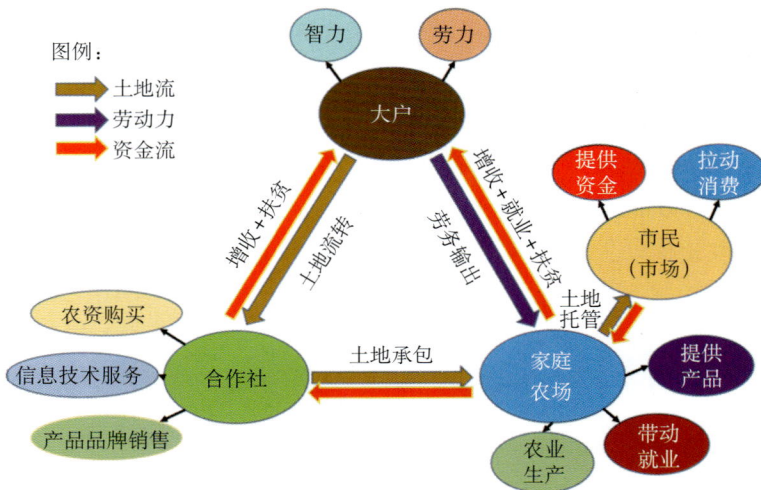

图7-5　合作社、家庭农场和大户之间的合作关系示意

以潜江市华惠春种植专业合作社经营模式为例，该合作社成立于2014年，隶属潜江市华惠春农产品种植专业合作社联合社，是一家集农机、农资、植保等于一体的专业合作社和粮食生产、加工、销售企业等共同参与的农业新型经营主体，属于现代农业社会化服务组织。合作社在潜江市龙湾镇郑家湖村以800元/亩流转土地3 000亩作为生产基地，流转土地经合作社稻田工程改造后以820元/亩返租给种粮大户或农民经营管理。合作社实行"六统一"模式（统一技术培训、统一服务指导、统一生产资料供应、统一农业机械全程配套服务、统一产品销售、统一效益核算），围绕稻虾生产进行全程一体化管理，实现了标准化生产（稻田工程标准化、生产模式标准化、产品品质标准化、品牌销售标准化），降低了生产资料投入成本（土地投资成本降低，种子由惠民种业直销，避免传统的公司、县级、镇级三级销售渠道的高成本）。通过一体化、标准化生产，合作社的社会化服务更加便利、专业，实现了省时省功省钱省力；农民也可从中获得效益，统一模式生产的稻谷按高于市场价0.04元/千克的价格出售给合作社，农民生产效益增加合作社的盈利来源：①国家投资占10%～15%；

②自身社会化服务发展占70%；③农产品销售占10%～15%。合作社目前发展面临的主要问题：①产品质量标准体系有待完善；②缺乏品牌宣传及资金运转；③缺乏专业的销售团队等。

二、监利县"刘应文放心粮"经营模式

1. 发展背景

当前水稻全产业链存在4个方面的问题：一是受小龙虾和水稻的比较效益驱动，生产环节上存在重虾轻稻现象，农民的水稻优质意识不强，主要以高产为目标导向选择水稻品种，同时在生产环节中，为了小龙虾的生产，过量投肥投饲，在一定程度上影响水稻品质；二是目前市场上水稻品种多而杂，且适合稻虾模式的水稻专用品种少，加之初加工烘干仓储等条件限制，加工难控，米质难以标准化，加工品质难以提升，市场竞争力不明显，加工企业面临着"加工企业难控米质，价高买不到好谷"的问题；三是目前稻虾米市场产业化程度不高，品牌很多，但叫得响的没有几个，企业各自为政现象突出，稻虾米品牌市场"琳琅满目"，消费者云里雾里，大米销售市场面临着"好米难以卖出好价"的问题；四是宣传力度不够，公共品牌不响，绝大多数消费者不清楚稻虾米，或者稻虾米的优势究竟在哪里等一系列问题仍不清晰，出现了消费者"花钱买不到好米，难以信任市场"的问题。

2. 问题分析

如何由当前以"水稻产量"为中心的经营体系转向以"水稻品质"为导向的经营体系成为破解水稻全产业链问题的关键，当前水稻生产经营体系面临"三高"约束，即农田高度分割、粮农高度分散、收储和加工高度混杂。在"三高"的刚性约束下，水稻产前、产中和产后全过程各环节的产品质量都难以控制，容易出现水稻品种繁杂混乱、农资选用随意不可控、种植管理无序不可控等一系列问题，全过程中各经营主体质量责任很难界定（图7-6）（刘应文放心粮，2018）。

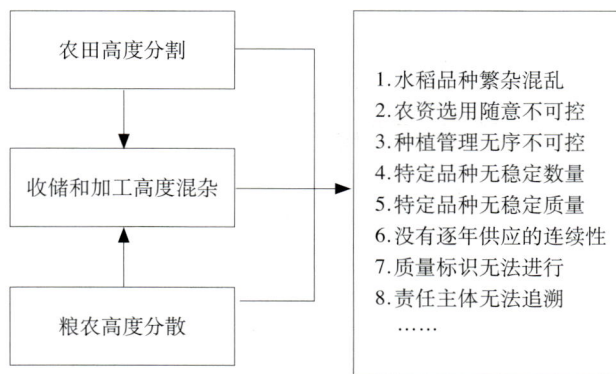

图7-6　粮食生产问题分析示意

3．经验做法

（1）开展土地流转，促进农田适度规模。在土地"三权分置"基础上，大力开展农户土地流转，依靠政府和新型经营主体共同出资开展农田基础设施建设，打造高标准农田，解决农田高度分割问题，促进农田集中连片，推进农田适度规模经营（图7-7）。

（2）搭建产业联盟，促进组织化经营。联合农资供应商、百亩以上种粮大户、农民专业合作社、含烘干和仓储标识的高品质加工米厂、大米销售商户等，建立新型粮食生产经营主体联盟，制定贯穿水稻绿色全产业链质量标准体系，实现水稻生产组织化和质量标准化，以100亩产粮50吨为一个独立的分隔收储和加工批次，保证水稻种植质量可追溯，改变了收储和加工高度混杂无法回溯到农资供应责任主体和稻谷种植责任主体的窘境（图7-7）。

（3）成立合作社联合社，实现全过程监管。粮食全产业链生产及质量监控由联合社负责，联合社对农资采购采用"联购分供"模式，通过合同评审采购流程，保证用于粮食生产的所有农资原料全部达到或高于国家标准。联合社围绕水稻集中育秧工厂化、种植作业全程机械化以及稻米收储和加工标准化等构建机械化、工业化标准作业流程管理体系，保证粮食生产全过程均符合国家、行业、企业相关标准规范。依托有影响力的门店和建立专业化电商渠道，尽量杜绝中间环节，降低销售成本，防止中间环节可能的人为质量污染（图7-7）。

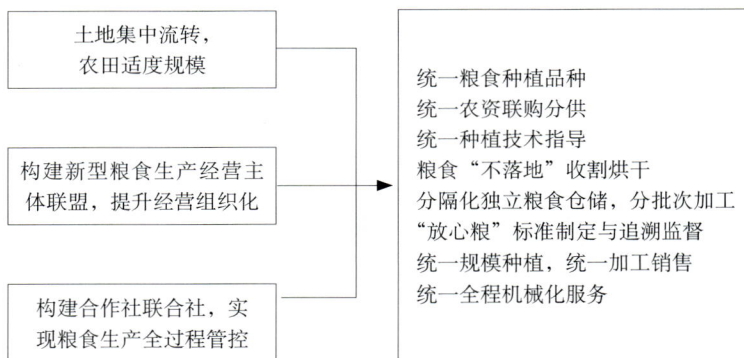

图7-7　监利"刘应文放心粮"经营模式框架

三、蕲春县"旺旺水稻"家庭农场

蕲春县旺旺生态水稻家庭农场是由新型职业农民吴贵如于2005年返乡创办的一家集生态水稻生产、淡水小龙虾养殖、花卉苗木培育及稻米烘干服务等功能于一体的私营家庭农场。2016年稻虾共作经营面积1 100亩，年均产值50余万元；累计带动当地农民就业200人次，促进了蕲春县稻虾生态综合种养模式发展与推广。

1．农场成立前概况

旺旺生态水稻家庭农场位于湖北黄冈蕲春县高垸大队，地处湖网交错地带，属策西湖、红湖和长江共同作用冲积平原，历来以稻米、水产品为盛，是中国南方的一个鱼米之乡。

2005年之前，农民以传统水稻种植为主，手工育秧插秧，机械化、社会化服务程度较低，水利设施较为落后老旧；近年来随着农药、化肥、种子等生产成本不断增加，加之高投入高产出的生产模式，种植水稻持续效益低下，2005年水稻生产亩均效益仅为335元（表7-1），农民年纯收入持续下跌，大量农民外出务工，土地荒芜废弃严重。同时该地因珍珠蚌水产养殖而使河道水质污染严重，并且秸秆焚烧现象普遍，空气状况总体一般，化肥投入比重较大，占总投入的24.08%，农药多以高毒农药常见，致使农村社区周边环境变差。

表7-1　2005年蕲春县高垸大队水稻单作生产经济投入产出情况

投入项目		投入成本（元/亩）	产出项目	产量（千克/亩）	产出收入（元/亩）	净利润（元/亩）	经济产投比
固定成本	地租	180					
	水稻种子	35					
可变成本	整地	100					
	育秧	30					
	插秧	180					
	施肥	195	水稻	600	1 560		
	农药	100					
	水电费	20					
	收获	220					
	烘干	65					
	管理	100					
合计		1 225			1 560	335	1.273

2. 过程及做法

2005年前后小龙虾烹饪方式的改变，刺激了市场消费需求，推动了小龙虾产业的市场化发展，推动小龙虾由野生自繁逐渐走向了人工养殖；加之随着农村农田环境日益恶劣，食品安全危机频发，农业持续发展备受挑战；加之潜江稻田养虾模式的逐渐兴起，促进了该地区探索发展稻虾种养。

（1）2003—2008年起步发展阶段。在2005年之前，吴贵如对稻田种养进行过探索调查，并于2005年正式返乡承包周边村镇280亩低洼闲置稻田开展规模化稻田养虾。技术难题是农场创立最初5年面临的首要瓶颈。吴贵如主要通过看书自学、参加每年全国农场主相关培训以及借助家乡附近稻虾实验基地平台等相关资源，不断请教专家教授，使自身掌握的稻田养虾技术逐渐走向成熟。

（2）2008—2014年扩张发展阶段。此阶段技术瓶颈不再是首要瓶颈。随着发展规模的逐渐扩大，开始面临着新的困难：一是管理困难，受精力所限过去小规模精细化技术管理方法难以应用于大规模生产管理，个人管理能力有限以及人才资源欠缺逐渐成为家庭农场进一步发展的关键限制因子，既缺乏专业管理人员又缺乏专业技术人员，生产管理趋于粗放化；二是市场销售困难，农业产品上市具有短期集中供应特性，小规模经营供应量小不愁市场销售，当规模壮大到一定程度，如何将自己的产品推出去，开展农产品营销，实现农业产品商品化直接影响着农场的发展。

（3）2015年至今大规模发展阶段。此阶段规模进一步扩大，达到1 100亩。具备了成熟的小龙虾养殖技术，初步建立了稳定的市场，资金瓶颈是规模扩大后面临的首要瓶颈。农业的生产经营同其他行业不同，其具有前期投入大、投资回报周期长、专业技术性强、突发事件多、受自然灾害和社会市场双重风险影响大，生产上具有不可抗逆性与高度不确定性，产品上市短期集中供应性强等特点，具有较大的风险性。为了稳定资金来源，破除稻虾产业规模扩大后的资金束缚问题，从4个层面降低农业风险：一是微观层面，构建互补性循环农业生产模式。建立田中种稻、沟中养虾、埂上植草种豆稳定生产体系，通过稻米和小龙虾等产品销售创造资金，以保证每年资金稳定收入；二是中观层面，进行多层次产业投资。每年将获得的资金利润按5∶3∶2的比例分散投资稻虾、农机服务及花卉苗木3个不同层次的产业，据此短期发展资金来源主要依靠稻虾产业，中期应急资金来源是农机服务行业，长期储备资金来源是花卉苗木产业；三是搭建多元利益风险共担机制，农场同村民成立农机联合专业合作社，互相担保，积极争取银行融资；四是购买农业生产相关保险，农场购买了水稻等方面的保险，以防范生产经营风险。

3. 建议启示

（1）基地建设标准化。农场紧扣高标准农田建设和基本农田改造等项目，参照相关单位稻田养虾技术规程，开展土地平整和水利、道路硬件设施完善等，积极对接相关企业，努力打造蕲春稻虾标准化、商品化种养基地。

（2）经营人才素质化。短期来看，要加强普通经营者的培训；长期来看，随着农村劳动力年龄的增大及务农劳动力的减少，要加强注重培养本地青年创业，加强农业发展所需的技术型、服务型、管理型等多层次体系人才建设。

（3）服务体系全面化。一是建立村级信息服务中心及网上信息市场交易平台，帮助农民解决生产资料网上代购、辨别真伪、网上营销等问题需求。二是完善稻虾生产销售服务体系。在已有合作社基础上，积极实施工厂化育秧、推行机插机收、开展专业化植保、完善稻谷生产烘干等农产品初级服务建设，实现团队化销售。三是完善资金借贷及保险服务创新。政府层面应针对稻虾生产经营过程中面临的资金链断裂风险提供相关优惠政策。四是村委层面组建防灾减灾应急小组，特别是针对水旱天灾、病虫害短时集中暴发等特殊情况，加强信息沟通共享，提前采取有效措施，最大限度地减少农业不稳定因素带来的利益损失。五是产业销售市场服务要创新。县委县政府层面需积极引进小龙虾龙头企业的落户；村委层面要搭建小龙虾交易市场平台，完善电子信息金融转账等服务。

（4）资源环境生态化。注重水资源及生态环境的建设与保护，污染型工农业坚决抵制入村。坚持本地田埂植草种豆，沟中养虾，田中种稻（非水稻季节也需种草）的生态种养模式。建立全面专业的病虫害防控服务体系，做到绿色杀菌消毒、病死虾集中统一处理，切勿随意丢弃河道路边。可将稻虾种养与社区新农村建设相互结合，打造集休闲、农家观光、稻虾垂钓相结合的农旅休闲产业链。

第八章
湖北省"双水双绿"产业布局及规划

水稻和水产是湖北优势产业,做大做强水稻和水产,推动产业转型升级发展,助力乡村全面振兴是当前和今后一段时期湖北农业发展的艰巨任务。坚持规划先行,以"双水双绿"为切入点,按照"两带三圈四区"战略布局,构建"四大体系",推动形成"双水双绿"绿色生产方式、经营方式和产业模式,引领湖北农业绿色高质量发展。

第一节 湖北省"双水双绿"产业发展思路

一、指导思想

以习近平新时代中国特色社会主义思想为指导,深入贯彻落实党的十九大精神,坚持农业农村优先发展,以生态文明理念为指引,以"稳粮增收、提质增效、生态安全"为出发点,以深化农业供给侧结构性改革为主线,以产业兴旺和美丽乡村建设为抓手,以"双水双绿"(绿色水稻和绿色水产)为切入点,以农业绿色发展和高质量发展引领乡村全面振兴、促进农业转型升级,构建"双水双绿"产业绿色发展体系,推动形成"双水双绿"绿色生产方式、经营方式和产业模式,实现农业强、农民富、农村美的愿景。

二、基本原则

1.稳粮增收,实现稻田种养双轮驱动发展

粮食安全始终是"双水双绿"产业发展的立足点与出发点。将"双水双绿"作为推进水稻种植结构调整的重要举措,要研究发布地方标准,以严格标准化的田间工程基地建设推动规范发展,坚持水稻种植与水产养殖并重,控制生产投入、保障投入品符合生产标准要求,倡导和践行优质栽培、生态养殖理念,避免出现"重虾轻稻""只养虾不种稻"等现象,实现绿色水稻、绿色水产协调互促和优质农产品供给,促进"双水"产业转型升级,实现绿色水稻和绿色水产双轮驱动发展。

2.因地制宜,实现区域种养规模发展

牢固树立"规划引领,规划先行"意识。湖北稻田资源丰富,稻虾模式潜力大,但

不是所有区域、所有田块都适合，也不是一个标准模式适合所有区域和田块条件；应充分考虑水产生物学特性与生活环境，结合当地土壤土质、气候气温、水源水质、地形交通、田块大小及水利设施等条件，确定适宜区域与适宜规模，发挥区域资源优势，因地制宜搭配选择稻虾、稻鳖、稻蛙、稻鸭及稻鳅等模式，避免盲目发展稻虾，避免盲目照搬照抄。做好顶层设计，建立适度规模标准化基地，引导区域建立相应的"双水双绿"种养体系，实现稻田种养区域化开发、规模化发展。

3. 生态优先，追求可持续健康发展

坚持生态优先，避免出现"重经济轻生态"现象，要将水稻和水产发展建立在当地资源环境承载力之上，加强区域稻田种养模式水资源利用消耗特征研究，构建绿色生产体系，防控稻虾田及周边水体出现水体富营养化，加强土壤、水体、生物多样性等保护，实现"双水"产业的经济发展与环境保护相协调；摒弃传统粗放发展方式，通过绿色科技创新实现绿色水稻和绿色水产品生产，推动农业绿色发展；树立生态意识和绿色生活方式，建设美丽乡村，推动农村绿色发展。

4. 科技引领，实现绿色清洁标准生产

科技创新是推动形成农业绿色生产方式的根本动力。阐明稻虾共作对稻田土壤理化特性、结构及肥力的影响规律，为湖北因地制宜发展稻虾模式、保护稻田、藏粮于地提供依据；探讨稻虾共作系统氮素供给特性和重金属生物有效性变化对水稻产量和品质的影响规律，为建立稻虾模式水稻优质绿色栽培和湖北中高档优质绿色稻米生产技术体系提供参数和依据；加紧研发稻田种养主要模式及配套技术和土壤培肥降耗减排等技术，探明生物多样性、种间关系及调控机制，不断推进农机农艺融合，开展稻田种养关键技术集成与示范推广研究，合力推动种养生产由"大养虾"向"养大虾"转变发展，使稻田种养模式逐步成为具有稳粮、促渔、增效、提质、生态等多方面功能的现代农业发展新模式。

5. 品质为本，推动稻田种养高质量发展

产品质量安全是产业持续发展的生命线，牢固树立"质量兴农、品牌强农"发展意识，以绿色生产技术为支撑，研究产品质量标准；以"绿色"作为产业发展的本色，综合协调发力，推动基地建设标准化、生产投入减量化、生产过程清洁化、监督追溯全程化、林田湖水生态化，构建水稻水产全产业链溯源体系，保障绿色水稻和绿色小龙虾优质产品供给；建立一批绿色稻米、绿色小龙虾地理标志产品，注重开发高档品牌，避免产品品牌多、乱、杂、劣，提高市场竞争力。

6. 三产融合，实现乡村全面振兴

创新合作机制，构建"双水双绿"产业联盟，搭建"双水双绿"产业平台，着力解决制约产业融合发展的难题，推动研产销一体化；采取龙头企业+合作社+农户经营方式，完善利益联结机制，延长产业链，保障供应链，提升价值链，完善生态链；重视营造节庆文化，开拓农业生产、生活、生态、科教、观光、康养等功能，大力推进稻渔文

化、电商、餐饮、娱乐等与水稻水产产业融合发展，打造稻虾田园综合体、稻虾文化城、稻田公园等，促进三产融合，推动乡村振兴。

三、规划思路

立足湖北资源优势和水稻、水产产业发展现状，以生产基地、重点园区及特色项目（稻虾文化城、稻虾田园综合体）为点，以产业轴带和廊道为线，以板块化功能化片区为面，形成点、线、面相结合的整体结构功能布局；突出绿色核心，围绕绿色水稻和绿色水产两大产业构建集科研示范、良种选育、苗种繁殖、生态养殖、加工出口、交易仓储、餐饮服务、冷链物流、精深加工、节庆文化、休闲旅游等于一体的全产业链，构建完善"双水双绿"的生产体系、产业体系、经营体系和服务体系，推动湖北"双水双绿"产业发展。宏观层面，围绕供给侧结构性改革、生态文明建设、乡村振兴战略，以水稻、水产产业做大做强为目标，创新机制，建立"双水双绿"保障支撑和服务体系；中观层面，围绕产业振兴、生态振兴，以绿色产业链建设为目标，产业协同、三产融合，构建"双水双绿"产业体系和经营体系；微观层面，围绕高质量发展、绿色产品、环境美好，以资源可持续利用，水稻和水产绿色清洁生产为目标，因地制宜，构建"双水双绿"生产体系。

1. 立足"三优"

优化布局，依托资源优势和产业现状，因地制宜，设置核心区、优势区、适宜区、次适区，分类分区发展；优化模式，依据资源特点，优化种养模式，优化田间工程结构，合理利用资源；优化品种，以市场为导向，优化水稻品种，选择优质水产品种，开展绿色生产，开发中高端优质"双水双绿"品牌产品。

2. 体现"三高"

起点高，突出水稻的主体地位，以水稻品质优、适口性好、绿色有机为出发点，选择优质稻米品种或地方稻米名优品种，强化绿色防控，确保土壤、水体和产品安全，推进种植与养殖结合、质量与数量并重、品质与效益同步提升；标准高，以规范化、标准化的设计加强农田基础建设，规范水稻种植和水产养殖，防止出现"渔强稻弱"现象，坚决杜绝稻田"池塘化"和"非粮化"；质量高，坚持生产发展和生态友好兼顾，不以牺牲环境为代价，按照产业生态化实现清洁生产，促进生态改善，洁净稻田和水体，形成生产与生态之间的良好互动，因地制宜引入旅游观光、休闲娱乐等元素，不断延长产业链，提高产品附加值。

3. 实现"三多"

多方联动，稻田综合种养涉及种、养、游多个行业，要树立系统性、一体化思维，把水稻种植和水产养殖作为一个整体，按照"双水双绿"理念，加强多部门之间的合作，着力克服种养脱节、农机农艺不配套、水稻水产发展不协调问题，集成配套全程技术措施和生产规程；多产融合，把生产、加工、流通和消费结合起来，推进产前、产中、产后一体化经营，培育新型经营主体，实现产业化开发，促进三产融合；多重成效，通过稻田综合种养达到稳粮增收、节肥节药、绿色优质，实现经济效益、社会效益和生态效益共赢，推动水稻水产产业转型升级，培育农业农村发展新动能，助力乡村振兴。

四、发展目标

到2022年，以"双水双绿"模式为引领，湖北稻田种养绿色生产模式稳定在800万亩；形成一套成熟的田间工程建设、生产经营管理和产业发展支撑体系。与单一种稻相比，实现亩产千斤稻，亩增收2 000元，主产区农药、化肥施用量减少50%以上。小龙虾和稻米产业化水平进一步提高，产业链条进一步拓展，品牌知名度、美誉度、市场影响力大幅提升，综合产值达到1 700亿元。

到2025年，"双水双绿"模式实施面积达500万亩，建设完善"双水双绿"生产体系、产业体系、经营体系、服务体系。进一步推进湖北稻田种养绿色发展，水稻亩产量稳定在千斤以上，农药、化肥施用量进一步减少，生产效益稳步提升，打造一批粮食生产面积稳定、产品质量安全放心、生产效益稳步提高、水源土壤有效保护的标准化示范区，全面提升湖北水稻、水产产业实力。通过绿色模式、技术创新，依据生产技术规范和标准，促进产业发展、环境优美，推动生态文明建设，推动乡村振兴。

造就一批品牌。构建省级稻虾共作、稻渔种养品牌载体，打造具有湖北特色、有影响力的区域公用品牌，使"潜江龙虾""荆楚大米"成为全国一流的农产品区域公用品牌；打造中高端大米、小龙虾产品品牌5～7个，提升水稻、水产综合实力，使湖北稻米品牌在中高端消费市场的影响力和占有率得到提升。

打造一批基地。湖北稻虾共作、稻渔种养产业实现区域化、特色化发展，打造3～5个核心样板基地；加强科技创新，建设"双水双绿"技术体系及技术标准，稻虾共作、稻渔种养模式优质专用稻品种选育及小龙虾等良种选育、规模化繁育有效开展，保种供种能力显著提升；高标准在湖北示范推广，培育新型经营主体，建成一批"双水双绿"产业基地。

建设一批示范区。示范区是水稻、水产协同，一二三产业融合发展，生产、生活、生态三生一体，实现产业兴旺、农民富庶、乡村美丽的"鱼米之乡"。围绕农业绿色发展的总体目标，加快转变农业发展方式，推动乡村振兴，结合"双水双绿"生产体系、产业体系、经营体系及服务体系建设，打造3～5个特色小镇和稻渔文化休闲示范区。

第二节　湖北省"双水双绿"产业总体布局

一、总体布局

按照立足资源优势因地制宜、集中连片规模化发展、点线面联动的原则，根据湖北水土资源和地理条件，结合水稻种植分布和水产养殖功能分区，划定全省稻田种养生产的优势区及适宜区，在此基础上，结合各县（市、区）稻田种养现状、产业发展水平及发展潜力布局，分类指导"双水双绿"区域化发展，构建"两带三圈四区"的总体布局（图8-1，图8-2）。

图8-1　湖北省"双水双绿"产业发展"两带三圈"布局示意

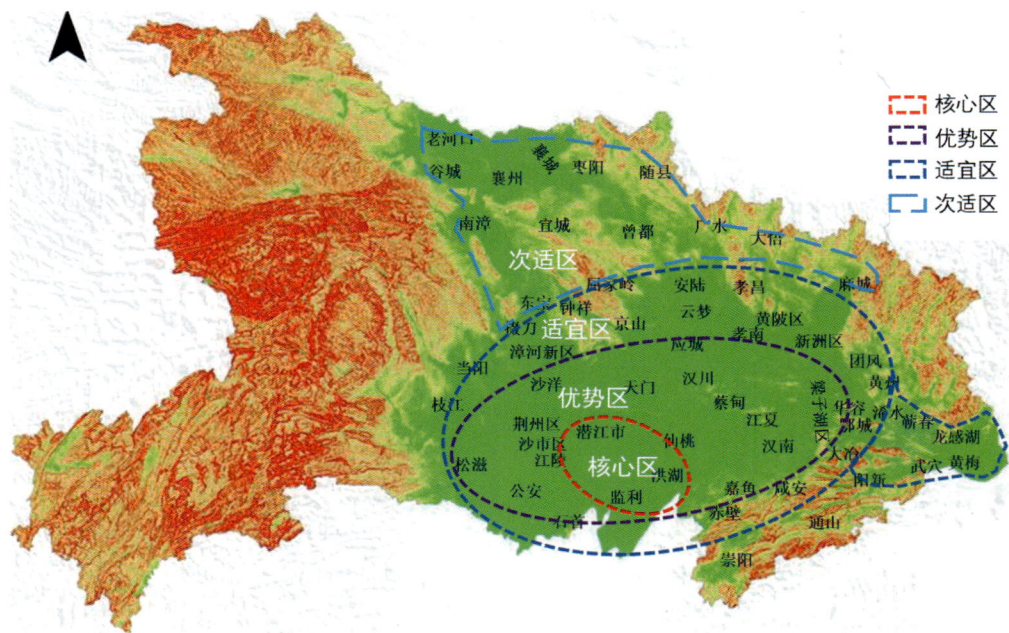

图8-2　湖北省"双水双绿"产业发展"四区"布局示意

（1）两带。稻田种养与水土资源密切相关，湖北"双水双绿"主要分布在水资源丰富、地势平坦的沿江平原地区，因此必将形成沿江产业带。两带是沿长江"双水双绿"产业带、沿汉江"双水双绿"产业带。

（2）三圈。湖北稻田主要分布在江汉平原、鄂东南和鄂中北丘陵岗地，根据其水产及水资源状况，稻田种养发展不平衡，必将形成三个圈区。三圈是江汉平原"双水双绿"重点发展圈、鄂东南"双水双绿"适度发展圈、鄂中北"双水双绿"特色发展圈。

（3）四区。为了合理利用资源，提高资源效率，并且保护自然资源，因地制宜是最高原则，依据发展规模、发展方式、发展模式及技术体系等的差别，分类发展，将湖北适合稻田种养的县（市、区）分为"双水双绿"产业模式核心区、优势区、适宜区、次适区。

二、两带

1. 长江"双水双绿"产业带

（1）资源优势及特点。长江中游湖北段是湖北"两圈两带"发展战略的重要组成部分，也是长江经济带的重要组成部分。长江经济带也是农业优势带，战略地位突出。长江经济带作为国家级重大区域发展战略，其发展建设的根本方向是"共抓大保护、不搞大开发"，落实生态优先、实现绿色发展。农业农村面源污染是长江水体重要污染源之一，转变地区农业发展方式，开展面源污染综合治理，实施农业绿色发展对于促进长江经济带绿色发展具有重大意义。

①资源条件优良。地处北纬30°黄金种植带，光温充足，雨热同期，地势平坦，土质良好，利于农业发展；长江流经湖北26个县（市、区），贯穿江汉平原和鄂东沿江平原，缀连长湖、洪湖、梓山湖、梁子湖、赤东湖、武山湖、太白湖和龙感湖等大小诸多湖泊，沿线县（市、区）稻田面积达920多万亩，占湖北稻田面积的30.67%，且长江周边稻田多以圩田和洲田居多。圩田旱季河水低于田面，雨季高于田面，时常面临洪涝和渍害威胁，难以稳收高产；洲田地下水埋深0.5～1.0米，高位洲田多为沙质或沙壤质土，漏水漏肥严重，低位洲田面临涝渍威胁，不宜发展双季稻等稻作模式，同时拥有大量的滨湖田、落河田和冷浸田，是开展"双水双绿"模式建设的理想地带。

②产业基础良好。近年来湖北境内长江沿线县（市、区）大力开展稻田种养，做强水稻和水产产业，拥有3个水稻大县（种植面积100万亩以上）和11个水产大县（养殖面积30万亩以上），形成了以稻虾种养为典型的"双水双绿"模式，沿线县（市、区）稻田种养面积达302.57万亩，占湖北稻田种养面积的60.23%，水产品产量达到317.83万吨，其中90%以上是小龙虾，占湖北稻田种养水产品总产量的61.48%，已经初步形成产业规模优势，具有良好的产业发展基础。

（2）涉及县（市、区）。枝江、松滋、荆州、公安、江陵、石首、监利、洪湖、嘉鱼、汉南、蔡甸、新洲、鄂城、华容、梁子湖、团风、浠水、蕲春、武穴、黄梅、阳新、龙感湖管理区。

（3）发展方向及举措。长江"双水双绿"产业带应坚持农业绿色发展，坚持退耕还湖，治理农业面源污染，恢复稻田水体生态，充分发挥沿线县（市、区）资源优势，因地制宜开发，按照"双水双绿"产业发展要求，树立全产业链思维，充分挖掘稻田种养生产生态生活等多功能，打造水稻种植、水产养殖、园区加工、科技研发、综合服务等产业发展示范带，引领长江沿线县（市、区）农业高质量发展。

2.汉江"双水双绿"产业带

（1）资源优势及特点。汉江生态经济带是湖北"两圈两带"发展战略的重要组成部分。汉江流经湖北971千米，流域面积占湖北全省面积的1/3，对湖北发展具有重要示范带动意义。改善汉江流域生态环境、加快生态文明体制改革、推进农业绿色发展、解决突出生态环境问题、创新驱动产业结构升级、促进高质量发展是重要建设方向。

①资源环境较强。汉江生态经济带涉及湖北10个地级市（林区）、39个县（市、区），地区生态环境承载力较强，受秸秆、畜禽粪污面源污染影响较重，生态环境相对脆弱，水土流失相对严重。应重点根据当地现状选择适宜的"双水双绿"模式。

②产业基础较好。汉江沿线县（市、区）也是湖北水稻和水产优势区，水稻种植面积751万亩，占湖北水稻种植面积的21.45%，水产养殖面积186万亩，占全省水产养殖面积的13.40%。沿线县（市、区）水产加工能力达69.15万吨，占湖北全省的37.34%，其中潜江、钟祥、沙洋、宜城等地加工能力位居全省前列。已经形成了钟祥香稻嘉鱼、天门稻鳅共育和潜江稻虾共作等产加销一体化的稻田种养产业体系。

（2）涉及县（市、区）。谷城、襄州、宜城、钟祥、沙洋、潜江、天门、汉川、蔡甸。

（3）发展方向及举措。汉江"双水双绿"产业带应坚持生态优先发展，加强沿线水土流失环境治理，严格按照资源禀赋条件有序开发，充分发挥绿水青山优势，注重产品品质，大力发展有机稻米和有机水产，融合地域文化特色，不断推进三产融合发展。

三、三圈

湖北地处长江中游，水网纵横、湖泊密布，属亚热带气候，适合水稻种植和小龙虾养殖，稻虾模式广泛分布于江汉平原、鄂东南沿江平原及鄂中北丘陵岗地。但应考虑不同区域的资源特点和立地条件（表8-1），因地制宜，保证粮食安全、稳粮增效。

表8-1　湖北主要稻区资源特点

区域	气候气象		地形地貌		水资源		
	太阳辐射（兆焦/米²）	年均气温（℃）	地形	海拔（米）	降水量（毫米）	地下水位（米）	水质
江汉平原区	4 500～4 700	15.96～16.80	平原	11～50	1 100～1 500	0.5～1.0	Ⅱ、Ⅳ、Ⅴ类
鄂中北地区	>4 700	15.12～15.96	丘陵、岗地	51～75	850～1 100	3～7	Ⅱ类水为主

（续）

| 区域 | 气候气象 | | 地形地貌 | | 水资源 | | |
	太阳辐射 (兆焦/米²)	年均气温 (℃)	地形	海拔 (米)	降水量 (毫米)	地下水位 (米)	水质
鄂东南地区	4 500～4 700	15.96～16.80	平原、丘陵	26～50	1 300～1 550	1.0～2.5	Ⅱ类水为主

1. 江汉平原"双水双绿"重点发展圈

（1）区域资源特点。江汉平原地处长江和汉江之间，涉及松滋、江陵、石首、公安、监利、洪湖、潜江、天门、仙桃、汉川、沙洋、荆州、沙市、应城、嘉鱼、赤壁等16个县（市、区），地势平坦、规模连片，单块田土地面积多为30～50亩，年均降水1 000～1 400毫米，年均气温11.96～16.80℃，平均海拔11～50米，地下水位为0.5～1.0米，排灌设施相对完善，依靠附近的河网沟渠灌溉和地下水补给灌溉；土地资源极其丰富，拥有耕地993.04千公顷，占湖北耕地面积的28.83%，其中稻田面积663.86千公顷，占湖北稻田面积的34.24%，占本区域耕地面积的66.85%，是国家重要粮食生产功能区。

江汉平原地势低洼，河湖众多，洪涝频发，地下水位高，易出现土壤潜育化问题。具有大面积的低湖田和涝渍排水型中低产田，其中荆州、天门、仙桃、潜江4个重点州市冷浸田和涝渍田面积达394.29千公顷(591.44万亩)，占全省的42.55%，是湖北发展"双水双绿"稻田资源最为丰富的地区。

（2）发展方向。江汉平原作为国家重要粮仓，发展"双水双绿"开展稻田种养首要前提是稳粮，注重生产基地标准化、规模化开发，加强绿色稻田和绿色水体建设，维护稻田生产生态功能不退化；在坚持绿色发展导向的基础上，综合考虑地区发展问题，以稻虾共作为主体，注重水稻和小龙虾产业协调发展，因地制宜选择高效多样种养模式，稻蛙、稻鸭、稻鳅协调推进，在汉江和长江沿线低洼湖区和传统渔业区考虑稻虾共生模式，推进水产健康养殖，促进产品品牌化、绿色健康化发展。

2. 鄂东南"双水双绿"适度发展圈

（1）区域资源现状。鄂东南地处长江中游南岸，涉及蔡甸、江夏、黄陂、新洲、武汉市中心地区、鄂城、华容、梁子湖、团风、浠水、蕲春、武穴、黄梅、阳新、黄石、大冶、咸安、通山、通城、崇阳等县市，除沿长江周边地区为平原地形外，绝大部分是低山丘陵地形，单块田土地面积多为10～20亩；降水资源丰富，年均降水量1 300～1 550毫米，年均气温15.96～16.80℃，平均海拔26～50米，季节性稻田地下水位变化大，多为1.0～2.5米；河流水系众多，代表性水系如陆水、澴水、倒水、举水、巴河、浠水、富水、蕲水等，湖泊水泊数量占湖北的2/3，拥有丰富的水生生物资源，灌溉主要来自自然降水和附近的河流或上游水库水；土地资源丰富，拥有耕地673.80千公顷，占湖北耕地面积的19.56%，其中稻田面积476.97千公顷，占湖北稻田面积的23.53%，占本区域耕地面积的70.79%，是湖北水稻生产重要功能区。

鄂东南地区土壤整体呈酸性，大多以沙性土壤为主，漏水漏肥，营养供给能力差，水土流失问题突出。鄂东南长江沿线周边为冲积型平原，具有一定面积的低湖田和涝渍排水型稻田，低山丘陵之间稻田因地势较低、多以水库或山间冷泉灌溉，存在一定规模的冲垄冷浸稻田，其中武汉、黄石、黄冈、咸宁作为鄂东南典型地区，冷浸田和涝渍田面积共计249.09千公顷（373.64万亩），占湖北的26.88%，是仅次于江汉平原的第二大冷浸田和涝渍田分布地区。

（2）区域发展方向。鄂东南地区土壤整体偏酸，且位于长江和汉江下游，水体污染形势以及重金属面源污染防控压力大，水土流失问题突出，应坚持维护生态功能、加强生态修复为首位，通过"双水双绿"种养方式推动地区水稻和水产发展方式转变，通过绿色清洁生产降低面源污染物排放，通过绿色种养方式修复稻田环境、净化水体，实现生产环境绿色，重塑绿水青山；开展稻田种养，根据田块规模选择稻虾生态池或稻虾连作模式，低洼湖区和传统渔业区考虑稻虾共生模式，加强产品绿色健康发展。

3. 鄂中北"双水双绿"特色发展圈

（1）区域资源现状。鄂中北丘陵岗地具有"三山夹两水"(大洪山荆山夹汉水、大洪山桐柏山夹涢水)的地貌，包括鄂中地区的荆门、屈家岭管理区、安陆、曾都和广水等地，以及鄂北地区的丹江口、老河口、襄州、宜城、枣阳、随县等县市。因地形多以丘陵岗地为主，单块田面积多为5～15亩，稻田类型多是岗田、塝田和冲田；年均气温15.12～15.96℃，年均降水850～1 000毫米，地下水位低，平均为3～7米，灌溉主要利用地形优势及小区域集水方式进行，灌溉水源多以丘陵山区水库水为主，沿汉江周边地区以汉江水灌溉；耕地面积约714.42千公顷，占湖北耕地面积的20.74%，其中稻田面积约426.39千公顷，占湖北稻田面积的21.04%，占本区域耕地的59.68%。

（2）区域发展方向。鄂中北地区降水少蒸发大，土壤干旱贫瘠，水土流失严重，易出现土壤盐碱化问题。应将维护生态功能作为首位，充分利用丘陵山区优势，挖掘自然生态和人文景观，依水发展稻田综合种养，减少水资源消耗，重点围绕稻鳖共育、稻虾连作等节水种养生产，注重打造绿色有机产品。

四、四区

根据自然资源特点、稻田种养及农业发展水平、发展潜力及区位，将适合稻田种养的县级单位分为4个优势层次不同的单元，其中核心区3个县（市、区），优势区18个县（市、区），适宜区24个县（市、区），次适区15个县（市、区），合计60个县（市、区），进行分类指导，分层次发展。

1. "双水双绿"产业模式核心区

（1）资源特点及优势。核心区地处江汉平原腹地，光温水土资源优势突出，涉及的县（市、区）拥有稻田面积共计324.16万亩，适合稻田种养发展的面积最为丰富；同时水稻种植面积共计434.46万亩，占湖北水稻种植面积的12.41%，水产养殖面积436万亩，占湖北水产养殖面积的31.34%，既是水稻大县，也是水产大县，水产加工能力共计77.18万吨，占湖北的41.67%，电商交易、冷链物流、品牌餐饮、节庆文化等方面的发展相对成熟，双水产业发展优势突出，已经形成完备的产业链，辐射周边能力强。同时，满足以下条件：

①典型农业大县，水稻水产是县市农业主导产业，水稻种植面积≥100万亩，水产养殖面积≥100万亩，水稻和水产在湖北占据核心地位。

②稻田种养产业面积≥40万亩，小龙虾年产量≥7万吨，水产年加工能力≥10万吨，已经形成产加销完备的产业链，稻田种养产业发展水平位居湖北前列。

③光温水土资源条件十分优越，农田水利设施完善，土地规模集中，低湖冷浸稻田在县（市、区）稻田占主导地位且具有较大开发潜力，交通便利，市场条件优越，适合产业化开发。

（2）主要县（市、区）。监利、洪湖、潜江3个县（市、区）。

（3）发展方向及举措。核心区要坚持农业绿色发展导向，做优做特"双水双绿"产业。大力实施绿色稻田种养，注重水稻和水产协同发展，做大产业规模，夯实产业基础，保障供应链，延伸产业链，做强精深加工，注重品牌引领和"双水双绿"文化开发，三产融合促进高质量发展，打造"双水双绿"乡村振兴先行区。

2．"双水双绿"产业模式优势区

（1）资源特点及条件。优势区位于江汉平原和鄂东沿江平原及周边地区，是湖北水稻和水产重点功能区，稻田种养生产发展条件优越，产业面积均在万亩以上，已经初步形成产业规模优势，但二三产业发展较为缓慢，产业发展水平仍然有很大提升空间，具有培育优势产业发展的潜力。同时满足以下条件：

①产业基础良好，是水稻优势产区和水产大县，水稻种植面积≥30万亩，水产养殖面积≥30万亩。

②稻田种养产业面积≥5万亩，小龙虾产量≥10 000吨，年水产品加工能力≥3 000吨。

③光温水土资源优越，农田水利设施完善，地势平坦，土地规模集中，低湖冷浸稻田资源丰富，交通市场条件较为优越或毗邻优势核心区，具有较大产业开发潜力。

（2）主要县（市、区）。松滋、江陵、石首、公安、天门、仙桃、汉川、沙洋、荆州、沙市、应城、嘉鱼、鄂城、梁子湖、华容、汉南、江夏、蔡甸18个县（市、区）。

（3）发展方向及举措。优势区重点做大做强"双水双绿"产业。因地制宜规划产业发展区域，挖掘潜力地区，做大产业规模，大力支持水稻和水产加工业发展，配套健全完善冷链物流、电子商务、餐饮文化等服务业，努力构建完善的"双水双绿"产业链。

3．"双水双绿"产业模式适宜区

（1）资源特点及发展条件。适宜区位于江汉平原和鄂东沿江平原地区，光温水土资源相对优越，地势平坦，是湖北水稻重要产区，具有较强的市场优势，但因稻田种养面积不足致使没有形成产业规模优势。其主要特点：

①光温水土资源相对优越，适合开展水稻种植和水产养殖。

②交通优势相对突出，紧临武汉，具有明显的市场优势。

③具有一定的稻田面积和水面，具有培育产业规模优势的潜力。

（2）主要县（市、区）。枝江、当阳、团风、安陆、云梦、孝昌、漳河新区、咸安、黄梅、钟祥、武穴、浠水、京山、蕲春、赤壁、阳新、黄陂、龙感湖管理区、新洲、东宝、掇刀、大冶、孝南、黄州等24个县（市、区）。

（3）发展方向及举措。适宜区重点做大产业规模。充分发挥当地资源条件和市场优势，大力发展稻田种养，提升产量，做大产业规模，不断形成产业优势。

4."双水双绿"产业模式次适区

（1）发展条件。次适区多位于鄂中北丘陵、鄂东北、鄂东南和鄂西山区地带，地形高低起伏大、水资源欠缺、稻田田块基础设施较差且区域规模小，产业化开发难度大，难以形成产业规模优势，发展条件相对较差。但在有水库、河流等水资源的地方可以适当发展。其主要特点：

①光温水土资源条件相对较差，灌溉设施差，难以实现稻田自流灌溉。

②县（市、区）水稻和水产产业相对较小，产业发展水平不高。

③交通不便，距离大市场相对较远。

（2）主要县（市、区）。襄州、襄城、枣阳、宜城、南漳、谷城、老河口、屈家岭管理区、广水、随县、曾都、大悟、麻城、崇阳、通山等15个县（市、区）。

（3）发展方向及举措。次适区因地制宜注重特色发展。要选择适宜模式，探索建立适合当地资源条件的稻田种养模式技术体系，丘岗冲垄稻田、山区冷浸稻田通过发展稻田种养改善水稻种植环境、提升水稻和水产品产量，同时注重特色、有机、品牌开发，促进农民增产增收，提高稻田种养综合效益。

第三节　湖北省"双水双绿"产业发展的主要任务

一、保障清洁生产，建设"双水双绿"的生产体系

1.强化物质装备，夯实产业发展基础

在湖北"双水双绿"产业发展规划分区基础上，县（市、区）全面分析市场需求和资源禀赋，进一步划定县（市、区）乡（镇）一级的"双水双绿"四区，明确县（市、区）稻田种养布局和发展目标，按照"双水双绿"种养模式技术工程参数要求，落实农业农村部有关稻渔产业相关政策意见，整合高标准农田建设、农田水利建设工程等公益性基础设施建设项目，充分调动新型经营主体积极性，鼓励土地流转，以公司返租倒包、

新型经营主体直投直营、村集体改造倒包等多种方式,通过以奖代补打造"双水双绿"产业示范基地,配套完善水电路等公共基础设施,实现区域化布局、规范化发展、规模化开发。推进稻田种养全程机械化,攻坚稻田小龙虾及精养小龙虾收获机械化,推进农机与农艺融合发展。

2. 优化种养技术,推动绿色标准生产

立足区域自然资源优势、"双水双绿"产业理论和种养技术体系,以推进农业绿色发展为主攻方向,县(市、区)农技站和水产技术推广中心等服务部门与省市科研院所积极开展适合本地的"双水双绿"种养理论技术和经验总结,不可强行简单复制推广,明确种养模式中涉及田间改造、水稻栽培、水肥管理、绿色防控、秸秆还田、土壤保护等相关技术指标,形成具有地区特色的"双水双绿"种养模式技术体系,推动县(市、区)水稻和水产转型升级,实现绿色高质量发展。

3. 严格投入品管理,促进绿色清洁生产

制定涉及"双水双绿"种养模式生产过程中的农药、渔药、饲料、化肥、微生态制剂等投入品使用指导规范与管控举措。推进水稻种植化肥农药减量行动,推广测土配方施肥,鼓励使用绿肥和农家肥;实施水稻病虫害统防统治,应用物理、生物等绿色防控手段,推广高效、低毒、低残留的生物农药,做到控肥控药,推行精准施药和科学用药;联合多部门持续开展有关水产品饲料及渔药的专项整治行动,严厉打击假劣饲料、违禁违法用药,严禁非法投入品进入市场,防范不法商贩进行虚假宣传误农害农。

4. 加强产地环境治理,打造蓝天青田绿水

持续开展秸秆禁烧,推进秸秆还田和综合利用,打造洁净蓝天。强化农田生态保护,开展耕地质量调查,依托秸秆还田和有机肥替代化肥行动稳步提高耕地基础地力;加强农业面源污染治理,开展土壤污染治理监管和修复,打造绿色稻田。落实河湖长制,开展防洪排涝、血防综合治理、水污染防治与水生态修复,全面提升重点流域水污染治理和水环境管理水平,建立水污染防治示范站点;实施水污染防治行动计划,加强重点湖泊水产养殖面源污染治理,加大外来河湖入侵生物水花生、水葫芦等整治;开展农村环境连片整治和生活污水处理,加强农业秸秆、畜禽粪污面源污染治理和农业灌渠环境综合整治,持续改善农业农村生态整体环境,贯通江、河、湖、库、渠,实现水系网络有机结合连通,打造绿色水体。

二、推进三产融合,建设"双水双绿"的产业体系

1. 推进农业结构调整,打造"双水双绿"基地

按照稳粮增效,因地制宜的原则,以推进农业供给侧结构性改革为主线,立足湖北水稻和水产产业现状和基础开展"双水双绿"基地建设。

水稻产业以调减双季稻为重点,以调优稻田种养、再生稻、稻油(菜)为抓手,综合考虑水源、水质、排灌、土质、气温等条件,划定适宜区与非适宜区,推进湖北水稻种植

业结构调整；依托优质稻板块建设、粮棉油优质高产创建以及绿色农产品基地建设等项目打造以稻田种养、双季稻、再生稻为主体的绿色水稻标准化产业基地；以湖北"双水双绿"核心区和优势区为基础，打造全国"双水双绿"产业示范基地，积极创建国家级稻渔综合种养示范区，通过培育新型经营主体，建设一批"双水双绿"产业示范区、示范片。

水产产业以小龙虾、河蟹、鳅鳝等湖北三大百亿元产业为重点，贯彻落实《湖北省养殖水域滩涂发展规划（2018—2030年)》，突出小龙虾产业，推动湖北水产养殖由传统水产养殖向名特优水产养殖转型升级，依托现代渔业示范区建设项目打造以小龙虾、河蟹、鳅鳝为主体的绿色水产产业基地，从而促进种植和养殖数量结构优化，实现以绿色水稻和绿色水产为主体的产品质量结构升级。

2. 延伸双水产业链条，实现产加销一体化

深入实施农产品加工业"四个一批"工程，以加工业为龙头带动农业产业化发展，推动水稻和水产订单标准绿色生产；依托粮食仓储项目鼓励合作社、公司等农业服务主体开展水稻烘干仓储中心建设，利用物联网大数据等手段加强粮食储运监管，依托县（市、区）水产市场建设水产交易中心，配套完善小龙虾等水产称重、分级、预冷、包装、保鲜等初加工设施，强化产地初加工。

"双水双绿"优势区积极建设绿色水稻和绿色水产加工园区，引导加工企业、流通企业向园区集聚，推动绿色水稻和绿色水产加工园区化、园区产业化、产业集聚化，打造涵盖水稻、水产原料型产品加工、高端精深产品加工、副产物及关联产品加工、全程冷链智慧物流、线上线下交易、优质产品独立仓储等于一体的产业集群。

围绕品种培育、基地建设、产品生产、品牌创建、市场营销等全产业链实施水稻产业提档升级；以县（市、区）优势水产为重点，围绕苗种繁育、健康养殖、加工出口、餐饮物流、节庆文化的全产业链开展提档升级行动。整合稻田综合种养生产资料供应、经营服务管理、产品精深加工、质量品牌营销等产业链各环节，通过产前、产中、产后有效连接和延伸融合，实现产加销一体化。

3. 充分激活"双绿"效应，推进产业融合发展

加快村级电子商务服务站点覆盖，依托县（市、区）电商产业园区，搭建电商集中交易平台，鼓励各类新型经营主体应用农产品电子商务，特别是鲜活农产品电子商务；加强与国内外知名电商企业合作，通过京东、淘宝、一号店等多渠道市场体系，构筑县域电商产业链生态系统；支持以电子商务为载体的原产地农产品直销模式，鼓励农超、农企对接。

立足绿色稻米和绿色水产品生产供给，发挥农业的生活和生态功能，注重稻田种养农耕文化、自然教育、生态休闲等方面的生态和文化产品开发，大力推动小龙虾+旅游业发展，积极打造稻虾田园综合体和稻虾文化城等，依托农民丰收节打造"双水双绿"节庆文化，实现双水产业与电子商务、餐饮、教育、文化、旅游、节庆等产业的融合发展。

三、培育经营主体，建设"双水双绿"的经营体系

1.培育双水经营主体，促进协调发展

大力开展高素质农民培训，重点培育兼通水稻种植和水产养殖的复合型高素质农民；实施现代青年农场主计划培育家庭农场；以农业产业化园区为平台培育壮大水稻和水产农业龙头企业；以农民专业合作社为重点培育农机、飞防等社会化服务主体。

2.推动适度规模经营，提升经营效率

坚持土地承包关系稳定并长久不变，落实好第二轮土地承包到期后再延长30年不变政策，建立村有土地流转服务组织、乡（镇）有土地流转交易平台及县有土地仲裁机构的三级土地流转服务体系，大力发展"土地流转、土地入股、土地托管、代耕代种、联耕联种、统一经营"等多种新型生产合作方式，重点支持农民土地经营权入股，推进适度规模经营。高度重视大资本工商企业流转大规模稻田开展稻田种养后因资本和管理等潜在风险所引起的农田经营"非农化""非粮化""抛荒化"等问题，探索建立工商企业租赁农户承包地严格准入、用途监管制度和风险防控手段。

4.创新组织利益联结，推动多元主体融合

"双水双绿"模式主体是稻田养虾，既涉及水稻种植业，又涉及水产养殖业，属于劳动密集型产业，不提倡大规模流转土地公司经营，不适合采用公司+基地经营方式，在鼓励家庭经营、入股经营、合作经营、集体经营、企业经营以及"七统一"打包服务等多种经营服务下，建议重点支持公司或大型市场（批发商）+合作社+农户的经营方式，因地制宜探索社区支持农业、小农户集体和参与式保障体系等"双水双绿"创新型组织形式，坚持农民的地农民种，根据农户自身素质、城镇化程度与劳动力就业转移状况，推动农户家庭适度规模经营。

大力推广"合作制、股份制、农业产业联合体以及企业+合作社+农户"等多种形式的利益联结关系和组织化方式，补全新型经营主体之间的对接合作链条，积极组织并鼓励新型经营主体网罗小农户开展产业扶贫，实现小农户与现代化生产、社会化服务、市场化需求的有机衔接，促进新型经营主体和普通农户共享现代农业发展收益。

5.多元主体推动，打造"双水双绿"品牌

一是强化产品质量品质。研究制定绿色稻米和绿色小龙虾产品质量标准，从产业环境、绿色品种、生产方式、防控措施、产品加工等多个层面共同建设优质水稻和绿色水产品，大力推进"三品一标"创建活动，鼓励龙头企业或专业合作社开展绿色、有机水产品和稻米产地认定和产品认证；推行HACCP食品质量管理体系认证，建立加工、运输全程质量可控体系。

二是加强质量安全监管。强化水产品质量安全属地监管职责，落实生产经营者质量安全的主体责任，推动养殖生产经营者建立集"产品质量追溯、养殖环境监管、水质在线监测、疫病远程诊断"的"四位一体"的全程可追溯系统，推进行业诚信体系建设，

保证水产品安全。加强农产品质量安全检测站和农作物种子质量检验监督站建设，推动建立县、乡、村三级农产品质量安全监管体系，加大产地养殖水产品质量安全风险监测评估和监督抽查的力度，完善农产品质量安全风险评估、产地准出、市场准入、质量追溯、退市销毁等监管制度。

三是加强疫病防控。水稻重点围绕纹枯病、稻瘟病、稻曲病等病害以及二化螟、稻飞虱、稻纵卷叶螟等虫害建立病虫害监测预警与防控体系；水产以小龙虾为主重点围绕白斑综合征等开展疾病监测与绿色防控体系研究，建立应急预案。健全水生动物疫病防控体系，加强水生动物疫病监测预警、风险评估和应急处置，完善渔业官方兽医队伍，全面实施水产苗种产地检疫和监督执法，优化水产养殖用疫苗审批流程，加快疫苗推广和应用，确保不发生重大疫病疫情。

四是培育打造产业品牌。围绕农产品品牌创建"绿色化、名牌化、特色化、优质化"目标与要求，按照"政府引导扶持，龙头企业市场化运作，中小企业、中介组织和"双水双绿"生产经营者广泛参与，一个品牌统领一个品类，一个企业带动一个产业，一个产业引领一方经济，最终形成共生共荣、错位竞争的品牌产业生态"的品牌培育思路，整合资源集中力量以"潜江龙虾"和"荆楚大米"为重点，培育区域公共品牌；支持县（市、区）政府和企业在"双水双绿"总框架下结合自身产业属性及优势，打造若干个"双水双绿"加工品牌、物流电商品牌、餐饮服务品牌以及节庆文化品牌等；建立并完善产业品牌发展、推介、保护和利用运行机制，建立区域公共品牌的共建共享机制，严格品牌双商标、标识、域名的监督和保护，打击假冒和侵权行为；充分利用广告传媒、交通旅游、节庆展会、电子平台做好品牌宣传推广，提高品牌市场知名度和影响力。

四、创新机制体制，建设"双水双绿"的服务体系

1.构建"一主多元"体系，加强社会化服务

依托农技推广服务体系建设和农业科技创新与技术体系建设等相关项目，进一步完善"以钱养事"机制，在巩固提升公益性农技服务的同时，大力发展经营性社会化服务组织，形成以公益性服务组织为引领的"一主多元"的社会化服务体系。

依托农业专业合作社及联社，构建农业生产产前、产中、产后全程社会化服务体系，优先支持围绕水稻和小龙虾生产开展全程社会化服务，探索集"农资购买、水稻育秧、机耕机插、机防机收、烘干仓储、加工销售及市场信息服务"于一体的技物结合的生产服务模式。

深化科技体制改革，创新县校深度合作体制机制，实行研（科研单位）产（生产合作社）销（米业、虾业）一体化，着力解决制约产业融合发展的难题，构建"产业驱动科研，创新引领市场"的新格局。构建以"双水双绿"产业联盟为支撑，以农业技术推广机构为主导，以家庭农场、种植大户、农民合作社和龙头企业等新型经营主体为基础，

农业科研、教育等单位广泛参与的基层农业技术推广体系。

2. 构建良种体系，做强"双水"产业尖端

加强小龙虾等的野生种质资源保护，积极推动稻田小龙虾繁养分离，围绕适合"双水双绿"种养模式的良种开展试验示范，加快选育具有含肉率高、饲料转化率高、抗病能力强、存活率高等性状于一体的绿色小龙虾新品种，以及食味特优、营养兼备、抗主要病虫害、抗倒伏、养分利用效率高等性状于一体的绿色超级稻品种。努力构建"以企业为主体、产学研相结合、育繁推一体化"的种业体系，共同推动"双水双绿"品种的绿色化、特色化、优质化、高效化发展。

3. 加强信息科技，提升智能管理水平

推进物联网、大数据、云计算等新兴技术与水稻、水产等领域的深度融合，实现生产智能信息化管理，围绕稻虾种养开展水稻精准示范和数字化渔业示范。结合大数据、物联网、云计算等技术对不同区域土壤墒情、水质、气候、动植物疫病虫害发生程度等信息进行智能化采集、处理服务、共享，构建农业气象大数据平台，增强农业气象灾害监测预警能力。

建设集农业物联网平台、农资和农产品销售电商平台、微信服务平台等于一体的乡镇信息服务站点；加快建立稻虾产业大数据中心，通过物联网生产过程数据采集、监管数据采集和服务数据采集，初步实现稻虾产业链数据统一汇集、整理，充分挖掘稻虾产业的数据价值，为稻虾产业的宏观调控、生产调度、消费预测等各方面提供决策支持，通过可信溯源的全产业链追溯体系建设和应急指挥调度，实现稻虾产业的质量安全保障和品牌价值保护，通过专家平台的技术规范输出和服务支撑实现稻虾产业的规模化有序增长，通过供求关系分析、价格指数分析、决策支撑和指挥调度实现品牌价值的变现，提升县（市、区）"双水双绿"品质效益。

第四节　"双水双绿"产业发展的保障措施

一、组织保障

湖北省委省政府成立"双水双绿"产业发展工作领导小组，由省委书记任第一组长，省长为组长，省农业农村厅为主要牵头单位，省委农工部、省发展改革委、省科技厅、省民政厅、省财政厅、省国土资源厅、省商务厅、省旅游委、省工商局、省质监局、省粮食局等为主要成员，领导小组办公室设在省农业农村厅，为常设机构。领导小组定期召开联席会议，负责全省"双水双绿"工作统筹与协调，全面落实规划部署，研究解决"双水双绿"发展过程中存在的突出困难和问题，落实项目资金的整合和筹措。整合农业、水产等部门资源，成立"双水双绿"业务工作专班，负责全省"双水双绿"具体业务实施工作，确保政府、科研院所、企业和农民互动合作无缝对接、高效运转，推动政

产研学用一体化，推进"双水双绿"产业健康可持续发展。

二、政策保障

在保障农户土地基本收益的前提下，积极探索稻虾田租金与稻虾种养模式收益相挂钩机制，降低新型经营主体经营风险。有关部门应将"双水双绿"基地建设、田间基础设施配套完善列入国土整治、土壤修复、高标准农田建设以及有机稻基地建设等国家农业扶持项目给予重点支持。同时加大政府引导和财政补贴力度，扩大绿色小龙虾、优质稻谷等品种的政策性保险实施范围，提升农业保险管理和服务水平；建立健全农业信贷担保体系，进一步发挥兴农贷、楚农贷作用，推进贷款贴息创新；把银行贷款政策落到实处，扶持新型经营主体的发展壮大。加强完善农业支持政策持续长效投入机制建设，增强支持和鼓励多方对接合作兴办农业产业园、农业示范园、农业示范区的制度性供给，创建有利于大型资本积极参与发展"双水双绿"产业的环境条件；加强构建对农业新技术、新模式推广应用的保护性政策，以实现将高校科研院所的农业技术优势转化为县（市、区）的农业产业优势为核心，构建强有力的县校深度合作政策保障体系。

三、科技保障

支持科研院校深入开展稻田生态理论研究，将水稻和小龙虾作为一个完整体系，构建综合种养经济效益和生态效益最优的耕作制度、田间布局、绿色防控等技术体系。开展稻虾共作、稻渔种养生产区域的土壤、水质、病害监测，研究建立水土长效保护技术、病害早期诊断技术及防控预警体系。根据市场需求，研发小龙虾加工新产品、新工艺、新包装，进一步完善甲壳素及其衍生物提炼和加工生产技术，支持华中农业大学建设"双水双绿"试验基地。

四、经济保障

贯彻落实中央、省委省政府的各项强农惠农政策，将"三补贴"（良种补贴、种粮直补、农资补贴）"三补合一"，整合为"农业支持保护补贴"，切实用好各级奖励基金，补贴资金向新型经营主体倾斜。着力打造涵盖银行、保险、证券以及互联网金融的立体金融支撑体系，建立"双水双绿"发展基金，大力整合财政、农投、绿投、水投、兴农贷、农担、保险等资源，为"双水双绿"产业发展提供科研示范、标准化生产改造及沟渠配套等生产设施、优质虾苗稻种的培育与供应、产品加工与转化、经营主体生产融资、产品市场培育与营销等领域的可持续性多元化财政金融支持体系。保障县级财政优先支持，确保每年财政支持"双水双绿"产业发展资金实现10%以上增长，充分发挥财政资金杠杆性、引领性作用，注重精准发力，把财政资金投入变成促进"双水双绿"产业发展的催化剂，引导社会资本积极参与"双水双绿"产业发展全过程。

监利地处江汉平原腹地，是"全国水稻第一县"和"中国小龙虾第一县"。近年来，监利打造稻虾共作现代农业新模式，成为全国闻名的农业大县、全国首批现代农业示范区和改革试点县。2018年，监利与华中农业大学签订了全方位的校地战略合作协议，实施"双水双绿"产业模式，共同研究最优质的稻田虾，培育最好的稻虾米。本章以监利为例，阐明县级"双水双绿"产业发展规划。

第一节　监利县自然社会经济条件

一、自然资源条件

监利位于湖北中南部，荆州北岸，江汉平原腹地。东跨洪湖，南临长江，西接江陵、石首，北枕东荆河，地理位置优越。区内地势平坦，属河湖冲积平原，地面海拔高度23.5～30.5米，南部长江沿岸、北部东荆河沿岸和西部地势较高，中部和东部属于湖洼地带，高差7米，自然形成簸箕形，宜排灌和水利。监利 I 级长江黄金水道境内岸线长度居长江沿线县级之首，随岳高速、武监高速、江北高速纵横交错，武洪监城际铁路和沿江快速铁路连接武汉，交通便利；武汉城市圈和长株潭城市群在监利交汇，东距武汉75千米，西距荆州70千米，南距长沙230千米，战略区位优势突出。

监利地处东北亚热带东部季风区中心，是典型亚热带季风气候。年平均日照时数2 000小时，年平均气温16.3℃，年平均无霜期255天，年均降水量1 226毫米，且多集中在春夏之交的4～6月，伏期（7～8月）是旱涝频繁交替发生的主要时期，日降水量超过50毫米的暴雨天气年均4次左右。

监利三面环水，河湖交错，水资源十分丰富。境内较大河湖有洪湖、东荆河、四湖总干渠、长江，以及东港湖、老江河、周城垸、西湖等。地下水储量丰富，为孔隙潜水，埋层浅，地下水位高。地下水水质硬度和pH适中，属总矿化度低的淡水，可直接灌溉农田。

监利土地资源丰富，常用耕地面积264.5万亩，水田面积222.39万亩，旱地面积41.96

万亩，其中适合小龙虾养殖的低湖田约100万亩。土壤母质单一，共分为水稻土和潮土2个土类，6个亚类，13个土属，94个土种。其中水稻土面积113.7万亩，潮土面积59.85万亩。监利土壤耕层深厚肥沃，土质偏碱；其中监北新沟、周老嘴、黄歇口、荒湖、监中汪桥、毛市、红城及监南尺八、柘木等地耕地地力水平较高，监西程集，监南三洲、桥市、棋盘、朱河，监中分盐、福田寺等地耕地地力水平相对较低。

二、社会经济条件

2017年实现地区生产总值270.92亿元，同比2016年增长9.88%；人均生产总值25 635元；一二三产业分别实现增加值103.35亿元、84.35亿元、83.2亿元，一二三产业产值结构比为38.1∶31.1∶30.7，属于典型农业大县；固定资产投资245.8亿元，比2016年同期增长15.51%，农业总产值183.23亿元，规模以上企业农产品加工业产值183.06亿元。城镇常住居民人均可支配收入26 730元，农村常住居民人均可支配收入15 520元。

2017年，监利农林牧渔业总产值为183.23亿元，其中农业产值64.64亿元，占37.13%；林业产值1.52亿元，占0.87%，畜牧产值27.11亿元，占15.57%；渔业产值80.81亿元，占46.42%；农林牧渔服务业产值9.15亿元，占5.26%。农业和渔业两大产业在监利大农业中具有重要地位。

监利，历经千年，历史悠久，水乡泽国，诞生于古云梦泽。三国时期，朝廷设卡派官"监收鱼稻之利"而得名。三面环水，得水之先，占水之优，因水而兴，在长期稻作与渔捕历程中，形成了璀璨的农业遗产与景观资源。监利文化深厚，多元多彩，境内拥有大溪文化和龙山文化等新石器时代遗址；还有以湘鄂西革命为代表的红色文化；以春秋吴国大夫伍子胥故里、春申君黄歇故里、楚章华台遗址及华容古道等为代表的荆楚文化；以护国仙山真武祖师庙、杨林山天妃庙等一批名寺古刹为代表的宗教文化等；以原生态秧田号子改编而成的音乐《啰啰咚》为代表的稻作文化（是长江中游水稻栽培发源地之一）；以米团子、结炒米、玉兰片、监利盘鳝等为代表的饮食文化；以及以荆州花鼓戏、放河灯等为代表的戏剧民俗节庆艺术。

三、水稻产业现状

（1）水稻面积和产量。2017年监利粮食播种面积289.46万亩，其中水稻播种面积达238.29万亩（含复种），水稻播种面积占粮食播种面积的82.32%，粮食总产量139.43万吨，水稻产量128.02万吨，水稻产量占粮食总产量的91.82%。水稻产业在监利种植业中具有绝对地位，同时监利粮食产量稳居全省之首，是全国粮食生产先进县，也是全国重要商品粮基地。2017年，监利入选湖北"优质粮食"示范县。

（2）水稻种植结构及模式。目前监利水稻种植模式主要有绿肥—水稻—再生稻、稻—虾、稻—油和绿肥—双季稻4种。水稻产量相对较高的乡镇是新沟、周老嘴、黄歇口、汪桥、尺八、红城、柘木等，也是监利的粮食重镇。随着种植结构调整，监利中稻面积增加，双季稻面积减少，稻虾面积增加。2017年，早稻面积60.35万亩（占比25.33%），中稻面积115.81万亩（占比48.60%），双季晚稻面积62.10万亩（占比26.07%），稻田养虾面积55万亩。从水稻产量看稻田养虾水稻的比重，朱河、龚场、三洲、人民大垸、荒湖农场等均超过50%，其中人民大垸农场稻田养虾水稻占比最大，达到88.01%。作为水稻大镇的新沟、黄歇口、红城乡等地的稻虾水稻占比均在20%以下。

（3）经营主体及粮食基地。监利依托新型农业经营主体和监利米业同业商会，创建农业标准化生产基地80万亩，形成了以尚禾、再富、精华、金草帽等新型经营主体为依托的监利大米。一种两收再生稻种植基地30万亩，以香连、名宇、禾畴等米业为主体的监利大米稻虾种养基地30万亩，以毛市、黄歇口、红城等乡镇为主体创建的全国绿色食品原料（水稻）连片种植监利大米基地20万亩。共创建万亩绿色高产高效基地37个，成片500亩以上再生稻基地100个，200亩以上稻虾共作基地500个。统防统治措施不断扩大，监利植保飞防面积达30万亩。采取公司+基地+合作社+农户产业化网格经营模式，实行种肥药一体化供应，推进农田建设网格化、农户管理网格化、农机服务网格化和农产品销售网格化发展，带动监利规模化经营面积达80万亩以上。农民专业合作社、家庭农场分别达到1 407家、3 030家，科技型家庭农场100多家，各类农业科技示范户2 000多户。建成育秧工厂48家，测土配方施肥服务站12家，统防统治专业队33家，粮食烘干工厂50家，农机综合服务组织100多家。兴农贷、楚农贷、担保贷等金融支农服务不断发展。2005年成立的监利县米业同业商会致力于优质稻推广和大米品牌建设，组织会员企业创建优质原料基地20多万亩，形成了基地建设、收购烘储、生产加工、市场销售的产业化体系，是打造"监利大米"地理标志品牌、建设优质粮食工程的主力军。

（4）稻米加工流通。监利共有粮食加工企业90多家，年收购稻谷90万吨，年加工销售大米52万吨，面向的市场主体是珠三角等地。拥有粮食加工重点龙头企业7家，绿色食品大米加工企业13家，32个监利系列大米产品通过绿色食品认证，已经形成以恒泰、银真、名宇为龙头的粮食加工产业集群，建成监利新沟镇粮食深加工产业园和新沟镇稻虾产业园。

（5）稻米品牌。监利是全国绿色食品水稻标准化生产基地，创建面积20万亩，"三品一标"总数132个。"监利大米"以其米饭"泡松柔软、糯而不腻、入口绵软、清香可口、营养丰富、百食不厌"的特性于2015年被认证为地理标志农产品。已经形成以好福米为主的优质大米湖北名优品牌，以名宇米业为主的富硒大米品牌，以禾畴、香连米业为主的湖乡虾稻香米品牌，以银真米业为主的优质长粒香型大米品牌，以再富米业、尚禾米业为主的再生香米品牌。

四、水产产业现状

（1）产业规模。2017年，监利水产养殖面积96万亩，总产量25.67万吨，渔业产值82亿元，小龙虾产量10.2万吨，连续6年稳居全国第一，是全国唯一产量突破10万吨的县，产量占全国小龙虾总产量的10%；2017年稻田养虾面积55万亩，2018年稻田养虾面积80万亩，2019年稻田养虾面积108万亩，稻田种养产业规模迅速增加。黄鳝、河蟹、小龙虾三大特色产品产量居全省首位。就小龙虾产量而言，白螺镇、三洲镇、棋盘乡等乡镇荣居监利小龙虾产量前三。

（2）产业布局。监利水产养殖布局基本已经形成"一带三廊四板块"，一带即沿螺山干渠30千米以黄颡鱼、加州鲈名特水产养殖带；三廊即汴周（汴河至周河）线15千米水产长廊、朱桐（朱河至桐梓湖）线15千米水产长廊、杨林山灌渠（桥市至白螺）线15千米水产长廊；四板块即以棋盘、桥市和柘木为重点的40万亩河蟹板块，以黄歇口、朱河和汴河为代表的70万口黄鳝网箱养殖板块，以汴河、福田寺、毛市为重点的80万亩小龙虾野生寄养板块，以汪桥、毛市、周城垸、荒湖为重点的30万亩四大家鱼精养高产板块。从2017年各乡镇稻田养虾面积来看，监利稻田养虾主要分布在朱河、龚场、周老嘴、黄歇口、分盐、毛市、尺八、白螺、三洲、桥市、人民大垸等乡镇，养殖面积均超过3万亩。

（3）新型经营主体与社会化服务。监利现有水产专业合作社350余家，代表性的有华科、海河、春燕、振华等合作社；水产家庭农场15家，网罗社员1.4万户，经营面积24万亩，社会化组织程度达40.5%；省级专业合作社组织管理人才和科技推广人才、市级专业合作社组织和家庭农场经营管理人才共15人。监利从事稻田养虾50亩以上的种养大户共有5 623户，其中500亩以上的有660户，1 000亩以上的有98户，10 000亩以上的有12户，小龙虾领域有监利星兴湖水产养殖专业合作社、天健小龙虾养殖专业合作社等。

（4）加工流通。监利拥有湖北越盛、荆州天宏、湖北桐梓湖、众越水产、湖北广利隆、国联水产、监利满堂红和农夫卤虾8个小龙虾规模以上加工企业，年加工能力9万吨，加工产品主要包括虾仁、虾尾、原味整虾及调味龙虾。初步形成以天宏、新宏、桐梓湖为龙头的水产加工产业集群，建成监利朱河镇水产深加工产业园区，同时河南信阳宏润集团于朱河镇建立冷链物流水产产业园。监利小龙虾交易活跃，广销北京、南京、上海、杭州、合肥、长沙、武汉、襄阳、十堰、常州等全国主要消费区域。同时监利县政府与全国最大零售商京东集团签订战略合作协议，实现了监利小龙虾线上销售。

（5）品牌文化。监利有"中国虾仓"之称，"监利龙虾""监利黄鳝"和"监利河蟹"荣获地理标志农产品。有机河蟹、荆江黄鳝、桐梓湖清水龙虾和越盛牌加工品等4个商标上榜湖北著名商标，小龙虾餐饮逐渐形成了"一号虾铺"等代表性品牌，监利小龙虾餐饮文化蓬勃发展，先后推出了十三香型、麻辣型、怪味型、浓香型、滋补型、磁化型、酱骨型、冰镇型、红烧型和蒜泥型等10种系列风味。监利龙虾节已连续成功举办三届，对稻虾产业发展起到了推进器作用，同比往年，2019年监利龙虾节增加稻米内涵，注入"双水双绿"种养体系科学内核，唱响了"监利小龙虾红遍天下、监利大米香飘万家"的主题，提升了监利稻虾产品品味，推动了监利大米和监利小龙虾走出去。

第二节　监利县"双水双绿"产业发展SWOT分析

"双水双绿"产业发展SWOT分析是指：在今后的产业发展中，从宏观的角度对监利"双水双绿"进行系统全面的精准分析研究，从而得出该产业的优势（S, strengths）与劣势（W, weaknesses）（内部因素）、机遇（O, opportunities）与威胁（T, threats）（外部因素）相互匹配，通过综合的分析可以得出具有针对性、决策性的结论，使得"双水双绿"产业在监利今后规划建设实施过程中有理可依、有据可循，做到真正的可持续发展。

一、发展优势

（1）区位市场优势。监利腰缠长江黄金运道，位于国家交通主动脉京港澳高速与沪蓉高速的黄金十字交汇点，地处武汉城市圈和长株潭城市圈之间，处于鄂西生态文化旅游圈辐射区，位于长江经济带中心位置，属于国家战略长江经济带和洞庭湖生态经济区建设范畴，是国家承接产业转移的示范区，发挥着承东启西、连南接北的枢纽作用。随岳高速、武监高速、江北高速纵横交错，铁路项目即将启动，监利公铁联动、水陆便利、物流畅通的大交通格局即将形成，区位市场优势日益显现。

（2）量大质优的原料优势。2017年监利水稻总产量128.02万吨，播种面积达238.29万亩，是"中国水稻第一县"。近几年稻虾产业生产发展十分迅速，2017年稻虾面积达到55万亩，小龙虾产量达到10.2万吨，连续6年稳居全国第一，有"中国小龙虾第一县"之称。生态环境良好，肉多质嫩、量大质优已经成为监利小龙虾最鲜明的特色。水稻和水产原料供应充足，为绿色水稻和绿色水产产业的壮大奠定了坚实基础。

（3）资源生态优势。监利地处北纬30°黄金气候带上，与小龙虾的发源地——美国路易斯安那州处于同一纬度。光温资源充足，雨热同期，无霜期长；水资源十分丰沛，水质好，无工业污染和无土壤污染，地处四湖冲积平原区，土质肥沃，地势平坦，非常适合水稻等大田作物生产，适合稻田种养的低湖良田规模150万亩，水域面积96万亩；蕴藏着十分丰富的鱼、虾、蟹资源，为水产良种培育提供无限机遇。

二、发展劣势

（1）基础设施薄弱。基础设施表现在水路电的配套建设不到位。监利大部分地区水源依赖长江、东荆河及四湖总干渠饮水，一旦上游地区用水量激增，下游地区面临水源不足甚至无水可用的情况；同时有些地区河道多年未疏浚，沟渠不通，无法正常引水到田间，不良的地下水质也影响了生产安全；路网建设不配套，各走各的路，各开各的沟，入地入园难度大，不利于生产作业，特别是小龙虾和水稻收获期，一旦遭遇降雨天气，运载车和收割机难以下田，严重影响生产作业，甚至损害农户收益；电网不配套，稻虾田需频繁抽水、夜间照明，电路不通田块的农户私拉电线现象普遍发生，有的农户使用柴油机,既增加了生产成本,也形成安全隐患。

(2)基层农技队伍缺乏。由于稻虾产业迅猛发展,农民首创精神创造了很多好做法好经验好模式,如汴河、棋盘等低湖地区的虾苗—成虾—中稻连作模式、虾蟹混养模式,尺八地区的虾莲共育模式,红城地区的虾—稻—虾模式等。相关理论研究跟不上实际需求,未进行及时有效地总结提炼并上升至理论从而形成规范;生产上也缺乏技术指导。

(3)稻虾产业链仍不完善。龙头带动不强,监利稻田养虾小农户生产和企业联系不紧,协会纽带作用有待加强,信息化、标准化、生态化、科技化、组织化生产等能力均需加强;产业链不长,监利水稻和水产产业大多以初加工为主,原料性产品输出较多,呈现"一产规模大、二产加工弱、三产发展慢"的局面。

三、发展机遇

(1)国家战略机遇。我国农业发展面临千年未有之变局,乡村振兴战略作为新时代我国"三农"工作的总抓手,农业农村现代化正在加速推进,国家对农业农村支持力度前所未有。农业供给侧结构性改革的深入推进,农业绿色发展将为优化农业三大体系带来新的政策机遇。

(2)区域政策机遇。党的十七大以后,随着土地流转政策不断明确,规模化经营发展壮大,推动了新一轮稻田种养的创新发展;2015年《国务院办公厅关于加快转变农业发展方式的意见》提出开展稻田综合种养技术示范,推广稻渔共生、鱼菜共生等综合种养技术新模式;2016年湖北制定了《湖北省稻田种养发展规划》;2017年中央1号文件又提出推进稻田综合种养,同年农业部启动了国家级稻渔综合种养区创建项目;2018年湖北省政府办公厅印发了《湖北省推广"稻虾共作 稻渔种养"模式三年行动方案》。当前,从中央、地方至县(市、区)层面,高度重视稻田种养发展与推广,产业政策环境相当良好。

(3)产学研结合机遇。全国首个"双水双绿"研究院于2018年3月在华中农业大学成立,2019年4月2日,华中农业大学与监利签订"1+4"战略合作框架协议,共建"双水双绿"先行试点示范点,共同推动人才、项目、产业三方面的融合发展。学校层面科技、人才等方面的支持将极大促进监利"双水双绿"产业的壮大发展。

四、面临威胁

(1)农业环境安全威胁。近些年随着全球变暖带来的气候影响,不确定性气候灾害呈现增强趋势,农业生产风险增大。监利地处暖湿气流与冷空气交汇的梅雨锋地带,面临的气候灾害主要有:①洪涝,每年6月下旬至7月中旬的梅雨和7月下旬至8月的洪涝,并且一旦梅雨期遭遇连降暴雨天气,为缓解洪湖排涝压力,沿四湖流域外排泵站经常需要停止外排,长江外洪与四湖流域内涝极易上顶下托,造成水稻、水产生产的重大损失;②暴雨,6月下旬至7月中心梅雨季节常发生特大暴雨,近33年来共出现35次特大暴雨,严重影响水稻等农作物生长；③大风，春夏之交，受冷暖气流影响，县境局部地区亦常出现对流性强风暴，瞬间最大风力可达10级以上，形成龙卷风，破坏性很大；④监利水环境承载力现状比较严峻，大部分水体均呈现超标状态，水质状况堪忧。

（2）产品质量安全威胁。农业面源污染形势比较严峻，加之监利水域生态环境污染形势严峻，绿色水稻种植和绿色水产养殖都面临生态环境的严峻威胁；另外，水产养殖户标准化生产意识不强，体制机制原因致使饲料、渔药管理体制不顺，饲料、渔药等标准亟待建立完善，质量安全追溯体系有待建立，产品质量安全面临的威胁相对严峻。

（3）稻虾市场及效益威胁。稻虾生产成本逐年上升，整体效益逐年下降。2018年，国家中籼稻谷最低收购价从每50千克136元调整为126元，同时受环境保护、劳动力减少等影响，农资、劳动力等投入成本上升10%左右，粮农生产效益每亩下降200元左右。在粮食市场价格下行，生产成本上升，稻虾田水稻品牌效应暂未形成的大背景下，种粮比较效益偏低，加之小龙虾市场火爆，以及部分农民因未规范掌握稻虾生态种养技术，同时小龙虾的扎堆集中上市等原因导致了重虾轻稻、非粮化、水稻提质不增效、小龙虾增产不增收等怪象。

第三节 监利县"双水双绿"产业发展思路

一、指导思想

以习近平新时代中国特色社会主义思想为指导，深入贯彻党的十九大精神，坚持农业农村优先发展，以绿水青山就是金山银山理念为指引，以深化农业供给侧结构性改革为主线，以产业兴旺和美丽乡村为抓手，以"双水双绿"为切入点落实"1+4"战略合作框架协议，推进建设"双水双绿"产业发展体系，推动形成农业农村绿色生产方式、绿色生活方式和绿色消费模式，促进农业转型升级实现乡村全面振兴，助力监利率先建成江汉平原乡村振兴先行区。

二、规划思路

立足监利资源优势和水稻、水产产业发展现状，以生产基地、重点园区及特色项目（稻虾文化城、稻虾田园综合体）为点，以产业带和廊道为线，以板块化功能化片区为面，形成点、线、面相结合的整体结构功能布局；突出"绿色"核心，围绕绿色水稻和绿色水产两大产业构建集科研示范、良种选育、苗种繁殖、生态养殖、加工出口、交易仓储、餐饮服务、冷链物流、精深加工、休闲旅游、节庆文化等于一体的全产业链，构建完善四大产业体系，实施四大工程，推动监利"双水双绿"产业发展，规划突出三大功能。

（1）三产融合示范功能。以"双水"产业为重点，夯实第一产业，以水稻和水产加工为重点，延伸构建水稻和水产全产业链，促进产加销一体化；积极拓展"双水"生活和生态功能，充分发挥"双绿"效应，推进"双水"产业和文化旅游、民俗体验、农耕教育、餐饮小吃、休闲养生、电商及大数据等产业融合，做强监利"双水双绿"产业。

（2）绿色协调发展功能。立足水稻和水产两大产业，推动三个层面的绿色协调发展：采用绿色种养技术，充分发挥小龙虾和水稻互惠互利优势，打造绿色水稻和绿色小龙虾；将生态优势转化为品质优势，提升水稻和水产质量，增加水稻和水产效益，促进水稻和水产协调发展，不再出现重虾轻稻或重稻轻虾现象；经营方式加快转变，保证稻虾产业发展建立在当地资源生态承载力之上，不能牺牲环境，不能发生生态退化，实现经济发展与环境保护相协调，促进形成农业生产、生活、生态协调发展新格局。

（3）科技创新引领功能。广泛开展县校合作，充分发挥科技引领示范功能，以绿色水稻和绿色小龙虾新品种、绿色种养新模式、绿色防控新体系为核心，构建绿色水稻和绿色水产全产业链追溯体系，实现生产智能信息化、加工精深科技化、三产融合一体化。

三、发展定位

（1）国家现代农业改革与建设先行区。在国家现代农业示范区及现代农业改革与建设试点县基础上，转变农业发展方式，积极培育新型经营主体，充分发挥典型示范和辐射带动作用，培育壮大一批规模和水平在中部地区位居前列的农业高新技术产业集群，打造若干具有国际竞争力的农产品龙头企业和中国知名品牌，建成科技含量较高、竞争力强的国家现代农业改革与建设先行区。

（2）湖北农业绿色发展先行区。自古以来，水稻和水产就是监利农业发展的重中之重。监利拥有广阔肥沃的河湖冲积平原与丰富的水资源，坐拥天时地利人和，水稻和水产产业基础十分雄厚。"双水双绿"聚焦水稻和水产两大产业，提倡运用绿色新品种和绿色新技术致力于农业发展方式变革，实现绿色水稻和绿色水产协同发展。监利作为国家现代农业示范区改革与建设试点县，应当改革创新，锐意进取，推动农业生产方式和生活方式变革，实现农业绿色发展，将监利建设成为湖北农业绿色发展先行区。

（3）江汉平原乡村振兴示范区。监利以"双水双绿"产业为核心推动产业振兴，依托"5711"美丽乡村建设实现生态振兴；依托"三乡工程"，发挥县校合作优势，实现人才振兴；立足"双水"产业，积极发挥基层党组织示范带头作用，实现组织振兴；立足农耕文化，注重稻渔文化建设，通过特色项目建设，推动绿色生活与消费方式，促进乡村乡风文明建设，实现文化振兴，努力把监利率先建成江汉平原乡村振兴示范区。

四、发展目标

实现适宜地区"双水双绿"基地两年全覆盖、三年经济效益翻番，水稻绿色生产面积稳定在230万亩，"双水双绿"基地规模达到100万亩，稻田种养绿色优质水稻产量达到50万吨，水稻综合产值达到150亿元，绿色小龙虾产量达到15万吨，小龙虾综合产值达到300亿元。

围绕水稻和小龙虾种苗实现品种绿色化、特色化、优质化、高效化，推动种苗育繁推一体化；围绕水稻和水产产业基地建设实现规模化、网格化、标准化、机械化，促进稻虾健康生产；围绕监利大米和监利小龙虾两大品牌实现绿色化、名牌化、特色化、优质化，以餐饮和电商为突破口，推动餐饮品牌化及销售网络化；延伸水稻和小龙虾产业链，做强做大水稻和水产产业，实现产业发展规模化、融合化、特色化、高效化，努力推动加工精深化；以稻虾文化城和田园综合体建设为突破口，围绕农业农村生态环境实现绿色、生态、和谐、美丽，推动产城一体化，促进城乡融合发展。

以产业基地、重点园区、特色项目为重点，按照点、线、面相结合的整体布局稳步推进，争取未来3～5年，实现一产基地规模雄厚，二产精深加工突破，三产繁荣发展，水稻和水产产业更加延伸优化，产业融合水平显著提高。

第四节　监利县"双水双绿"产业布局与规划

"双水双绿"产业涉及水稻和水产两个产业，注重绿色水稻和绿色水产协调发展，从宏观层面看，"双水双绿"是指水稻和水产农业绿色发展方式，涉及水稻和水产全产业链发展；从中观层面看，"双水双绿"主要是指稻田种养，是稻田种养在农业绿色发展中的升级版；从微观层面看，"双水双绿"侧重水稻和水产绿色生产技术。因此，规划立足中观层面的稻田种养，结合宏观层面的全产业链建设，联系微观层面生产技术，以稻田养虾为核心，围绕第一产业稻田种养模式空间布局、模式选择搭配、模式技术要点，第二产业绿色水稻和绿色小龙虾加工流通建设，第三产业稻虾文化及三产融合等进行。

一、总体布局

监利区域形状宛如镶嵌在长江上的一块"玉佩"，身披东荆河、四湖总干渠和长江三条"玉丝带"，又宛如一只长江巨龙上的"龙爪"，威武有力，引领现代农业发展。立足监利资源现状和社会经济条件，结合监利乡镇"双水双绿"产业发展现状，构建"一带、两心、两园、三区"区域农业总体布局（图9-1）。

1.一带
一带为"双水双绿"产业发展带。

"双水双绿"产业发展带纵向沿随岳高速贯穿监利新沟—龚场—分盐—毛市—上车湾—朱河—桥市—柘木—白螺等乡镇。既是沟通"一主三副"（一主为容城镇，三副为新沟镇、朱河镇、白螺镇）城乡融合发展带，也是沟通水稻种植、水产养殖、园区加工、科技研发、综合服务的产业发展带，还是农业科技展示、农业休闲观光的景观带。

2.两心
两心为"双水双绿"产业服务中心、"双水双绿"科技研发中心。

监利县"双水双绿"产业发展规划（2018—2025）

空间结构布局

"一带、两心、两园、三区"

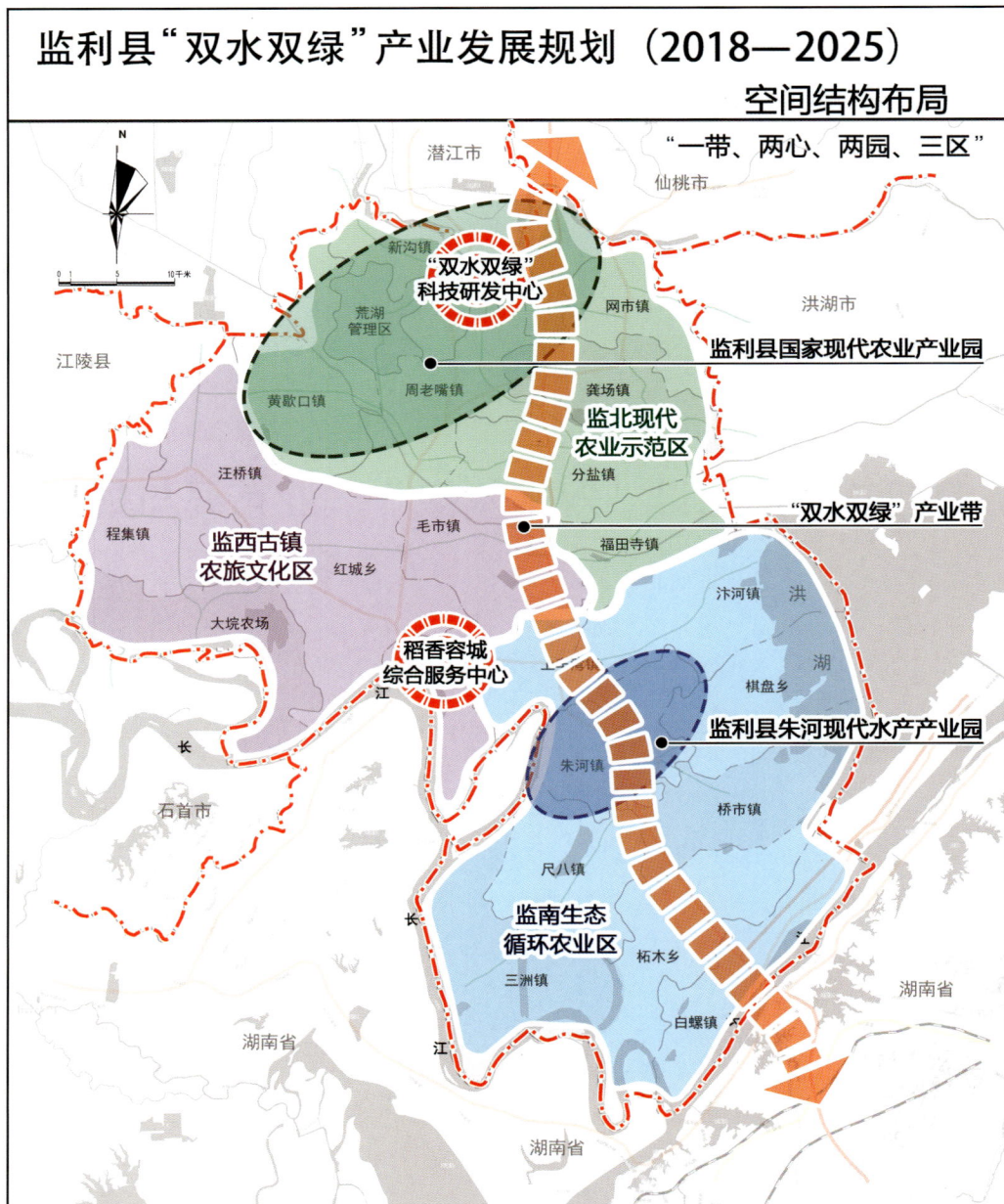

图9-1　监利"双水双绿"产业区域空间总体布局示意

　　"双水双绿"产业服务中心建于监利县城容城镇，主要功能包括金融与保险服务、企业孵化与创业服务、农业交易展示、仓储物流服务、产品质量安全检测、农业科技信息、电子商务服务、稻虾大数据产业服务、稻虾节庆文化展示等；"双水双绿"科技研发中心建于监利粮食大镇新沟镇，结合2018年入选首批国家级稻渔综合种养示范区，产学研结合，建设县校企人才培养与科技推广示范基地，主体是华中农业大学"双水双绿"研究院科技研发核心基地500亩，标准化稻虾种养基地3万亩。

3.两园

两园为监利县国家现代农业产业园、监利县朱河现代水产产业园。

监利县国家现代农业产业园位于监利北部，涵盖新沟镇、周老嘴镇、黄歇口镇和荒湖农场，园区总面积571千米^2，耕地总面积42.7万亩。建设国家级绿色农产品生产基地、国内知名高效农业展示区、农产品精深加工集聚区、体制机制改革先行区，一二三产业融合发展、农业供给侧结构性改革示范区，新型经营主体"双创"孵化区。着眼水稻等粮食全产业链体系建设，以创建绿色水稻生产基地为基础，重点聚焦以监利大米、监利小龙虾为主体的品牌创建；以稻虾、再生稻、稻油、种养结合为主重点培育农业产业化联合体；建设以农业科技研发、示范、推广服务为主体的科技支撑体系，以水稻集中育秧、粮食烘干、绿色防控及测土配方等为重点内容的农业全程社会化服务体系；开展以农业休闲观光、农村电商体系及"三乡工程"为主体的三产融合建设等；将监利县国家现代农业产业园打造成全国粮油标准化生产基地，创建农产品加工产业集群和一二三产业融合发展先导区，打造长江流域农产品加工特色城镇。

监利县朱河现代水产产业园，位于监利县朱河镇，园区总面积4.4千米^2，包括水产品加工园和水产养殖基地。园区水产养殖基地建设重点打造标准化人工湿地循环水生态高效养殖池和稻虾共作标准化养殖池；水产产业园区围绕工厂化苗种繁育、水产品精深加工、水产饲料及动物保健品生产、水产养殖装备制造、名特优新水产品种推广、水产品交易、仓储物流园及电商平台、科技示范园、创业孵化中心、基础设施等多个层面进行建设，努力将监利县朱河现代水产产业园创建成为全国一流的现代水产产业园；将监利小龙虾打造为中国驰名商标、国家地理标志产品；创立一批品质优良的监利小龙虾企业；让朱河镇"全国小龙虾第一镇"的称号享誉全国。

4.三区

三区为监北现代农业示范区、监南生态循环农业区、监西古镇农旅文化区。

监北现代农业示范区位于监利北部，涵盖新沟镇、网市镇、龚场镇、芜湖管理区、黄歇口镇、周老嘴镇、分盐镇、福田寺镇。依托便利的交通优势、丰富的四湖总干渠水资源和良好的农业基础设施，推广粮油绿色高产高效种植模式，进一步推广"双水双绿"模式，推进水稻集中育秧、粮油绿色高产高效创建、绿色超级稻超高产栽培、双季稻周年丰产、再生稻高效栽培、稻田种养、粮油全程机械化作业、粮经饲统筹等。

监西古镇农旅文化区位于监利西部，涵盖汪桥镇、程集镇、红城乡、大垸农场、容城镇、毛市镇。监利作为大溪文化、龙山文化、荆楚文化的重要发祥地，依托当前鄂西生态文化旅游圈建设的契机，结合程集—汪桥清明古镇文化优势和美丽乡村建设机遇，深度挖掘荆楚文化资源，打造具有荆楚特色的人文景观。同时，充分发挥农产品生产优势，尤其是较为成熟的生态渔业，大力发展生态旅游、农业观光、休闲垂钓、农耕体验、特产购物等农业旅游项目。

监南生态循环农业区位于监利南部，涵盖上车湾镇、汴河镇、朱河镇、棋盘乡、桥市镇、尺八镇、三洲镇、柘木乡、白螺镇。围绕朱河现代水产产业园、王小垸农耕渔作基地、立秋水产养殖、杜明安蔬菜专业合作社等，大力发展精品蔬菜、特色水产、稻田种养、生态渔业，创建"双水双绿"标准化示范基地，推动标准化种养与品牌化经营。积极推广农业生态种养、立体种养、健康养殖、种养结合等多种模式，大力发展生态循环农业，将青田绿水的生态优势转化成产业优势，使之成为长江经济带上农业绿色发展的璀璨明珠。

二、分区模式及规划

根据种养模式适宜条件、地区资源特点、模式发展现状等研究提出"两带五区"的"双水双绿"模式布局，"两带"是沿四湖总干渠稻田种养带和沿长江洲滩稻田种养带，"五区"是监北稻虾共作区、监西稻虾连作区、监南稻虾共作区（育苗）、监南虾蟹混养区、全域稻虾共生区（图9-2）。

1. 沿四湖总干渠稻田种养带

包括黄歇口、周老嘴、毛市、福田寺、分盐等乡镇。该区土质主要是近代河相冲积物和湖相沉积物，耕性好，宜耕期长，适种性强，渠系基本配套，排灌有一定的基础。同时这些乡镇位于四湖总干渠周围，水资源丰富，田间水利工程改造难度相对较小。最适合在一季中稻的基础上进行工程改造而发展稻田种养，一方面可以改造中低产田，提升地力水平，另一方面能够增强蓄水功能，减轻洪湖蓄水压力，降低监南水稻和水产生产风险。

2. 沿长江洲滩稻田种养带

长江洲滩及湖垸地区，包括程集镇、大垸农场、红城乡部分、容城镇部分、上车湾镇、尺八镇、三洲镇、白螺镇等地。该地属长江沿线，易受长江洪水威胁，不宜重点发展单双季稻；地下水位高，沿长江水资源丰富，给稻田种养的发展创造了良好的自然环境；加之泽土田、油沙田等占94.6%，地势平坦，相对集中，有利于稻虾共作模式的发展。

3. 监北稻虾共作区

范围包括新沟镇、网市镇、龚场镇、分盐镇、福田寺镇、周老嘴镇、黄歇口镇、荒湖管理区等，核心区是龙庆湖小龙虾专业合作社3万亩稻虾共作基地，示范区为各镇区相对成熟的基地。该区地处东荆河和四湖总干渠中间，降水及过境客水总量极其丰富，地面起伏小，海拔低，是典型平原，单块田面积规模30～50亩，农田水电路林等设施完善，水稻全程机械化程度高，可发展以小龙虾成虾养殖为主的稻虾共作模式。

4. 监西稻虾连作区

范围包括汪桥镇、程集镇、红城乡、毛市镇、容城镇、大垸农场等，核心区是汪桥

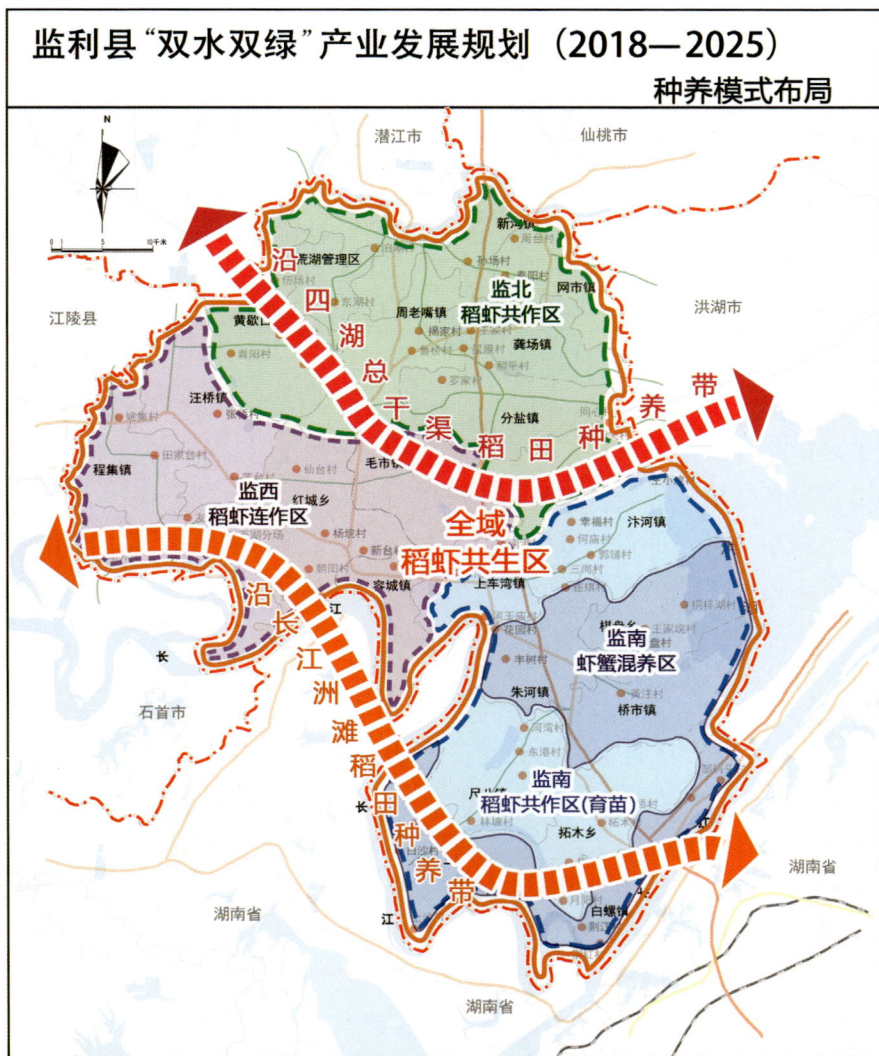

图9-2　监利"双水双绿"产业种养模式布局示意

镇严场村华洲农机专业合作社基地，示范区为各镇区相对成熟的基地。该区地处长江和四湖总干渠中间，地面起伏小，海拔相对监利其他地区高，是缓坡平原，单块田面积10～20亩，水资源充沛度相对监北和监南低，农田水电路林等设施有待完善，水稻全程机械化程度较高，可选择稻虾连作模式。

5. 监南稻虾共作区（育苗）

范围包括朱河镇、汴河镇、尺八镇、三洲镇、柘木乡、白螺镇、上车湾镇、桥市镇、棋盘乡等，其中朱河镇、汴河镇、尺八镇、三洲镇、柘木乡、白螺镇、上车湾镇是重点乡镇，核心区是汴河镇星兴湖稻虾种养合作社基地，示范区为各镇区相对成熟的基地。该区东临洪湖、南临长江、北临四湖总干渠，是监利海拔相对较低地区，属于典型低湖平原，涝渍频发，水源充沛，是监利重要渔业区。结合监南资源特点及稻虾共作模式需求，建议选择以小龙虾苗种繁育为主的稻虾共作模式，将监南地区打造成监利小龙虾规模化苗种供应区，向北辐射监利北部，与白鹭湖万亩稻虾苗种规模化繁育基地相呼应，向西辐射江陵、公安、石首等地，向南辐射岳阳、华容、南县、沅江等地。

6. 监南虾蟹混养区

范围包括棋盘乡、桥市镇、朱河镇、三洲镇、白螺镇等，其中棋盘乡、桥市镇是重点乡镇，核心区是桐梓湖食品公司基地，示范区为各镇区相对成熟的基地。该区是监利县重要水产功能区，地下水位高，水资源丰富，存在大量精养池塘。虾蟹混养作为监南地区重要特色养殖模式，建议因地制宜发展。

7. 全域稻虾共生区

该区采用稻虾共生模式，对原来生产地不进行大的工程结构改造；在稻虾共作技术操作上，尊重自然规律，强调不施肥、不用药、不人工补苗，充分发挥水稻和小龙虾互利优势，使水稻和小龙虾自然共生。稻虾共生模式利于降低投入成本，易出大虾但稻谷产量相对较低。选用水稻品种是深水稻，水稻整个生育期均呈覆水状态，可以实现种一季稻周年收虾。适用于单块田面积5～10亩，水资源丰富，河流湖泊水库等沿江沿湖沿水库消落带涝渍易发排水型中低产田。

三、产业链建设规划

1. 绿色水稻产业链

建设湖北银真米业有限公司年产3万吨精制米糠油项目，涉及初加工、中高档绿色大米、精深加工、米糠油。当前我国食用油自给率较低，2015—2016年仅为32.3%，国家粮食相关规划提出要积极发展米糠油，到2020年米糠等副产物利用率达到50%以上；米糠油是利用稻米加工副产物米糠压榨而成，能够充分转化利用资源，有效提升附加值；米糠油营养价值很高，富含抗氧化剂谷维素，能够调节神经、改善睡眠、缓解疲劳、改善亚健康；同时富含植物甾醇，利于降低胆固醇，预防心血管疾病；且不饱和脂肪酸含量高达80%～85%，亚油酸和油酸比例约为1：1，是符合世界卫生组织推荐的最佳比例，拥有"稻谷黄金"的美誉。米糠生产米糠油，采用富含谷维素米糠油精炼新工艺、高效真空短时受热闪蒸脱酸/脱臭技术、多级混合脂肪酸连续精馏分离技术、米糠脱蜡新技术等集成技术，生产富含谷维素的米糠油、工业油酸、工业硬脂酸、粗制糠蜡、植物沥青、磷脂油脚等六大系列产品，米糠利用率100%。

2. 绿色小龙虾产业链

建设项目有满堂红食品厂锁鲜调味虾，湖北广利隆虾仁、虾尾、调味虾，湖北桐梓湖速冻虾仁、调味虾，越盛水产虾仁。初加工产品有锁鲜调味虾、虾仁；精深加工产品有甲壳素。目前监利小龙虾加工以初加工为主，精深加工基本处于空白。随着小龙虾产业的扩大发展，虾头、虾壳等副产物将必然推动小龙虾精深加工的发展。甲壳素，又称甲壳质、几丁质，是从甲壳动物外壳中提取的一类物质，应用范围很广泛，工业上可做布料、衣物、染料、纸张等，农业上可做杀虫剂、植物抗病毒剂，渔业上可做养鱼饲料，化妆品上可做美容机和毛发保护、保湿剂，医疗上可做隐形眼镜、人工皮肤、缝合线、人工透析膜、人工血管等。

3. 稻虾田园综合体规划

监利稻虾田园综合体，突出稻虾田园，绿色生活理念，结合CSA发展理念与模式，立足稻田种养和监利文化，结合循环农业、创意农业、农事体验、观光农业、乡村休闲等多种农业形式；以田园风光为大场景，充分集聚农业观光旅游、农事体验采摘、有机种植示范、生态田园休闲、原乡度假养生、艺术乡建科普等众多资源，通过产业互融互动，把农业技术、农副产品、农耕活动、休闲娱乐、养生度假、文化艺术等有机结合，拓展原有的研发、生产、加工、销售产业链，使单一的稻虾生产及加工成为休闲生活的载体，发挥产业价值的聚变效应，全力打造集休闲、游乐、观光、度假、创意、研发、会展于一体的新型稻虾田园农业综合体，促进城乡融合发展。建设内容包括：

（1）农业观光旅游。特色写真、婚纱外景、稻田大地景观艺术。

（2）农事体验采摘。插秧、鱼米收割、亲子教育、有机稻谷加工。

（3）生态田园休闲。田园酒吧、乡村酒坊、乡间烧烤、休闲垂钓、特色渔猎、农夫市集；米团子、结炒米、玉兰片、监利盘鳝等特色饮食。

（4）原生态度假养生。步道、骑行、风貌院落、精品民宿，田园泳池、瑜伽、温泉、SPA，咖啡、甜品、下午茶、特色鱼宴。

（5）艺术乡建科普。乡村工艺坊、稻草迷宫、稻草乐园、草编艺术展、稻草人文化节、鱼米之乡文化展、磨碾文化区、《啰啰咚》文化艺术、荆州花鼓戏及监利民俗文化等。

（6）科技生产示范。"双水双绿"绿色生产、绿色防控、智能工厂育秧、互联网+稻虾全程可追溯。

4. 稻虾文化城规划

监利稻虾文化城以稻虾文化为主题，建设集生态度假旅游、美食体验、文化展示、科技观光、娱乐购物等于一体的生态旅游中央商务区，以产业升级为龙头，以生态旅游为主线，以创新餐饮为特色，全面开创游、餐、购、娱的综合体。建设内容包括：

（1）稻虾文化馆。监利概况、稻作文化、小龙虾文化、稻虾共作文化、相关作品、大事件及荣誉、文化产品展示与体验中心。

（2）稻虾美食城。稻虾美食文化街、稻虾品牌店。

（3）稻虾文化广场。监利稻虾文化节、文化艺术交流、职业技术培训。

四、重点工程建设规划

1. "双水双绿"基地建设工程

（1）"双水双绿"科研核心基地。500亩稻虾共作科研基地进行高标准建设与改造，完善相关硬件设施及装备。主要研发项目：①小龙虾种质保存与良种选育；②"双水双绿"水稻专用品种筛选；③"双水双绿"模式创新研究；④"双水双绿"关键技术研发及集成应用；⑤绿色水稻、绿色小龙虾产品保藏保鲜技术、精深加工技术与副产物综合利用技术研发等。

（2）"双水双绿"产业中试示范基地。主要包括：①"双水双绿"水稻专用品种筛选示范；②"双水双绿"绿色优质生产示范；③"双水双绿"智慧农业生产示范；④"双水双绿"为主的科技研发成果转化。

（3）"双水双绿"产业推广示范基地。立足资源优势，整合高标准农田、小型农田水利建设以及绿满荆楚等涉农基础设施项目，以新沟镇3万亩稻虾共作基地为基础，打造全国"双水双绿"产业推广示范基地；在此基础上，建立区域规模化、标准规范化、网格组织化、全程机械化、生产精准智能化的"双水双绿"产业推广示范基地，约100万亩。

2. "双水双绿"主体培育工程

（1）"双水双绿"人才培养计划。创新县校对接、校企对接新机制，构建农业人才县校、校企双向交流培训新通道，搭建形成华中农业大学人才培养与引进绿色通道和新型农业经营主体人才培养绿色通道。以培训农业科技人员、新型经营主体和三乡工程人员为重点，加大"三农"队伍建设力度。

（2）"双水双绿"社会化专业合作社。加大对专业合作社扶持力度，通过公司+合作社+基地+农户的产业化组织模式，实现"双水双绿"生产经营由分散经营向规模化经营转变。以水稻工厂化育秧为核心，大力发展农业生产性服务业，推动形成集激光平地、精准点播、工厂化育秧、机耕机插机收、绿色防控等于一体的水稻全程社会化服务体系。

（3）"双水双绿"龙头企业专项培育。围绕水稻稻谷及其副产物精深加工、小龙虾产品精深加工、小龙虾医药产品及餐饮研发加工企业，大力招商引资，依托骨干企业培育工程培植发展龙头企业。

（4）"双水双绿"第三产业人才培育。启动建设集餐饮教学中心、菜品研发中心、品牌战略中心、加盟展示交流中心、厨师培训与创客中心等于一体的监利小龙虾旗舰店，重点围绕小龙虾餐饮开展职业经理人、烹饪厨师等人才建设；针对农产品电子商务开展管理总裁、视觉营销、电商客服、电商推广等多方面多层次人才建设。

3. "双水双绿"平台搭建工程

按照政府引导、民间组织、市场运作的方式，整合辖区及周边优势企业资源，搭建"双水双绿"产业平台，形成产业联盟共同体，旨在协调绿色水稻和绿色水产产业发展，加强行业自律和监管，促进企业间的交流与合作，产学研结合，推动"双水双绿"技术、稻米加工、品牌行业标准制定，拓展国内外市场，从而实现资源共享、信息互通、金融合作等功能。平台重点包括：①企业孵化与人才培养中心；②产品交易展示与质量检测中心；③仓储物流中心；④信息服务与稻虾大数据中心；⑤金融保险与电子商务中心。

4."双水双绿"三产融合工程

（1）监利稻虾文化城。以容城镇为主体，整合监利丰富的旅游文化与民俗资源，强力推动"双水双绿"产业与文化产业、旅游产业、餐饮产业的融合发展，深入挖掘绿色水稻和绿色小龙虾文化内涵，通过大力实施小龙虾主题乐园、动漫电影、文创产品、节庆活动等文化旅游产业项目，龙虾交易市场、冷链物流等现代物流产业项目，电子商务、稻虾产业全程智能可追溯系统、稻虾产业大数据中心等信息化产业项目，龙虾餐饮店、美食城、美食广场等服务业项目，建设集电子商务、节会商贸、物流交易、智能信息、品虾休闲、文化传媒、产品研发等于一体的监利稻虾文化城。

（2）监利稻虾田园综合体。坚持规划先行，明确自身定位，突出稻虾核心，突出田园本色，推动产业融合。发挥政府主导作用，鼓励基层创新，以稻虾一二三产业综合开发为契机，集中相关政策合力，以构建稻虾全产业链为主线，以利益联结为纽带，以合作共赢为动力，重点围绕六大体系（生产体系、产业体系、经营体系、生态体系、服务体系和运营体系），建好五大功能区（农业景观区、休闲集聚区、农业生产区、生活居住区、村社服务区），推动产业经济结构多元化以及产品模式升级和土地开发模式升级，实现以旅游为先导、以产业为核心、以文化为灵魂、以流通基础为支撑、以体验为价值、以乡村振兴为追求的总体目标。

（3）"双水双绿"品牌建设。区域公共品牌建设重点是解决产品卖好价的问题。以监利大米和监利龙虾为重点，培育区域公共品牌。①农产品溯源体系建设，引入农产品溯源及标准化体系，增加农产品从田间到餐桌各个环节的透明度，给农产品企业提供了展示优良产品的窗口，有助于企业打造绿色安全的高端品牌。②节庆文化建设，树立并坚持政府主导、社会各界参与、企业冠名或承办的多元办节机制；充分推进办节主体的全民化，树立集经贸招商、文化弘扬、旅游娱乐、餐饮美食等诸多功能于一体的多元定位，为各层次人士拓展参与空间，不断借势借力聚集资源，推进节庆文化走出去。

第十章
结论与建议

湖北实施"双水双绿"具有得天独厚的优势,基础厚、效益好、潜力大、前景广。但其发展不仅是一种生产方式的转变,更不是简单的稻田养虾,而是涉及水稻、水产两大优势产业的协同发展,要创新产业体系、经营体系及服务体系,融入区域文化、经济、环境及可持续发展。"双水双绿"的绿色发展理念、路径与目标,是转变农业发展方式、促进产业结构升级、深化供给侧结构性改革、落实乡村振兴战略、建设生态文明的有力举措。

第一节　湖北省"双水双绿"产业效益及前景

"双水双绿"既保障了"米袋子"又丰富了"菜篮子",既解决了"谁来种地"又解决了"如何种好地"的问题,既鼓起了农民的"钱夹子"又确保了消费者"舌尖上的安全",既拓展了农业发展空间又传承优秀农耕文化,是提升农业发展质量、培育乡村发展新动能的关键举措。

一、战略意义

当前,湖北农业发展正处于转变发展方式、深化供给侧结构性改革、促进农业由大到强、建设农业强省的关键阶段。水稻和水产是湖北农业的两大优势产业,"双水双绿"紧扣绿色水稻和绿色水产,在湖北率先实施"双水双绿",对于引领湖北水稻和水产转型,实现绿色高质量发展具有重要战略意义。具体体现以下方面:

1.转变农业生产方式,实现农业绿色发展

长期以来,在以"三高一低"为特征的粗放型生产方式下,湖北水稻和水产发展受到资源和环境的约束日益趋紧,资源安全、生态安全和食品安全挑战日益增大。"双水双绿"遵循产业生态化路径,聚焦生产方式变革,运用绿色品种、绿色生产技术和良好技术规范充分发挥物种间共生互促关系和产业间耦合互补关系,通过稻田种养模式和产业集聚发展,降低生产物质投入,提高资源利用效率,多级循环利用减少污染物排放,转变生产方式,洁净稻田和水体,促进环境友好发展和农村增绿。

2. 推动产业结构改革，促进农业高质量发展

人民生活水平提升和农副产品的充足供给，居民消费结构和饮食观念的变化，正推动着我国农业由增产导向向提质导向转变。"双水双绿"运用绿色品种和绿色技术依托绿色稻田和绿色水体实现生产出安全水产、种得出优质水稻；同时成立"双水双绿"产业联盟，制定产品质量标准，促进研产加销一体化，解决产销脱节、产业融合发展难题，实现优质产品在物流、加工、仓储、销售等环节的质量可控可追溯可问责，满足消费优质产品需求，实现农产品的有效供给。

3. 培育乡村发展动能，实现乡村全面振兴

产业振兴是乡村振兴的基础。湖北水稻和水产产业发展面临着种粮不挣钱、增产不增收、提质不增效及非粮化非农化等一系列问题。"双水双绿"结合水稻和水产，致力于水稻和水产协同发展，通过稻田种养实现一水两用一田双收，提升稻田经济效益，激发农民种养积极性；生产层面上运用先进绿色种养模式减少物质投入，降低生产成本；产业层面上注重产品质量体系和优质优价机制建设，延伸产业链，促进产业融合，培育产业品牌，提升产业价值链；把握"双水双绿"模式经营规律，鼓励龙头企业+合作社+农户方式带动乡村贫困户实现精准脱贫。

二、综合效益

"双水双绿"充分利用平原湖区稻田和水资源的优势实行稻田种养，使绿色水稻和绿色水产协同发展，做大做强水稻、水产"双水"产业，做优做特绿色稻米、绿色小龙虾等"双绿"产品，通过农业生产过程洁净水源、优化环境，实现产业兴旺、农民富庶、乡村美丽的目标，具有稳定国家粮食安全、保障食品供给安全、维护生态环境安全、产业扶贫实现乡村振兴、优化产业结构实现农业增效、提升农业综合竞争力等多重功能，实现了经济效益、生态效益和社会效益的有机统一。

1. 经济效益

稻米在很多国家不是纯粹的经济商品，而是作为政治商品常常受到国家调控，而水产品是市场决定型产品，同比单一水稻种植，稻田养殖水产动物显著提高了稻田净收益，从经济成本投入与效益产出角度看，稻田种养比单一水稻种植和水产养殖降低综合生产成本，具有较高的经济产出投入比和投资回报率。据测算，湖北仅2018年稻田种养比水稻单作累计增加农民收入146.936亿元，全省小龙虾全产业链产值已经突破1 000亿元大关，达1 000.99亿元，比2017年851.82亿元增加17.51%。同时随着湖北"双水双绿"产业中绿色生态优势产业化的挖掘、文化教育艺术等价值的开发、绿色品牌价值的逐渐彰显、三产融合的进一步发展，"双水双绿"产业的综合经济产值将进一步提升。

2. 生态效益

"双水双绿"具有良好的生态效益。在模式生产层面上，湖北一季水稻种植纯氮用量约160千克/公顷，稻虾种养模式水稻纯氮用量约为100千克/公顷，下降约37.5%。2018年湖北开展稻田种养纯氮用量减少约23 590吨。同时稻田种养模式比一季水稻种植农药用量降低30%以上，并且因考虑保护稻田经济动物的需要，稻田种养多使用氯虫·噻虫嗪、氯虫苯甲酰胺、吡虫啉、苏云金杆菌等高效低毒农药。化肥和农药的减量不仅降低农业生产成本，同时也减少面源污染，为农产品绿色安全生产提供了良好的产地环境。同时"双水双绿"本身强调水稻种植和水产养殖的清洁生产，通过构建优化耕作制度，利用秸秆还田、绿色种养、绿色防控等举措洁净稻田和水体，开挖环沟降低冷浸稻田水位，改善低洼冷浸稻田中的水稻种植环境，增强稻田可耕性，有助于农村增绿。在全产业链层面上，"双水双绿"始终将清洁生产理念贯穿其中，通过延伸产业链，促进副产物多级循环利用，提升产品附加值，减少污染物排放；提倡建立绿色生产方式和生活方式，引领消费模式和观念转变，助力于农业生态文明建设。

3. 社会效益

"双水双绿"具有良好的社会效益。"双水双绿"坚持稳粮发展底线，亩产水稻500千克，实现稻田产能不降低；因节本增效、粮渔双赢，激发农民生产积极性，抑制稻田非粮化非农化趋势，有效稳定甚至增加水稻种植面积，保证国家粮食安全，如潜江"华山模式"的赵脑村通过返租倒包形式增加耕地2 400多亩，年增产稻谷500多万千克。"双水双绿"也是落实农业供给侧结构性改革的有效举措。"双水双绿"产业瞄准绿色水稻和绿色水产的有效供给，按照"简单养虾、减氮种稻"种养理念，运用绿色品种和绿色技术实现了优质产品能够种得出，同时"双水双绿"产业模式也注重从加工流通、品牌创建、质量追溯、产业融合等多方面实现优质产品能够管得住，还能够卖得出，而且卖得好，真正实现优质产品产加销一体化发展。2018年湖北通过稻田种养模式为社会生产提供了294.5万吨的优质稻谷、68.52万吨的小龙虾、4 906吨的泥鳅和5 197.2吨的中华鳖。

三、发展前景

人民生活水平的提升带来消费需求的变化，促进了水稻由增产向提质转变，优质稻米生产必将带来更大效益。"双水双绿"的稻米优质、美味、营养、安全，为稻米带来巨大的潜在价值。"双水双绿"的"双绿"目标之一就是要发挥种养互利共生的作用，采用绿色新技术，研究水稻种质资源、培育适合稻虾种养的优质和专用型水稻品种，生产高档优质稻米，创建高档稻米品牌，满足人民生活水平提升的需求。"双水双绿"可以瞄准中高端稻米市场，开发安全型优质稻米、美味型优质稻米、营养型优质稻米等绿色产品。

随着人们的生活水平提高和对生活娱乐社交的需求，小龙虾因其味道鲜美、营养价值高，被人们青睐；加之其烹饪方法多样以及各种口味满足不同消费群体的需求，小龙虾受到人们的广泛欢迎。全国各地举办的小龙虾文化节，如潜江龙虾节、监利龙虾节等，树立了小龙虾的品牌形象，小龙虾全国消费量节节攀升。小龙虾加工业（如小龙虾即食食品加工）和小龙虾副产品加工业（如甲壳素、壳聚糖提取等）的蓬勃发展，也需要大量的小龙虾供应。另外，小龙虾也是欧美市场最受欢迎的水产品之一，已经成为我国出口国际市场创汇的优良品种之一。

结合"双水双绿"产业发展，构建省级稻虾共作、稻渔种养品牌载体，打造具有湖北特色、有影响力的区域公用品牌。"潜江龙虾"将成为全国一流的水产区域公用品牌，"荆楚稻米"品牌在中高端消费市场的影响力和占有率将得到提升。打造"双水双绿双万"产业（水稻、水产"双水"产业；绿色稻米、绿色小龙虾"双绿"产品；稻米产值上万元、小龙虾产值上万元"双万"产值），实现产业发达、生态良好、乡风文明，建设"鱼米之乡"。

第二节　湖北省"双水双绿"产业发展空间及潜力

湖北位于长江中游，水土资源优越，气候适宜，特别是江汉平原，土壤肥沃，具有良好的农业生态环境和发展优势。湖北有3 000多万亩稻田，水质、土壤、气候配合度高，有丰富的稻虾综合种养的稻田资源；小龙虾产业上、中、下游的发展良好，潜江、监利成为华中区最大的小龙虾产品集散地，市场集聚效应明显，市场潜力巨大。

一、资源潜力

从自然资源角度看，适合稻田种养模式的稻田一般为冷浸潜育型中低产田和涝渍排水型中低产田，多分布在沿江沿湖低地和山间丘岗地区。据测算，湖北拥有冷浸潜育型中低产田496.32千公顷，主要分布在江汉平原河流湖泊低洼地带和鄂东南低山丘陵地区，其中冷浸田（包括冲垄冷浸田、低湖田、烂泥田、落河田）面积476.45千公顷、次生潜育化田19.87千公顷，拥有涝渍排水型中低产田共计450.29千公顷，主要分布在长江、汉江及支流两侧和江汉平原及湖泊水库的周围。在不考虑冬闲田和高标准稻田的前提下，也不考虑交通市场、农业水电路等基础设施和稻田规模连片的情况下，理论上湖北适合发展"双水双绿"模式的稻田面积共计946.41千公顷。

从种养开发程度看（图10-1），2017年湖北稻田种养面积为334.89千公顷，理论开发程度仅为35.38%，州市方面除荆门和潜江地区开发程度较高外，荆州、黄冈、天门等江汉平原和鄂东南地区均有待大力开发。从种养单产水平看（图10-2），湖北2017年稻田种养水产品平均单产水平为102.92千克/亩，在稻田种养的70个县（市、区）中仅有23个县（市、区）超过省平均水平，占比32.86%，超过150千克/亩的县（市、区）仅有襄州、大悟、监利、谷城、黄梅、当阳，湖北稻田种养水产品单产还有很大提升空间。

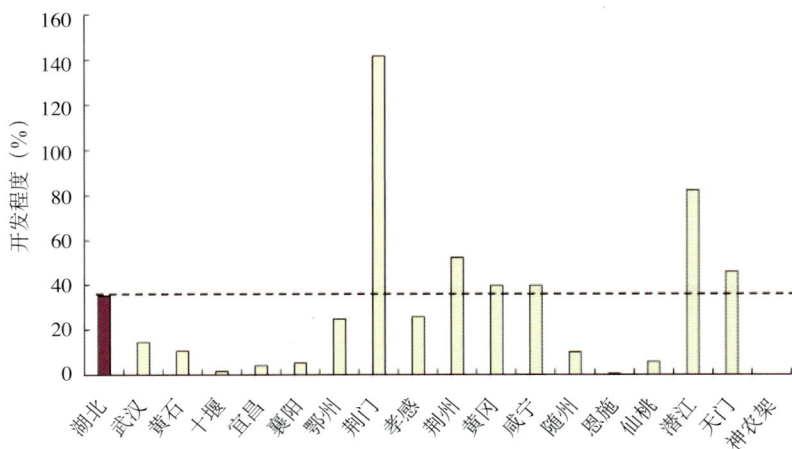

图 10-1 2017 年湖北及各州市稻田种养开发程度
[数据来源：《湖北农村统计年鉴》（2018）]

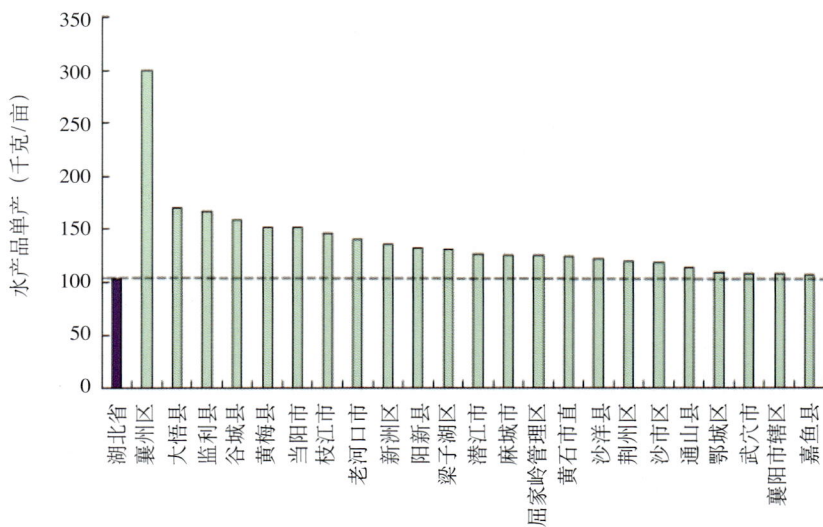

图 10-2 2017 年湖北超过省平均水平的县（市、区）稻田种养水产品单产水平
[数据来源：《湖北农村统计年鉴》（2018）]

二、市场潜力

从市场需求层面看，虽然我国人均口粮年消费量呈现逐年下降趋势，但中高端优质大米市场需求却不断上升，绿色大米市场销售均价年年攀升，优质大米年均消费增长率呈现逐年上升趋势。同时随着居民饮食消费结构转型升级，水产品在日常膳食结构中的比重不断上升。据预测，2019—2028 年中国水产品食用消费量将按年均 1.5% 的速度增长，到 2030 年中国水产品总需求量将超过 9 500 万吨（农业农村部市场与信息化司，2019）。

其中国内小龙虾市场近年来快速扩大，年均增长率逐年快速上升，2017年甚至达到45%左右，小龙虾供不应求，同时以小龙虾虾头、虾壳为原料提取的甲壳素及其衍生物的市场开发经济潜力达千亿元级，产业发展前景巨大。"双水双绿"中的绿色稻米作为在绿色稻田和绿色水体环境下采用绿色水稻品种和稻虾绿色种养生态农业模式生产出来的绿色优质农产品，具有色泽白润透明、蒸煮清香扑鼻、入口柔韧爽滑、营养价值极高、健康安全无残留等品质，符合我国当前及未来稻米市场需求。"双水双绿"中的绿色水产品特别是小龙虾因采用稻田种养健康生态养殖方式而具有个大、美味、鲜润、无残留等品质特点，契合市场消费需求，发展前景广阔。

三、区域文化潜力

长江与汉江在湖北交汇，冲积成肥沃的江汉平原。地处江汉平原腹地的荆州，不仅是楚文化发祥地，还是湖北及中部地区优势农业资源的核心区域，盛产水稻、水产等农产品。潜江小龙虾，生长在稻花香里，集生态与美味于一身，浓郁的"荆楚味道"征服了大江南北消费者的味蕾。经过近20年的发展，湖北小龙虾综合产值突破千亿元大关，成为名副其实的富民大产业。产业兴则乡村兴，生态兴则文明兴，走出大而不强、多而不优的窘境，唯有增加绿色优质农产品供给，实现农业高质量发展。鱼米之乡的湖北，粮食、水产等重要农产品产量长期位居全国前列，曾为保障全国农产品供给做出了突出贡献，但随着消费升级，环境约束，竞争加剧，在"以量论英雄"轨道上奔跑已久的传统农业大省光环渐褪。

"双水双绿"的文化内涵丰富，包括产品文化，如水稻、水产品牌，餐饮品牌，品牌文化，产品品质文化；产业文化，如产业链、营销、市场、三产融合；田园文化，如田园综合体、田园风光；乡村文化，如鱼米之乡、风情小镇等。

文化是乡村之魂，在乡村经济发展中起着越来越重要的作用。在乡村经济活动中依托各地独特的文化资源、文化产业，通过创意转化、科技提升和市场运作，在产品中注入文化内涵，使产品具有独特的人文价值和经济价值。在"双水双绿"总框架下，支持新型经营主体发展绿色产品和特色功能产品，建立一批地理标志的绿色稻米、绿色小龙虾品牌，不断促进品牌升级，注重产品文化的深层次挖掘，善于讲故事，尤其是注重与土著文化和历史相关的看点发掘，把最好的产品通过包装保持最好的风味，更好地体现出农产品独特的附加值；建立无污染、符合绿色优质环境要求的稻虾共作基地，结合田园综合体，深入挖掘传统农业体系的文化价值和鱼米之乡的地域文化价值，提高全社会对农业文化的重视；将农业文化遗产纳入国家旅游发展规划中，充分利用楚文化资源如民俗、诗歌、手工艺、自然人文景观等，全面推进乡村旅游和休闲农业。在全面提升农特产品文化含量和产品附加值的同时，促进当地自然、社会、文化资源可持续化发展。注意结合当地的自然生态环境，建设特色小镇、绿色生态走廊、特色旅游景区，加快休闲农业和乡村旅游发展。

粮食生产拾级而上，乡村颜值不断提升，农村改革蹄疾步稳，农民收入再攀新高……一幅"产业兴旺、生态宜居、乡风文明、治理有效、生活富裕"的美丽画卷正在荆楚大地徐徐铺展。

第三节 湖北省"双水双绿"产业发展的战略举措

为进一步做大做强湖北水稻和水产优势产业，立足湖北资源禀赋条件，结合水稻种植分布和水产养殖功能分区，提出了"两带三圈四区"的"双水双绿"产业发展战略布局，划定全省稻田种养生产的"优势区"及"适宜区"，分类指导"双水双绿"区域化发展。明确提出到2022年湖北稻田种养面积稳定在800万亩，小龙虾和稻虾米全产业链综合产值达1 700亿元，至2025年"双水双绿"模式实施面积达500万亩的战略目标。通过建设完善"双水双绿"生产体系、产业体系、经营体系、服务体系等四大任务体系，采取系列战略举措，培育"双水双绿"产业。

一、创新"双水双绿"产业经营模式

产业经营模式关系到"谁来种地和组织生产关系"的重大问题，是现代农业发展的体制机制保障和组织支撑。有效的产业经营模式利于集聚与运用生产要素、降低成本提高效率、增强农产品的竞争力。当前湖北稻田种养的产业经营模式存在农户自发经营、村委+农户经营、公司+基地经营等模式，这3种运作模式较为传统，无法有效建立生产者与消费者之间的信任体系，销售环节的链条过长，小生产与大市场的矛盾依然突出，无法引领小农户走向现代农业发展轨道。创新型的"双水双绿"产业经营模式包括小农户+合作社+企业、社区支持农业、小农户集体和参与式保障体系（谯薇，2016），可以有效避免传统经营模式的缺点，提高"双水双绿"产业主体的积极性，获得较高的综合收益。

小农户+合作社+企业经营模式能够充分发挥各自优势，实现产加销一体化。稻田种养不同于水稻种植，因水产动物的引入而成为一种劳动密集型生产模式，由小农户作为生产主体开展种养能充分调动积极性，降低生产风险；合作社作为生产和市场联系的纽带，能够有效组织小农户，提供涉及农资购买、绿色生产、绿色防控等社会化服务，保证标准化生产，提升产品质量品质；企业作为面向市场的主体，能够发挥资金金融优势，延伸产业链，开发多样化产品，打造产业品牌，开拓产品市场。

社区支持农业(CSA)模式是农场及其所支持的社区之间实现风险共担、利益共享的合作模式的组织形式，是倡导社区居民与农场小农户生产者之间通过合作而非市场交换方式直接连接起来的一种互助合作模式，不仅降低产品生产和销售的成本与风险，减少市场交易中心不透明的中间环节，还能增进消费者与生产者之间的直接沟通，有利于建立两者之间的信任体系；小农户基本收入得到保障，消费者食品安全得到保障，有利于解决小生产与大市场之间矛盾中的易粪相食和食品安全问题。

小农户集体(ICS)模式是将分散的小农户组织起来，建立基本的管理制度和生产措施的组织形式。这种经营模式具有完备的内部控制体系，包括完善的组织结构，涉及农资、生产、加工、质量监管等完善的内部程序，同时建立第三方认证及监管体系。小农户集体模式提升了组织化程度，既极大缓解了小生产与大市场矛盾，也利于提高农场管理水平，将大学生等知识结构层次较高的管理人才引进其中，增强小农户集体与龙头公司及大市场的对话权，保障小农户基本权益。

参与式保障体系(PGS)模式是指建立在信任、社会网络和知识共享的基础之上，所有相关方共同参与制定，以诚信为基础，对生产农户进行评估的质量保障体系。这种体系模式强调包括生产者、咨询者和消费者等共同参与制定优质产品生产规范标准，通过不同的社会和文化控制机制保证农户生产全过程的绿色标准，接受透明公开监督，有效避免产品认证权力不是集中在少数人手中，多方参与共同承担绿色产品及生产过程检验监督，有助于解决有关社会食品供给的诚信危机，建立相互之间的信任，共同助力食品品质提升。

上述4种经营模式在我国的发展还处于探索阶段，各地可以根据实际情况选择合适的组织形式。公司+合作社+农户模式一般适合产业化强、具有实力的地区；小农户集体模式适合以出口和远方市场为目标，希望打造地方特色的农业地区；社区支持农业模式适合希望打造都市农业和生态农业的地区；参与式保障体系模式适合以本地市场为销售目的地，以小规模生产满足区域性消费的地区。

二、构建"双水双绿"产业技术推广体系

构建以"双水双绿"产业联盟为支撑，以农业技术推广机构为主导，以家庭农场、种植大户、农民合作社和龙头企业等新型经营主体为基础，农业科研、教育等单位广泛参与的基层农业技术推广体系。一是搭建"双水双绿"产业研究合作平台，整合优势资源，以华中农业大学"双水双绿"研究院为主导，其他单位和专家共同参与分工合作，设立资金专项，加快研发解决"双水双绿"产业发展的瓶颈问题；二是建立县（市、区）院士专家工作站和农业产学研基地，把基地打造成为农民培训、学生实习的工作平台和新技术新模式的展示平台，提高科技成果转化与应用能力；三是创建人才培养与交流新通道，形成华中农业大学人才引进绿色通道和新型农业经营主体人才培养绿色通道，以培训农业科技人员、新型经营主体和三乡工程人员为重点，加强"三农"队伍建设力度；四是按照政府引导、民间组织、市场运作的方式，整合辖区及周边优势企业资源，搭建"双水双绿"产业平台，形成产业联盟共同体，充分运用物联网、互联网等信息技术，实现资源共享、信息互通、金融合作等功能，帮助"双水双绿"经营主体获取生产技术、农业服务和市场信息等；五是依托基层农业技术推广体系，总结百姓实践经验，规范生产操作程序，通过科技下乡、培训讲课、现场咨询、田间指导、科技特派员等多种方式

以及电视、广播、微信自媒体等多种途径传授技术，让老百姓能学、易学、愿学科学、实用、高效的种养技术并做到学以致用、学以致富。

三、健全"双水双绿"产品质量认证监管机制

健全的"双水双绿"产业认证监管机制具有激励约束作用，有利于规范"双水双绿"农产品市场秩序，防止和化解交易冲突，建立生产者与消费者之间的信任体系。从以下几个方面着手健全"双水双绿"产业认证监管机制：

第一，应健全与"双水双绿"产业认证监管相关的法律法规。一方面需要出台与绿色水稻和绿色水产认证及监管相关的法律细则，另一方面需要将"双水双绿"产业发展培育上升到法律高度，因"双水双绿"涉及多个部门的协调与配合，故应由多个部门联合制定，明确各自权责、各司其职，共同做大做强"双水双绿"产业。

第二，应加快围绕产地环境、农资供给、技术规范、加工物流、餐饮文化、全产业链各环节建立"双水双绿"质量标准体系和市场准入机制，建立涉及全产业链的质量监管检验检测体系，建立"双水双绿"产品信息监测平台，积极开展产品产地及产业链各环节的品牌认证，加快制定"双水双绿"品牌共建共享机制。

第三，搭建"双水双绿"产品质量安全信息数据库，建立绿色水稻和绿色水产品生产可追溯体系，方便消费者通过二维码查看农产品品种、种植环境、生产过程等信息，既能约束生产者行为，又能强化消费者安全意识，共同通过公开透明化的手段提升农产品质量。

四、完善"双水双绿"产业发展的政策保障体系

加大政府对"双水双绿"产业的扶持力度，在基地建设、技术开发、人才培养、市场开拓等方面给予支持和鼓励，建立完善"双水双绿"产业发展的政策保障体系，保证"双水双绿"产业有序、良性、稳定发展。具体可以从产业政策、财政政策、金融政策、食品安全与环境保护政策等方面入手。

第一，实施有效的产业政策，引导和推进"双水双绿"产业的规范有序发展。一方面，要贯彻落实《农业农村部办公厅关于规范稻渔综合种养产业发展的通知》及各类政策文件，执行《湖北省"虾稻共作 稻渔种养"产业发展规划(2019—2022年)》，进一步研究细化"双水双绿"产业县（市、区）适宜发展区域，打造一批"双水双绿"生产基地，建立一批"双水双绿"产业示范区，推动形成"双水双绿"区域化布局、专业化生产和产业化经营的发展格局；同时培育"双水双绿"产业龙头企业，强化品牌引领，整合产业链，推动"双水双绿"产业化发展。

第二，实施有效的财政政策。整合中央和地方有关农业基础设施建设项目资金，以奖代补对按照"双水双绿"模式工程建设要求的基地给予财政补贴，促进规模化开发；创新政府农业保险补贴机制，将绿色水稻和绿色小龙虾生产纳入政策性保险实施范围；

落实"三补合一"政策，用好各级奖励基金，向促进推动"双水双绿"产业发展的新型经营主体倾斜。

第三，制定促进"双水双绿"产业发展的金融政策。建立新型经营主体信贷担保体系，发挥兴农贷、楚农贷作用，推进贷款贴息创新，打造涵盖银行、保险、证券以及互联网金融的立体金融支撑体系。政策性金融机构和商业银行应加大对"双水双绿"产业经营主体的贷款力度，支持利用土地经营权及农机具等抵押融资贷款。同时，金融机构也应设计新型的金融产品，尝试建立健全集股权融资和债权融资、融资担保和融资保险、企业联保融资于一体的科技金融服务链，不仅能够满足企业多样化的投融资需求，还能促进"双水双绿"产业的稳健发展。

第四，制定与"双水双绿"相关的食品安全与环境保护政策。落实农业绿色发展有关政策，持续推进化肥农药减量、农业面源污染治理等行动计划，落实河湖长制，打造绿色稻田和绿色水体；大力开展"双水双绿"全产业链清洁生产，严格外来投入品监管，保证产品绿色生产等。

第四节　湖北省"双水双绿"产业发展的建议

"双水双绿"不是简单的稻田种养模式升级，而是一种产业发展模式、理念和目标，也是稻田种养等绿色生产模式可持续发展的根本保障。要利用稻田资源，采用绿色新技术和新品种，通过水稻与水产、动物互惠互利，实现水稻、水产协同发展，生产绿色稻米、绿色水产品，通过农业生产过程洁净水源，优化环境，实现产业兴旺、农民富庶、乡村美丽的目标。

一、因地制宜，避免盲目发展

湖北稻田资源丰富，气候条件适宜，稻田种养模式很多，但不是所有区域、所有田块都适合，也不是一个标准模式适合所有区域和田块条件；应根据不同区域自然资源特点，如降水资源、水利条件、地下水位、土壤类型、地形地貌及田块大小等选择不同的稻虾模式；根据自身资源特点，做好顶层设计，正确引导，建立适度规模标准化基地，引导区域建立相应的"双水双绿"种养体系。

1. 重视顶层设计

现代农业产业越来越重视聚集效应，资源利用，产前、产中、产后的产业链建设，区域产业文化，新农村建设等各方面都密不可分。用工业化思路发展农业、现代管理经营农业、现代科技提升农业、现代服务促进农业，不断优化资源配置，加快现代农业示范园区建设，推动优势产业向优势地区、优势园区聚集。以龙头企业为核心，以稻田田园为基地，打造种植、养殖、加工、物流、电商、餐饮、休闲的产业链条，构建"双水双绿"产业新体系。各地都应做好规划设计，从资源利用到产业体系建设形成顶层设计，划分适宜区域，从政策引导到资金使用，整体一盘棋，保障形成"双水双绿"产业的聚集效应。

2. 加强政策引导

政府在引导发展稻田综合种养产业时应遵循因地制宜、宜稻则稻、宜渔则渔的原则，稳步推进湖北稻田综合种养产业发展，防止一哄而上。在适合稻田综合种养发展的地区，政府应因势利导，抓住产业结构调整发展的机遇，形成市场引导、政府推进、政策扶持、部门配合、产业衔接的态势，并在土地流转、基础设施建设、政府补贴等方面予以大力支持。而非稻渔适宜区，应因地制宜发展区域特色农业。

3. 配套多种模式

目前湖北稻田种养模式单一，90%以上是稻虾模式，且大部分是宽沟式稻虾共作模式，如果遇到病害发生或者市场遇冷，将影响稻田综合种养的效益。一方面考虑区域资源差异，另一方面考虑灾害及风险，应该采用多样化的模式。多样化有利于合理利用资源，增加整体系统的稳定性。如稻田小龙虾黄颡鱼养殖模式、稻田养鸭套养泥鳅模式、稻田虾蟹混养模式等，提高稻田综合种养的稳定性。不同地形地貌、田块大小及水资源条件都有相对较适宜的稻田种养模式，只有因地制宜才能发挥其最大效应（表10-1）。

表10-1　不同模式对地形地貌、田块面积的要求

养殖类型及模式	地形地貌	田块面积	适应田间工程	水分条件
养鱼、养蛙	山区、丘岗	<1亩	平板式	聚水、截留
鳅、鳝、螺、蛙	丘岗	1～3亩	平板式、沟函式	聚水、储水
鸭、稻虾连作	丘岗、平原	5亩	平板式、沟函式	水源丰富
蟹、鳖、鸭、稻虾连作、稻虾生态池	丘岗、平原	5～10亩	平板式、沟函式	水源丰富
鸭（5亩一个单元）、稻虾连作、稻虾生态池	平原	10～30亩	沟函式	水源充足
稻虾共作	平原、湖区	>30亩	宽沟式	地下水位高

二、保护环境，促进高质量发展

稻田种养是以水田稻作为基础，通过水稻与水产动物互惠互利而形成的复合循环种养生态模式。引入小龙虾等动物后，稻田生态系统组成得到充实、环境得到改善、结构得到优化、湿地生态功能得到强化。"双水双绿"产业目标是保障产业协同、产品绿色、环境优美，因此，发展稻虾模式应充分发挥种养模式生物间的互惠作用，不能违背生态、绿色发展的初衷。

1. 保护稻田

实施综合种养的稻田改造主要是挖沟和筑埂。根据模式类型，规范田间工程，养殖沟面积不超过10%。要求各国土部门督促村组鼓励养殖户充分利用现有稻田圩沟、条田沟、灌溉渠改善成有利于稻田综合种养的沟型，必须严格保护稻田耕作层，稻田中间不

得再行开挖纵沟，不得毁坏种植条件，种植区域实际栽插密度每亩不少于1万穴，保证水稻种植产量及效益。

2.清洁生产

把清洁生产的思想运用到水稻种植业，对水稻全生命周期进行控制，从源头消减污染，提高肥料、农药、水资源利用率，最终实现节能、增效和减少面源污染，同时保证水稻优质、安全。制定严格的生产标准和技术规程，控制生产投入品、保障投入品符合生产标准的要求，倡导和践行优质栽培、清洁生产的理念，确保食品安全。实现全程少打农药、少施化肥、少用饲料、水质清洁的目标。

3.健康养殖

针对稻田水体特点，发挥稻田生物多样性的优势，利用种养互利共生关系，为水产动物养殖营造良好的、有利于快速生长的生态环境，提供充足的全价营养饲料，使其在生长发育期间最大限度地减少疾病的发生；减少饲料、避免渔药、控制投入，使生产的食用产品无污染，个体健康、肉质鲜嫩、营养丰富，与天然鲜品相当。

三、创新驱动，保障科学发展

目前，我国对稻田综合种养基础理论研究仍显不足。第一，种业发展落后于产业发展。与丰富多样的种养模式相比，专门的水稻品种和相应的水产品种严重缺乏。第二，稻田生态系统的理论研究不足，目前的"生态"仍停留在模式上，缺乏创新性的生态管理技术，尤其是病虫害的生态防治方面未取得突破。第三，多种稻田综合种养模式的生产应用仍停留在经验水平，缺乏理论支撑，稳定性不佳，受外界因素影响较大。因此，加强理论研究，根据不同地区的地理气候条件，因地制宜制定不同种养模式的标准和规范，才能保证稻田的产量，稳定农民的收入，实现保护环境与经济发展的双赢。

1.优质品种选育

针对稻田种养体系缺乏绿色优质水稻及养殖动物品种等问题，开展绿色种养种质资源创新研究。加强绿色性状基因挖掘与种质创新、开展绿色超级稻品种选育与应用；收集小龙虾等水产动物种质资源，开展小龙虾等水产动物的基因组及遗传育种研究，解决小龙虾种质衰退（头大尾小、肉质松散）等问题。选育适合"双水双绿"种养体系的专用、优质、特色水稻新品种和小龙虾新品种。

2.绿色技术研发

研究稻田综合种养绿色增效立体高效模式下高档优质米形成规律及调控途径；进行不同种植模式下的适宜播栽期、合理种植密度等的研究；进行水稻轻简化、机械化栽培配套技术研究；开展稻田综合种养模式下土壤培肥、绿色施肥和灌溉技术优化创新研究，稻田病虫草害发生规律及绿色防控技术创新研究；开展稻虾共作模式小龙虾稻田早繁与温棚规模化良种繁育技术创新研究，不同饲料对小龙虾营养品质的影响及优质安全饲料研发，水体环境变化规律及小龙虾病害绿色防控技术创新研究。

3.标准体系建设

围绕"双水双绿"模式生产的绿色田间工程、绿色品种、水稻清洁生产、动物健康养殖等相关的资源节约、环境友好型技术开展试验研究与示范，加强技术标准及技术规程研究；面向地方及国家，建立种养技术标准、田间工程标准、投入品质量标准、环境质量标准、产品质量标准等标准体系。

四、三产融合，推动乡村振兴

党的十九大指出，实施乡村振兴战略，要坚持农业农村优先发展，按照产业兴旺、生态宜居、乡风文明、治理有效、生活富裕的总要求，建立健全城乡融合发展体制机制和政策体系，加快推进农业农村现代化。"双水双绿"产业模式的落脚点正是产业兴旺、生态良好、乡村振兴，因此，必须将"双水双绿"模式与区域产业、经济、生态、文化紧密结合在一起。通过转变方式，促进产业发展，延长产业链，三产融合打造稻虾田园综合体，重视营造稻田种养文化，重塑"鱼米之乡"，推动乡村振兴。

1.产业体系建设促产业兴旺

"双水双绿"的目的是推动产业绿色发展，产学研结合才能显现其战略意义，政府、产业、企业、学校、科研机构相互配合，发挥各自优势，形成强大的研究、开发、生产一体化的产业体系。创新合作机制，构建"双水双绿"产业联盟，搭建"双水双绿"产业平台，推动研（科研单位）产（生产合作社）销（米业、虾业）一体化，着力解决制约产业融合发展的难题，实现科研驱动产业、创新引领市场的新格局；采取龙头企业+合作社+农户经营方式，完善利益联结机制，延长产业链，保障供应链，提升价值链，完善生态链（陈松文等，2020）。

2.田园环境建设促生态良好

结合稻田种养田间工程建设，做好规划设计，做到大尺度自然生态环境整治和微观生态保护、稻田开发相结合；集合大范围耕作制度改革（绿色、休耕、用养结合）、生态环境评估及基础设施建设，做到整体规划设计、建设、改造，如交通、山水林田路、田园综合体、稻田公园等，强化稻田基础设施、环境美化、景观文化等的建设；进行田间设施专业化、标准化建设，实行渠田林路综合治理，桥涵闸房统一配套。

3.产业文化建设促乡风文明

稻田养鱼在我国历史悠久，是我国传统农业文化遗产。通过举办稻渔展销会、博览会，举办稻渔科普观光活动，举办龙虾美食节，不断加强稻渔品牌的培育、认定、宣传和推广，打造稻渔品牌内涵和美誉度，推动稻田综合种养产业发展；重视营造节庆文化，开拓农业生产、生活、生态、科教、观光、康养等功能，结合稻虾田园综合体、稻虾文化城、稻田公园等，推动乡村休闲旅游活动，促进三产融合；发展稻渔文化，建立乡村文明，改变生产生活方式，实现资源节约、环境友好，打造田园风光、环境优美、生态文明、美丽富饶的鱼米之乡。

参考文献

邴旭文, 2004. 中国水产健康养殖技术研究的现状及发展趋势[J]. 中国农学通报(3): 249-251, 276.

曹凑贵, 蔡明历, 2017. 稻田种养生态农业模式与技术[M]. 北京: 科学出版社.

曹凑贵, 江洋, 汪金平, 等, 2017. 稻虾共作模式的"双刃性"及可持续发展策略[J]. 中国生态农业学报, 25(9): 1245-1253.

曹鹏, 张建设, 蔡鑫, 等, 2019. 关于推进湖北水稻产业高质量发展的思考[J]. 中国稻米, 25(6): 24-27, 35.

陈灿, 黄璜, 郑华斌, 等, 2015. 稻田不同生态种养模式对稻米品质的影响[J]. 中国稻米, 21(2): 17-19.

陈焕根, 张朝晖, 黄春贵, 等, 2018. 江苏省小龙虾产业发展报告(2018)[N/OL]. https://www. sohu. com/a/235619776_179360.

陈家勇, 2019. 抓住机遇加快推进水产养殖业绿色发展[J]. 中国渔业质量与标准(4): 1-4.

陈思行, 1991. 1990年世界各地虾类养殖概况[J]. 水产科技情报(5): 154-156.

陈松文, 江洋, 汪金平, 等, 2020. 湖北省稻虾模式发展现状与对策分析[J]. 华中农业大学学报, 39(2): 1-7.

陈婷, 郭建英, 唐建清, 等, 2011. 克氏原螯虾在洞穴和角落生境下生长差异及生存策略分析[J]. 南京大学学报(自然科学版), 47(5): 635-641.

程建平, 汪本福, 张枝盛, 等, 2017. 湖北省稻田综合种养现状和技术创新与产业化发展思考[J]. 湖北农业科学, 56(22): 4217-4220.

代云云, 袁永明, 袁媛, 等, 2019. 探研淡水鱼养殖业产业的绿色发展路径[J]. 吉林农业(17): 75, 90.

邓景耀, 1979. 世界主要国家的虾类生产概况[J]. 国外水产(2): 40-44.

丁伟华, 2014. 中国稻田水产养殖的潜力和经济效益分析[D]. 杭州: 浙江大学.

董双林, 2011. 高效低碳——中国水产养殖业发展的必由之路[J]. 水产学报, 35(10): 1595-1600.

龚世园, 李浪平, 吕建林, 等, 2007. 克氏原螯虾掘洞行为研究[J]. 淡水渔业(6): 3-7.

谷秀娟, 马松林, 马强, 等, 2015. 中国大米产业报告(2015)[M]. 北京: 中国农业出版社.

郭瑶, 肖求清, 曹凑贵, 等, 2020. 稻虾共作对稻田杂草群落组成及物种多样性的影响[J]. 华中农业大学学报, 39(2): 17-24.

国家统计局, 2000—2019. 中国统计年鉴 (2000—2019) [M]. 北京: 中国统计出版社.

国家统计局农村社会经济调查司, 2000—2019. 中国农村统计年鉴 (2000—2019) [M]. 北京: 中国统计出版社.

韩晓磊, 李小蕊, 程东成, 等, 2011. 温度对克氏原螯虾交配、抱卵、孵化和幼体生长发育的影响 [J]. 湖北农业科学, 50(10): 2078-2080.

何晓南, 1986. 世界虾市场及其发展趋势 [J]. 现代渔业信息 (5): 13-15.

何秀英, 廖耀平, 程永盛, 等, 2009. 水稻品质研究进展与展望 [J]. 广东农业科学 (1): 11-16.

胡亮亮, 唐建军, 张剑, 等, 2015. 稻-鱼系统的发展与未来思考 [J]. 中国生态农业学报, 23(3): 268-275.

《湖北农村统计年鉴》编辑委员会, 2000—2018. 湖北农村统计年鉴 (2000—2018) [M]. 北京: 中国统计出版社.

湖北省耕地质量与肥料工作站, 2018. 中低产田土壤障碍及改良技术 [M]. 北京: 中国农业出版社.

湖北省水产局, 2017. 关于加快推进稻渔综合种养发展的意见 [J]. 渔业致富指南 (17): 6-8.

湖南省南县, 2019. 发挥绿色生态优势 做强粮食产业经济 [J]. 中国粮食经济 (7): 54-55.

江西省水产推广总站, 2018. 江西省小龙虾产业发展报告 (2018)[R/OL]. https://www.sohu.com/a/235382557_735487.

江洋, 汪金平, 曹凑贵, 2020. 稻田种养绿色发展技术 [J/OL]. 作物杂志. http://kns.cnki.net/kcms/detail/11.1808.S.20200317.0908.004.html.

蒋军, 奚业文, 陆剑锋, 等, 2018. 安徽省小龙虾产业发展报告 (2018)[R/OL]. https://www.sohu.com/a/235606507_179360.

乐家华, 2010. 世界水产养殖业发展现状、趋势及启示 [J]. 中国渔业经济 (6): 53-58.

李长钦, 2012. 有机农业三种组织形式的比较研究 [D]. 南京: 南京农业大学.

李浪平, 2006. 克氏原螯虾食性、生长与掘洞行为的研究 [D]. 武汉: 华中农业大学.

李铭, 董卫军, 邢迎春, 等, 2006. 温度对克氏原螯虾幼虾发育和存活的影响 [J]. 水生态学杂志, 26(2): 36-37.

李炜, 何红卫, 乐明凯, 2019. "双水双绿": 新时期的稻之道——访中国科学院院士、华中农业大学教授张启发 [N]. 农民日报, 01-18.

李雪侨, 2007. 不同品种类型稻米蒸煮食味品质及其对施氮量响应的研究 [D]. 扬州: 扬州大学.

李艳苹, 2010. 中国水稻科技发展新趋势 [J]. 今日科苑 (21): 62-65.

刘卿君, 2017. 秸秆还田与投食对稻虾共作水质的影响 [D]. 武汉: 华中农业大学.

刘姝蕾, 2014. 潜江市"小龙虾"产业发展研究 [D]. 武汉: 华中师范大学.

刘骁蒨, 涂仕华, 孙锡发, 等, 2013. 秸秆还田与施肥对稻田土壤微生物生物量及固氮菌群落结构的影响 [J]. 生态学报, 33(17): 5210-5218.

刘一明, 王冬武, 何志刚, 等, 2019. 乡村振兴背景下南县稻虾生态综合种养产业发展探析 [J]. 现代农业科技 (15): 241-243, 253.

隆斌庆, 陈灿, 黄璜, 等, 2017. 稻田生态种养的发展现状与前景分析 [J]. 作物研究 (6): 57-62.

马达文, 2016. 湖北稻田综合种养开辟农业生产经营新业态 [J]. 中国水产 (3): 32-33.

倪达书, 汪建国, 1988. 我国稻田养鱼的新进展 [J]. 水生生物学报 (4): 364-375.

宁慧峰, 2011. 氮素对稻米品质的影响及其理化基础研究 [D]. 南京: 南京农业大学.

农业农村部市场与信息化司, 2019. 中国农业展望报告 (2019—2028)[R/OL]. https: //aocm. agri-outlook. cn/ my/richeng. php.

农业农村部渔业渔政管理局, 全国水产技术推广总站, 中国水产学会, 2018a. 中国渔业统计年鉴 (2018) [M]. 北京: 中国统计出版社.

农业农村部渔业渔政管理局, 全国水产技术推广总站, 中国水产学会, 2018b. 中国小龙虾产业发展报告 (2018)[J]. 中国水产 (7): 20-27.

农业农村部渔业渔政管理局, 全国水产技术推广总站, 中国水产学会, 2019. 中国小龙虾产业发展报告 (2019)[N]. 中国渔业报, 09-02(A04).

农业农村部渔业渔政管理局, 全国水产技术推广总站, 中国水产学会, 等, 2020. 中国稻渔综合种养产业发展报告 (2019)[J]. 中国水产 (1): 16-22.

钱炬炬, 雷晓峰, 李宏亮, 等, 2018. 益阳市南县 "稻虾生态种养" 一二三产业融合发展探析 [J]. 天津农业科学, 24(3): 43-46.

强润, 洪猛, 王家彬, 等, 2016. 几种种养模式对水稻主要病虫草害的影响 [J]. 农业灾害研究, 6(5): 7-9, 50.

谯薇, 2016. 新经济时代的产业发展研究——以有机农业和战略性新兴产业为例 [M]. 成都: 四川大学出版社.

全国水产技术推广总站, 中国水产学会, 上海海洋大学, 2018. 中国稻渔综合种养产业发展报告 (2018)[J]. 重庆水产 (4): 9-19.

宋超, 孟顺龙, 范立民, 等, 2012. 中国淡水池塘养殖面临的环境问题及对策 [J]. 中国农学通报, 28(26): 89-92.

唐建清, 宋胜磊, 吕佳, 等, 2003. 克氏原螯虾种群生长模型及生态参数的研究 [J]. 南京师范大学学报 (自然科学版) (1): 96-100.

汪向东, 2016. 水稻产业存在的问题及发展思路 [J]. 现代农业科技 (5): 84-86.

王冬武, 王湘华, 秦勇, 2018. 湖南省小龙虾产业发展报告 (2008) [R/OL]. https: //www. sohu. com/a/235792692 _ 179360.

王宇, 1986. 国外养虾概况 [J]. 世界农业 (9): 35-37.

夏如兵, 王思明, 2009. 中国传统稻鱼共生系统的历史分析——以全球重要农业文化遗产 "青田稻鱼共生系统" 为例 [J]. 中国农学通报, 25 (5): 245-249.

肖求清, 2017. 稻虾共作对稻田生物多样性的影响 [D]. 武汉: 华中农业大学.

熊露, 沈辰, 李辉尚, 等, 2015. 中国水产品产业发展现状及趋势分析 [J]. 农产品加工 (21): 51-54, 57.

徐旺生, 2007. 从间作套种到稻田养鱼、养鸭——中国环境历史演变过程中两个不计成本下的生态应对 [J]. 农业考古 (4): 203-211.

徐增洪, 周鑫, 水燕, 2012. 克氏原螯虾的食物选择性及其摄食节律 [J]. 大连海洋大学学报, 27(2): 166-170.

严岳华, 盛建华, 周锋, 等, 2019. 南县稻虾产业化发展现状与思路 [J]. 农业开发与装备 (5): 7, 17.

殷战, 2017. 一生勤勉只求真 半世坎坷终为民——纪念倪达书先生诞辰110周年 [J]. 水生生物学报,

41(6): 1380-1385.

于红燕, 刘世义, 2016. 我国水稻产业发展现状、趋势及对策[J]. 农村经济与科技, 27(9): 7-9.

曾芸, 王思明, 2006. 稻田养鱼的发展历程及动因分析——以贵州稻田养鱼为例[J]. 南京农业大学学报(社会科学版)(3): 79-83.

张辉, 姜亚洲, 刘尊雷, 等, 2019. 湖北省水产养殖水体资源和产业地理分布格局[J]. 中国农业资源与区划, 240(7): 181-187.

张静宜, 陈洁, 刘景景, 2019. 中国水产品消费转型特征及对渔业供给侧结构性改革的启示[J]. 中国渔业经济, 37(3): 8-14.

张启发, 2005. 绿色超级稻培育的设想[J]. 分子植物育种, 3(5): 601-602.

张启发, 2009. 绿色超级稻的构想与实践[M]. 北京: 科学出版社.

张启发, 2015. 资源节约型、环境友好型农业生产体系的理论与实践[M]. 北京: 科学出版社.

张启发, 2018. 以"双水双绿"重塑"鱼米之乡"[N]. 湖北日报, 6-13(15).

张启莉, 谢黎虹, 李仁贵, 等, 2012. 稻米蛋白质与蒸煮食味品质的关系研究进展[J]. 中国稻米, 18(4): 1-6.

张叔勇, 舒新亚, 2009. 淡水螯虾的病毒性病原研究进展[J]. 水产科技情报(4): 170-175.

赵朝阳, 周鑫, 徐增洪, 等, 2009. 美国路易斯安那州的克氏原螯虾产业发展概述[J]. 江西农业学报(2): 98-101.

赵正洪, 戴力, 黄见良, 等, 2019. 长江中游稻区水稻产业发展现状、问题与建议[J]. 中国水稻科学, 33(6): 553-564.

郑春国, 2012. 我国水产养殖业现状及其发展趋势[J]. 北京农业(33): 178.

郑红明, 2019. 2019年中国稻谷(大米)产业报告[N]. 粮油市场报, 10-26(T18).

郑振宇, 王文成, 李赵嘉, 等, 2019. 典型生态农业模式——稻田种养研究综述[J]. 江苏农业科学, 47(4): 11-16.

"中国水产养殖业可持续发展战略研究"课题综合组, 2016. 环境友好型水产养殖业发展战略[J]. 中国工程科学, 18(3): 1-7.

周文宗, 赵风兰, 2007. 克氏原螯虾摄食节律的研究[J]. 水产科学, 26(5): 271-274.

周锡跃, 徐春春, 李凤博, 等, 2010. 世界水稻产业发展现状、趋势及对我国的启示[J]. 农业现代化研究, 31(5): 525-528.

朱崇梅, 2000. 克氏原螯虾的生物学特性及开发利用[J]. 河南水产(4): 17-22.

朱泽闻, 李可心, 王浩, 2016. 我国稻渔综合种养的内涵特征、发展现状及政策建议[J]. 中国水产(10): 32-35.

Ackefors H E G, 2000. Freshwater crayfish farming technology in the 1990s: A European and global perspective[J]. Fish and Fisheries, 1(4).

Ahmed N, Allison E H, Muir J F, 2010. Rice fields to prawn farms: A blue revolution in southwest Bangladesh?[J]. Aquaculture International, 18(4): 555-574.

Ahmed N, Garnett S T, 2010. Sustainability of freshwater prawn farming in rice fields in southwest Bangladesh[J]. Journal of Sustainable Agriculture, 34(6): 659-679.

Ahmed N, Kerstin K Z, Stephen T G, 2011. Socioeconomic aspects of rice–fish farming in Bangladesh:

Opportunities, challenges and production efficiency [J]. The Australian Journal of Agricultural and Resource Economics, 55(2): 199-219.

Anástacio P M, 1993. Ciclo biológico e produção do lagostim vermelho da Louisiana (*Procambarus clarkii*, Girard) na região do Baixo Mondego[D]. Coimbra, República Portuguesa: Universidade de Coimbra.

Annie Poonam, Saha S, Nayak P K, et al. , 2019. Rice- fish integrated farming systems for eastern india[Z]. NRRI Research Bulletin No. 17, ICAR-National Rice Research Institute, Cuttack 753006, Odisha, India: 33, iii.

Brady, Scott, 2013. Incidental aquaculture in California's rice paddies: Red swamp crawfish[J]. Geographical Review, 103(3): 336-354.

Caffey R H, Romaire R P, Avault J W, 1997. Sustainable aquaculture: Crawfish farming[J]. Freshwater Crayfish(11): 587-598.

Chellappan M N, Krishna R S, Juliet J et al. , 2013. Organic rice-prawn farming yields 20% higher revenues[J]. Agronomy for Sustainable Development, 34(3).

Coche A G, 1967. Fish culture in rice fields a world-wide synthesis[J]. Hydrobiologia, 30(1): 1-44.

Dang N H, Danh V T, 2008. An overview of the development of the agricultural economy in the Mekong Delta[J]. CDS Res Pap, 27: 31-50.

Halwart M, Gupa M V, 2004. Culture of fish in rice fields[M]. Italy: FAO.

Leigh C, Hiep L H, Stewart-Koster B, et al. , 2017. Concurrent rice-shrimp-crab farming systems in the Mekong Delta: Are conditions (sub)optimal for crop production and survival? [J]. Aquac Res, 00: 1-12.

Mcclain W R, Romaire R P, 2004. Crawfish culture: A Louisiana aquaculture success story[J]. World Aquaculture, 35(4): 31-35, 60-61.

Peng S J, Huang J E, Sheehy R C, 2004. Rice yields decline with higher night temperature from global warming [J]. Proceedings of the National Academy of Sciences (USA) , 101(27): 9971-9975.

Tainã G L, Pedro M S G A, Paula B A, 2015. Red swamp crayfish: biology, ecology and invasion—an overview [J]. Nauplius, 23(1): 1-19.

Wang Q D, Ding H Y, Tao Z H, et al., 2018. Crayfish (*Procambarus clarkii*) cultivation in China: A decade of unprecedented development[M]// Aquaculture in China: Success stories and modern trends. New Jersey: Wiley-Blackwell: 363-377.

图书在版编目（CIP）数据

湖北省"双水双绿"产业发展战略研究 ／曹凑贵，陈松文编著 . —北京：中国农业出版社，2020.9
ISBN 978-7-109-27219-4

Ⅰ.①湖… Ⅱ.①曹…②陈… Ⅲ.①稻田-种养结合-农业产业-产业发展-研究-湖北 Ⅳ.①F326.11

中国版本图书馆CIP数据核字（2020）第157954号

审图号：GS(2019)1829号

中国农业出版社出版
地址：北京市朝阳区麦子店街18号楼
邮编：100125
责任编辑：郭 科 孟令洋
版式设计：杜 然 责任校对：沙凯霖
印刷：中农印务有限公司
版次：2020年9月第1版
印次：2020年9月北京第1次印刷
发行：新华书店北京发行所
开本：787mm×1092mm 1/16
印张：14
字数：320千字
定价：150.00元